조선무사

朝鮮武史

# 조선무사

朝鮮武史

최형국 지음

인물과 사상사

병사의 하루와
백성의 고단한 일상을
들여다보다

    인류의 역사는 곧 '전쟁의 역사'라고 말할 수 있을 만큼 크고 작은 전쟁이 수없이 벌어졌고 벌어지고 있다. 왜 이런 끔찍한 전쟁이 되풀이되는 것일까? 그것은 바로 전쟁이 갖는 특수성에 기인한다. 전쟁이라는 것은 항상 시작과 끝에 새로운 역사의 창조와 낡은 역사의 파괴라는 현상을 공존시키기 때문이다. 과거에 벌어진 전쟁을 보면, 왕을 비롯한 집권층은 물론 한 사회의 모든 구성원이 전 방위적으로 동원할 수밖에 없는 상황이 벌어지게 된다. 이런 전쟁은 하나의 사건으로 끝나지 않고 사회 전반을 통째로 뒤흔들어놓게 되는 것이다. 시간적인 부분만 보더라도 짧게는 며칠 길게는 몇 년을 이어가게 되기 때문에 그 영향력은 엄청나다.

　과거뿐만 아니라 현재에도 전쟁이 언제 어디서 새롭게 발발할지 모른다. 그래서 역사를 두 가지 상황으로 나누어 말할 때, '전쟁 중'이거나 전쟁이 언제 터질지 모르는 '불안한 상황의 지속'이라고 할 수도 있다. 그래서 전쟁이 끝났다 하더라도 '평화'라는 말 대신 잠시 쉬고 있다는 의미의 '휴전' 혹은 '정전'이라는 말이 늘 사람들의 마음속, 뼛속 깊이 남아 있는 것이다.

　그런데 이런 전쟁이라는 역사 속 사건들을 대할 때 우리 대부분이 그 겉모습만 바라보고 집중해왔으며, 이런 관점에서 전쟁을 조명해왔다. 그래서 전쟁이라고 하면 으레, 단순히 시간 흐름에 따른 사건 속에 여러 전투가 벌어지고 승리로 이끈 뛰어난 영웅들이 맹활약을 펼치며 머릿속을 신나게 뛰어다니는 것이다. 결국 우리의 역사 인식이 영웅이나 사건 위주에서 벗어나지 못하는 것이다. 이러한 관점들은 전쟁을 통해 기억되는 것이 한 개인이나 혹은 한 가지 사건으로 집중하게 해 그 저변에 깔린 다양한 이야기들이 어디론가 증발하게 해버린다. 그래서 종국에는 역사에 등장하는 한 개인에 대한 평가를 무한한 존경과 열망 혹은 비난이라는 극단적인 결론으로 이어가게 되며, 사건 하나에 파묻혀 앞뒤 전후 사정 볼 것 없이 그 전쟁의 모든 것을 왜곡된 채로 기억하는 것이다.

이러한 역사 인식이 팽배해지면 대중들은 자칫 나와 역사는 아무런 연관이 없으며, 그저 시험에 나오기 때문에 배워야 할 먼 시대 혹은 먼 나라의 이야기로 나와는 상관없는 것으로 생각해버릴 수 있다. 오늘도 많은 사람이 우리가 지금 이 순간 이 땅에 발을 딛고 살면서 남긴 모습과 생활이 훗날 다른 세대에게는 곧 '역사'라는 놀라운 이야기로 전해진다는 아주 단순명쾌한 사실마저도 망각한 채 오늘을 살아가고 있다.

전쟁이 터지면 영웅호걸들만 활약하는 것이 아니라 한 나라의 전 구성원들이 그 소용돌이에 휘말리게 된다. 그런 전쟁에서 죽을힘을 다해 싸우고 아파하는 것이 비단 영웅호걸들뿐일까? 시간이 흘러 지금의 우리에게 고통스러웠던 백성들의 삶이나 이름난 장수가 아닌 말단 병사들의 삶은 관심을 받지 못하고 망각의 역사로 기억 저편으로 사라져버렸다. 그러나 전쟁을 통해 가장 급격한 삶의 변화를 겪어야 했던 사람들은 바로, 실제 전쟁에서 총칼을 쥔 한 명 한 명의 병사들과 그 전쟁을 수행하기 위해 여러 가지 물자를 보급했던 이름 모를 백성들이었다. 이들의 삶과 일상이 곧 전쟁의 기반이며, 이들이 없다면 아무리 뛰어난 장수나 지휘관이라도 자신의 이름을 역사에 남길 수 없을 것이다. 물론 역사 기록이라는 것이 주로 뛰어난 장수나 지휘관 그리고 사건 중심으로 기록되는 것을 부인하자는 것은 아니다. 그러나 그것만으로는 역사의 빈자리를 채울 수 없으며 결코 역사의 전체적인 흐름을 온전히 이해할 수 없다는 사실을 알아야 할 것이다.

이렇듯 전쟁 혹은 그것을 준비하는 과정에서 병사와 백성의 삶은 거대한 역사의 수레바퀴에 깔려 역사의 기록에 여기저기 조각나 있다. 그래서 과거의 힘없고 나약하지만 역사의 기반을 만들어온 그들의 삶을 이해하는 것은 수많은 퍼즐 조각을 맞추는 것처럼 더디고 지루한 일이 될 것이다. 그러나 그들의 삶을 들여다보면 지금을 사는 우리의 삶과 그리 다르지 않음을 쉽게 이해할 수 있을 것이고, 먼지를 뒤집어쓰고 도서관 서고에 고이 잠자는 오래된 역사가 아닌 바로 우리 곁에서 함께 숨 쉬는 역사 이야기로 펼쳐질 것이다.

이 책은 전쟁을 직접 수행한 병사와 그들과 함께 생사고락을 함께한 백성 이야기를 풀어보았다. 실제로 전쟁을 치르면서 그들이 겪어야만 했던 고되고도 가슴 아픈 이야기, 실제 그들이 겪었던 하루를 전쟁이라는 소재를 중심으로 엮어 들여다보고자 했다. 이를 통해 전쟁이라는 것이 얼마나 고통스러웠으며 그것을 준비하는 사람들의 이야기가 바로 오늘의 이야기와 연관되어 있음을 살펴보고 싶었다. 이를 통해 그동안 겉만 보고 웃고 즐기던 역사 이야기를 넘어서 진실로 우리의 삶 깊숙이 다가올 수 있는 역사 이야기를 풀어보고자 했다. 그래서 저 높은 산허리를 감싸안은 거대한 산성을 바라보며 그 웅장함에 취해 온갖 감탄사를 연발하는 역사 바라보기가 아니라 저 산성을 쌓으려고 흘려야 했던 땀방울의 가치와 그들의 고통까지도 함께 생각할 수 있는 낮은 곳을 향한 역사 바라보기를 중심으로 글을 펼쳤다. 전쟁이라는 것도 늘 일상적으로 배우고 익히던 것을 벗어나 조금만 다른 각도에서 바라보면 미처 깨닫지 못하던 모습을 볼 수 있다.

　이 책에는 그동안 잠깐의 호기심으로 머물다가 아무도 가르쳐주지 않아 잊힌 이름 모를 병사의 작은 이야기와 백성의 고된 하루가 담겨 있다. 나 또한 무예사와 전쟁사를 공부하면서 조각나 있는 여러 가지 이야기들을 하나둘씩 퍼즐 맞추듯 글을 전개해야만 했다. 그래서 꼬리에 꼬리를 무는 의문과 궁금함을 풀기 위해 억척스럽게 곰팡내 나는 옛 문헌을 하나하나 확인해가며 글을 전개했기에 비교적 다양한 이야기를 풀어낼 수 있었다. 이는 내가 무예와의 숙명적인 만남 속에서 '무인(武人)'이라는 두 글자를 가슴에 품고 십수 년을 보냈고 과거 전통시대 '무인'의 삶을 좀더 깊이 이해하기 위해 역사학이라는 학문을 접했기에 가능한 일이었다. 특히 무예를 통해서 인간의 '몸'에 대한 역사 인식이라는 새로운 영역을 접할 수 있었기에 무예는 삶의 새로운 영역을 개척해준 좋은 스승이라고 생각한다.

마지막으로 부족한 나에게 역사학이라는 학문적 길을 열어 주신 박경하 교수님, 진성규 교수님을 비롯해 중앙대 여러 교수님께 진심으로 감사의 마음을 전한다. 그분들의 가르침을 통해 비록 초학이지만 역사라는 두 글자에 푹 빠져 살 수 있었기에 이 책이 나올 수 있었다. 그리고 낮에는 '무인'이라는 이름으로 마상무예 복원과 검법 훈련으로 보내고, 밤에는 '문인'이라는 이름으로 책상 앞에 앉아 공부하는 '문무겸전'의 삶을 살았기에 처자식에게는 한없이 부덕한 가장일지도 모른다. 아마도 나의 삶이 고도화된 자본주의 사회에서는 그리 평범하지 않을 것이다. 그러나 그것이 나의 길이라고 생각하기에 한 손에는 칼을 그리고 한 손에는 펜을 들고 하루하루를 천금같이 살고 있다. 난방도 안 되는 춥고도 추운 연구실에서 언 손 비벼가며 쓴 글이기에 나에게는 한없이 소중한 책이다. 그래서 이제 갓 돌이 지난 예쁜 딸 윤서와 밤낮으로 함께 지켜봐준 아내 바람돌이에게 진정으로 고맙다는 말을 전한다. 또한 연구소의 배국진, 장원주, 김완범 연구원에게도 감사의 말을 전한다.

자꾸 감사의 말이 길어지지만 고마움의 인사를 빼놓을 수 없는 분들이 계신다. 지리산 자락 깊은 골에서 아직도 자식 걱정에 마음 편한 날 없으신 아버지, 어머니 두 분이 계셨기에 오늘의 내가 있음을 감사드린다. 이분들에 대한 사랑만큼은 세상 무엇을 준다 해도 바꿀 수가 없다. 우리 역사도 그런 따스한 눈빛과 애정으로 바라본다면 역사는 세상 무엇보다 더 고마운 존재가 될 것이다.

'내 생애 가장 큰 축복, 예쁜 딸 윤서에게 보내는 아빠의 두 번째 선물'

2009년 3월, 봄바람 가득한 화성(華城)의 뒤안길,
무예24기연구소에서 최형국 씀

머리말 병사의 하루와 백성의 고단한 일상을 들여다보다　　4

## 1장 ● 무인과 백성, 조선을 지키다

| 武人 | 천시받은 조선의 무인 | 15 |
| 騎兵 | 전장의 검은 폭풍, 기병 | 31 |
| 烽燧 | 전통시대 최고의 통신망, 봉수 | 49 |
| 城郭 | 백성들의 피와 땀으로 쌓은 성곽 | 67 |

## 2장 ● 조선의 병사들

| 兵士 | 조선 병사의 하루 | 83 |
| 戰鬪 | 사극 너머로 보는 전투 | 105 |
| 甲冑 | 백성의 눈물이 담긴 갑옷 | 123 |
| 陳法 | 진법, 그 비밀을 풀다 - 조선 전기 | 141 |
| 陳法 | 진법, 그 비밀을 풀다 - 조선 후기 | 161 |

## 3장 ● 조선의 특수부대와 비밀병기

| | | |
|---|---|---|
| 壯勇營 | 조선 최고의 특수부대 '장용영' | 181 |
| 捉虎軍 | 호랑이도 잡고 사람도 잡은 '착호군' | 199 |
| 兼司僕 | 국왕 경호부대, 겸사복 | 217 |
| 片箭 | 조선의 비밀병기, 편전 | 233 |

## 4장 ● 조선을 지킨 무기와 성곽 그리고 전함

| | | |
|---|---|---|
| 弓 | 활쏘기, 상상을 초월하다 | 247 |
| 城郭 | 성곽, 한반도의 숨결을 지켜주다 | 259 |
| 武器 | 조선의 무기들 - 단병무기 | 275 |
| 武器 | 조선의 무기들 - 화약무기 | 291 |
| 戰艦 | 조선의 바다는 조선의 배가 지킨다 - 전함 | 309 |

| | |
|---|---|
| 참고문헌 | 327 |

# 1장

## 무인과 백성,
## 조선을 지키다

문(文)과 무(武)는 새의 양 날개나 수레의 두 바퀴 같아서 무의 역사는 곧 국가의 역사와 함께한다. 지금까지의 역사 연구 흐름은 어찌 보면 문의 역사, 혹은 문인들의 역사로 조선을 바라보는 것이었다. 그러나 무나 무인을 몰라서는 우리 역사를 올바로 이해할 수 없다. 과연 조선시대에는 무가 천덕꾸러기이고, 무인들은 대접받지 못한 군상들이었을까?

# 천시받은 조선의 무인

　고대 국가에서 전쟁은 국가의 생명력을 이어가는 정당한 투쟁 방식이며 전투기술은 전쟁의 승패를 결정짓는 중요한 요인이었다. 한반도 역사에서 가장 광활한 영토를 경영했던 고구려 역시 그에 걸맞은 전투력을 유지하기 위해 다양한 전략, 전술은 물론이고 병사 개개인의 무예에 대해서도 심혈을 기울여 훈련시켰다. 대표적으로 고구려 고분벽화를 보면 강력한 군사력을 상징하는 개마갑주 기병이나 활과 도끼를 들고 열병하고 있는 병사들을 쉽게 찾아볼 수 있다.

덕흥리 고분벽화의 일부분. 한반도 역사에서 가장 넓은 영토를 경영한 고구려는 그에 걸맞은 군사력을 유지하고자 다양한 전략, 전술은 물론이고 병사 개개인의 무예에 대해서도 심혈을 기울여 훈련시켰다. 강력한 군사력은 고대 국가만이 아니라 지금도 여전히 역사의 중심축에 자리 잡고 있다.

이러한 무(武)와 전쟁의 중요성은 비단 고대 국가에서만 중요하게 여긴 것은 아니다. 이른바 '팍스 아메리카나(Pax Americana)'라 불리는 미국의 군사력에 의해 강제로 유지되는 지금의 체제도 전쟁 수행능력은 그 핵심이다. 전쟁과 연관된 거대 군산복합체들의 자본 및 정치 장악력은 갈수록 커지고 있으며 이를 견제할 만한 흐름이나 대항 세력은 거의 없는 실정이다. 이처럼 오늘날에도 무와 전쟁, 그리고 전쟁을 수행하는 무인(武人)은 여전히 역사의 중심에서 한 축을 담당하고 있다.

우리나라 사람들은 흔히 조선시대는 '무'를 천시하고 '문'을 숭상한 이른바 '숭문천무(崇文賤武)'의 세상이며, 이러한 시대에 '무인' 혹은 '무사(武士)'라는 계급이나 직종은 천시받았을 것으로 생각한다. 오늘날 전통 무예를 수련한다거나 그것을 업으로 삼은 사람들에 대해 이상한 편견을 가지는 이유이기도 하다. 과연 조선시대에는 무가 천덕꾸러기이고, 무인들은 대접받지 못한 군상들이었을까?

## 무인 이성계
## 새 왕조를 열다

고려 말, 새로 건국된 명나라는 고려가 원나라로부터 힘들게 되찾은 북부 지방을 요동 세력에 편입시키기 위해 압력을 행사했다. 말이 압력이지 건국된 지 얼마나 됐다고 조공을 바치는 것은 물론 굴욕에 맞서 어렵게 되찾은 철령위의 땅까지 내놓으라고 하니 날강도가 따로 없는 상황이었다. 이에 고려 우왕(禑王, 1365~1389, 재위 1375~1388)은 최영(崔瑩, 1316~1388) 장군을 팔도도통사로 삼고 좌군에는 조민수(曺敏修, ?~1390) 장군을, 우군에는 이성계(李成桂, 1335~1408) 장군을 임명해 요동 정벌 계획을 세운다.

그런데 출정을 앞두고 있던 상황에 이성계가 요동 정벌 작전이 말도 안 된다고 반발하면서 문제가 생겼다. 그가 반대한 이유는 첫째 작은 나라가 큰 나라를 치는 것은 옳지 않고, 둘째 농사철인 여름에 군사를 일으키는 것은 생업에 지장을 주고, 셋째 요동을 방어하러 간 사이 남쪽에서 왜구가 침입할 수 있고, 넷째 장마철이라서 각궁이 쓸모없고 병사들이 전염병에 노출된다는 것 등이었다. 그러나 요동 정벌에 대한 의지가 너무나 확고했던 우왕과 최영은 이성계를 반강제로 설득해 1388년 5월 5만여 명의 요동 정벌군을 출정시키기에 이른다. 문제는 병사들을 지휘한 좌군 조민수와 우군 이성계가 압록강 중간에 있는 위화도에 잠시 머물렀다가 기수를 돌려 당시 수도인 개경으로 회군해버린 것이다.

당시 요동 정벌이 중요한 탓에 수도인 개경을 지키던 최영에

조선 태조 이성계. 그는 요동정벌을 위해 북진하다가 위화도에서 말머리를 돌려 고려 우왕을 폐하고 조선을 세웠다. 이른바 군사 쿠데타로 개국한 조선에서 다시 그런 일이 일어나지 않도록 가장 먼저 한 것은 분산된 군권의 단일화였다.

게는 몇천의 병력밖에 없었다. 이성계의 말발굽에 고려 왕궁은 속절없이 짓밟혔다. 믿는 도끼에 제대로 발등을 찍히게 된 고려의 핵심 세력 가운데 이성계의 영원한 맞수였던 최영은 고봉현으로 유배당했고, 우왕은 왕위에서 쫓겨나 강화도에 감금당했다. 그렇게 고려의 북벌에 대한 꿈은 이성계에 의해 철저하게 파괴되었다. 이후 고려는 몇 년을 버티지 못하고, 1392년 조선이라는 새로운 국가가 탄생하게 된다.

조선을 개국하고 체제를 확립하기 위해 가장 먼저 한 것은 바로 분산된 군권의 단일화였다. 이 과정에서 태조(太祖, 재위 1392~1398) 이성계는 개국공신들의 사병(私兵)까지 국가의 공병(公兵)으로 전환하거나 해산시켜버리는 일을 단행했다. 이후 무인들의 정처 없는 방황이 시작되었다. 어찌 보면 이른바 '군사쿠데타'로 개국한 조선에서 또다시 그런 일이 생기지 않도록 무인들의 힘을 제어할 필요에서 나온 가장 효과적인 방법이었을 것이다. 이렇게 최측근의 무인들에게도 가차없이 권력의 칼을 들이댄 태조 이성계를 이어 태종(太宗, 1367~1422, 재위 1400~1418) 때에는 무인의 관료화 및 새로운 무인을 선출하기 위해 1408년(태종 8) 과거(科擧)에 무과(武科) 시험을 도입하게 된다.

과거와 무인,
조선의 무인들은 천시받지 않았다

　500년 조선 역사에서 양반(兩班)은 늘 권력의 중심이었으며, 그 지위와 권력은 과거를 통해 대를 이어 지속되었다. 물론 과거 이외에 선조들의 업적을 바탕으로 한 천거나 문음, 취재 등 다양한 권력 진출 통로가 있었지만 과거에 합격하는 것이 가장 확실한 보증수표였다. 양반은 동반(東班)과 서반(西班), 혹은 문반(文班)과 무반(武班)을 지칭하는 말로, 바로 조선이라는 국가권력 체제가 문반과 무반이라는 양대 산맥을 중심으로 한 관료제 사회였음을 보여준다. 그래서 과거를 보면 문인을 뽑는 문과와 무인을 선발하는 무과는 대과(大科)로 핵심적인 시험에 속했으며, 생원·진사 등 하급관리를 뽑는 소과(小科)인 사마시나 중인을 위한 기술직은 잡과(雜科)로 나눠 치러졌다. 이처럼 무인이라는 계층은 기본적으로 지배권력 체계의 중심에 있었다.

　과거에서 무과는 시행 초기 식년인 해(3년에 한 번)에 초시·복시·전시의 3단계 시험을 거쳐 소수 인원만이 급제의 화관을 쓸 수 있었다. 좀더 자세히 살펴보자면, 초시는 예비 시험으로 서울은 훈련원에서 치르는 훈련원시에서 70명을 뽑고, 지방에서는 각 병마절도사가 주관하는 향시를 보아 경상 30명, 충청·전라 각 25명, 강원·황해·영안(함경)·평안 각 10명 등 전체 120명을 뽑았다. 그리고 2차 시험인 복시에서는 초시 합격자들이 서울 훈련원에서 7품 이하 관리와 함께 이름을 등록하고 무예와 강서(講書, 사서오경에 대한 구술시험)를 시험 봐 그중 28명이 뽑혔다. 복시에 합격한 28명은 최종 시험인 전시에서 기보격구 등 무예 시험을 통해 실력의 고하에 따라 3등급으로 나눠 갑과 3명, 을과 5명, 병과 20명을 정했다. 이외에도 특별 시험의 일종으로 증광시, 별시, 알성시, 관무재 등이 있었는데 여기서도 대과인 문·무과 시험만 치렀다.

그러나 조선이라는 국가를 뿌리째 흔든 임진왜란(王辰倭亂, 1592~1598)과 병자호란(丙子胡亂, 1636~1637)의 양란을 거치면서 무과는 급속도로 변질되기에 이른다. 이는 전쟁이라는 급박한 상황에서 병력을 한꺼번에 뽑게 되면서 발생했다. 많게는 수백에서 수천 명에 이르는 사람들이 한꺼번에 합격시켜 부족한 병력을 보충했다. 무과 응시 자격은 원래 양반에게만 국한된 문과와는 달리 별로 제한이 없어 천인 이외에는 모두 응시할 수 있었다고 한다. 그러나 조선 전기에는 이론 시험인 강서와 실기인 마상무예·등이 있어서 어느 정도 경제력이 뒷받침해주지 않으면 무과 자체를 볼 엄두를 못 냈다. 무과를 보려면 글을 읽고 쓸 줄 알아야 하며, 마상무예에 필요한 말을 길러야 하고, 틈나는 대로 실기를 준비해야 했기 때문에 어느 정도의 경제력이 뒷받침되지 않으면 꿈도 못 꾸는 일이었던 것이다.

17세기 함경도 길주에서 열린 문무과 시험 광경을 담은 〈북새선은도(北塞宣恩圖)〉의 일부. 무과 응시자가 말을 타고 달리며 볏짚 인형에 활을 쏘고 있다.

그러나 임진왜란과 병자호란의 와중에는 병력이 부족해 성적이 저조하더라도 쉽게 합격할 수 있었다. 심지어 군역으로 복무 중인 사람들까지 시험을 보았고 어김없이 그들에게도 과거 합격자의 칭호가 내려졌다. 여기에 한 술 더 떠서 전사자가 많이 발생해 시급히 부족한 병력을 보충해야 할 때는 천인을 비롯한 하층민까지도 무과에 응시할 수 있게 했다. 이후 숙종(肅宗, 1661~1720, 재위 1674~1720) 때에 이르러서는 이른바 '만과(萬科)'라는 특이한 이름이 붙을 정도로 1만 8000명에 달하는 사람들을 동시에 무과에 합격시키기도 했다. 당시 한집안에서 대여섯 명이 동시에 합격하는가 하면 할아버지, 아버지, 아들 등 3대가 동시에 합격하는 일도 생겼다. 이런 어이없는 상황에서 권문세족의 자제들은 무과를 꺼리는 현상까지 나타났다.

이는 조선 후기에 급격한 신분제의 변동이 일어나고 상업 자본의 축적이 광범위하게 진행되면서 하층민들도 어느 정도 부를 축적할 수 있게 되면서 일어난 일이었다. 사회적 신분 상승의 기회로 삼았던 것이다. 그러나 여기서 주목할 점은 이렇게 무과 합격자들이 넘쳐나면서 또 다른 사회문제가 발생했다는 것이다.

보통 무과에 합격하면 일정기간 교육을 받고 중앙이나 지방 무인 관료로 발령을 받았는데, 이처럼 합격자가 많아지자 일종의 대기발령 시간이 너무 길어지게 되었다. 관직의 수는 한정되어 있는데, 그 자리에 일할 사람들이 너무 많아지면서 대량 미취업 사태가 발생한 것이다. 심지어 이러한 대기발령 기한이 수십 년을 넘어 합격하고도 평생 발령받지 못한 사람들이 부지기수로 생길 정도였다. 일흔 살이 넘은 노인이 과거 합격자의 징표인 홍패를 들고 밤이나 낮이나 발령되기만을 기다리는 모습은 그야말로 난센스 그 자체이다. 그러나 영조(英祖, 1694~1776, 재위 1724~1776)와 정조(正祖, 1752~1800, 재위 1776~1800)를 거치면서 국방이 강화되고 국력이 다시 회복하면서 넘쳐나던 만과의 합격자 수가 조금씩 줄어들고, 여기에 친위 군영의 강화라는 내부 목적 달성을 위해 무과 합격자들을 과감히 새로 조직한 군영에 등용시키면서 무인의 위상은 조금씩 나아졌다.

무과 합격자들의 현실이 암울했을 때, 그들을 바라보는 주변 사람들의 심정은 어떠했을까? 합격자들은 물론 그런 합격자들을 지아비나 아들로 둔 가족의 심정은 차마 말로 표현하지 못할 정도였으리라. 그러나 어찌 되었든 무과 합격자들은 그 자격 하나만으로도 충분히 자신이나 가문을 내세울 정도는 되었다. 당사자는 죽더라도 그 자식들은 당당한 양반 가문의 자손으로 이름을 내세울 수 있었기 때문이다. 다시 말해 조선시대 양반은 아무리 망가질지라도 그 이름만으로 충분히 명예로운 시기였다. 더욱이 권력이나 부의 정도에 따라 똑같은 무과 합격자라 할지라도 먼저 관직에 등용되기도 했는데, 이를 통해 세습적인 문벌 가문이 아닌 무벌 가문이 등장하기도 했다. 여기에 문벌과 무벌 가문이 혼례를 통해 서로 다른 형태의 권력을 공유하면서 조선 후기 무인들에 대해 또 다른 이해와 요구가 발생하게 된다.

결론적으로 조선시대 무인들은 결코 천시받거나 천대받을 만한 위치에 있지 않았다. 물론 문과에 급제해 문인 관료로 성장한 사람들보다는 그 대우가 못 미쳤고 중간에 일종의 물 타기가 있었지만, 무인들은 조선의 중심축이었던 양반의 한 축을 담당하면서 지배 권력의 중심에 있었다.

## 왜 무인이 천대받았다고 생각할까

앞서 살펴본 대로 조선시대는 문인과 무인이 공존하면서 지배 체제를 구축해갔다. 중종(中宗, 1488~1544, 재위 1506~1544)은 "문학(文學)과 무예(武藝)는 모두 권장해야 할 일"이라 했다. 또 비록 불명예스럽게 왕위에서 물러난 연산군(燕山君, 1476~1506, 재위 1494~1506) 또한 "국상 중이더라도 무예의 일을 폐지하지 않는 것이 우리나라의 전례"라고 하며 무예의 중요성에 대해 언급했고, 무예를 익히는 무인들에 대한 관심 또한 컸다. 그러나 이후 평화로운 시기가 이어지면서, 무예나 그것을 익히는 무인들에 대한 중요성이 두드러지지 못하고 그 빛을 잃어갔다. 그 와중에 임진왜란과 병자호란이 일어나면서 무예와 무인에 대한 가치는 다시 하늘을 찌를 정도로 높아졌다.

임진왜란 때 선조(宣祖, 1552~1608, 재위 1567~1608)는 다급한 마음에 명나라의 병서인 『기효신서(紀效新書)』를 비롯한 무예 실기 내용을 얻고자 수치심도 참아가며 명나라 장수들에게 아부했고, 이후 조선의 무인들이 직접 훈련할 수 있도록 『무예제보(武藝諸譜)』라는 무예서를 편찬하도록 명했다. 또한, 북벌을 꿈꿨던 효종(孝宗, 1619~1659, 재위 1649~1659)은 궁궐 정원에서 직접 말을 타고 달리며 청룡언월도(보병이나 기병이 쓰던 긴 칼)를 수련했다. 임진왜란과 병자호란을 거친 뒤인 숙종 때에도 조선통신사 연행에 신분을 숨긴 무인들을 같이 보내 일본의 검술을 직접 배워 오도록 해서 직접 시험하기까지 했다. 정조가 세손이던 1759년(영조 35) 『무예신보(武藝新譜)』가 완성되었고, 1790년(정조 14)에는 정조가 직접 서문을 내린 조선 무예서의 결정판인 『무예도보통지(武藝圖譜通志)』가 완성되기에 이른다. 『무예도보통지』에 실린 '무예24기'는 지상 무예 열여덟 가지, 마상무예 여섯 가지로 조선의 '국기(國技)'로 평가할 만큼 의미 있는 무예이다.

이처럼 조선의 국왕들까지 무인이나 무예에 대해 결코 폄하하거나 비천한 것으로 여기지 않았다. 그럼 우리들은 왜 '숭문

천무'라고 하며 무를 천시했다고 생각하게 된 것일까?

그것은 일제강점기를 거치면서 조선이라는 국가를 그 뿌리째 파괴하고 싶었던 일제에 의해 기획된 일종의 '만들어진 전통'이 아닌 '만들어진 악습' 가운데 하나로 볼 수 있다. 일제가 조선을 집어삼키고자 가장 먼저 착수한 작업은 바로 조선이라는 국가는 미개하고 무를 천시하는 국가이며, 당쟁만 일삼는 민족으로 낙인찍는 것이었다. 이는 식민사학을 이루는 주요 쟁점이었다. 식민사학은 조선의 역사를 비하하며 동시에 '일본은 서구 문물을 빨리 받아들여 과학화된 국가이며, 무인들을 존중하고 국방력을 키워온 국가이고, 천황 아래 일심동체가 되어 국가 사안을 처리하는 국가'로 인식시키려는 의도를 담고 있었다. 이것은 일제의 침략 만행을 정당화하고, 조선을 강제 병합시킨 것이 조선의 문명화를 위해 반드시 필요한 것이라는 식민 지배 논리를 합리화하기 위한 정치적인 계략이었다.

식민사관에 의해 비롯된 무에 대한 좋지 않은 인식은 대표적으로 『조선사(朝鮮史)』(총 35권, 1938년 완간, 조선사편수회)를 통해 정립되었다. 『조선사』는 일제강점기 시절 한국 역사의 흐름이 이 땅의 주인인 한민족의 자주적 역량으로 이루어졌다기보다는 외세의 간섭과 압력에 의해 수동적으로 이루어졌다는 '타율성론'과 왕조의 교체 등에도 불구하고 사회경제 구조에 아무런 발전도 가져오지 못했다는 '정체성론'을 확립하기 위해 일제

관학자들이 만든 편년체의 조선 역사서다. 이 책은 일제가 조선의 정신적 흐름과 정체성을 파괴하기 위해 조선사편수회에서 만든 것으로 이나바 이와키치(稻葉岩吉, 1876~1940)가 편찬 실무를 맡은 책임자로 있었다. 이 책은 일본 역사의 장점과 대비되게 조선 역사의 약점을 극대화하는 방식으로 기술돼 있으며, 이후 식민사학의 주요 토대로 자리 잡게 되었다.

특히 이나바는 『조선사』를 편찬하면서 "한국은 동양 화란(禍亂)의 원천이 되어 있던 고로 동양의 평화, 인민의 복지 증진을 위하여 병합된 것이니 이 병합의 목적을 진실하게 편찬할 생각"(『동아일보』, 1925년 6월 13일)이라고 해, 조선의 정신을 뿌리째 흔들며 대대손손 식민병합을 합리화시키려는 정치적 계략을 노골적으로 밝히기도 했다.

조선사편수회는 설치 초기인 1920년대 중반에는 일본 소재 대학 출신들이 직원 대부분을 차지했으나, 경성제국대학교가 설립되고 나서는 이 대학 졸업생들이 주로 충당되었다. 이후 해방을 맞이했지만 식민사학의 잔재가 뼛속 깊이 자리 잡은 상황에서 여전히 일제 관학자들에 의해 정립된 이러한 사상의 틀이 유지될 수밖에 없었다. 여기에 근현대사에서 군홧발의 역사를 온몸으로 체험하면서 무인들에 대한 생각은 여전히 그 한계를 넘지 못하는 것이다.

## 문과 무는 공존해야 한다

문과 무는 새의 양 날개나 수레의 두 바퀴 같아서 무의 역사는 곧 국가의 역사와 함께한다. 지금까지의 역사 연구 흐름은 어찌 보면 문의 역사, 혹은 문인들의 역사로 조선을 바라보는 것이었다. 그러나 무나 무인을 몰라서는 우리 역사를 올바로 이해할 수 없다. 반쪽밖에 모르는 것이라고 할 수 있다. 앞으로 무와 무인에 대한 재평가 작업이 진행되어 그들이 역사의 한 축을 담당한 당당한 주체로 자리 매김 된다면 우리의 역사 인식은 더욱 강건하고 풍요로워질 것이다. 조선은 늘 '동방의 고요한 아침의 나라' 만은 아니었다.

# 전장의 검은 폭풍, 기병

인류의 역사는 힘을 이해하고 통제하며 발전해왔다. 다시 말해 역사는 인간이 통제 가능한 자신의 힘은 물론 통제 불가능하다고 여기는 힘에 대해서도 끊임없이 고민하고 탐구하면서 발전해온 것이다. 그중에서 말(馬)의 힘을 이용하게 된 것은 역사에 큰 변화를 가져왔다. 말이라는 동물을 길들이고 전쟁에 사용하면서 인간의 육체적 한계를 뛰어넘을 수 있었다. 말을 타고 싸우는 기병(騎兵)은 수천 년 동안 동서양을 막론하고 최고의 전사(戰士)로 인식되었다. 우리 역사에서 가장 호쾌한 순간이라고 기억되는 고구려의 힘 또한 강력한 철갑기병대를 갖추면서 시작된 것이라고 할 수 있다.

물론 산업혁명 이후 군사 부분에서도 일종의 군사혁명이 일어나 살아 숨 쉬는 말 대신 내연기관을 단 강철로 만들어진 말인 탱크와 장갑차가 전장을 누비게 된다. 그러나 이러한 기갑부대 전략의 핵심은 수천 년 동안 다듬어진 기병의 전략과 거의 같다고 볼 수 있다. 지금도 군사용어에서는 기갑부대(전차나 장갑차 등을 운용하는 기계화 부대)를 '장갑기병(armored cavalry)' 혹은 '기계화된 기병(mechanized cavalry)'이라고도 한다. 강철 장갑부대의 출현이 현대 전쟁사의 굵은 획이었던 것처럼 고대 전투에서도 기병의 탄생은 전쟁의 신세계 그 자체였다.

이처럼 인간에게 빠른 속도감을 선물해준 말이 전투에 활용된 기병의 역사를 살펴보도록 하자.

## 전장의 검은 돌풍, 기병의 탄생

말을 처음 전투에 사용한 것은 기원전 2000년 무렵의 수레형 전차에서였다. 당시 전차병의 구성은 말이 끄는 수레에 두 사람이 올라타 한 사람은 말을 몰고 나머지 한 사람은 활이나 창을 사용해 적을 공격하는 방식이었다. 전차가 등장하면서부터 전쟁의 역사는 가공할 만한 속도전의 경향을 띠게 되었다. 전차의 속도를 좀더 높이려고 바퀴에 대한 고민도 끊임없이 이루어졌다. 바퀴의 크기 및 바퀴살의 형태를 변화시킨 결과 전차의 속도는 날로 빨라졌다. 또 바퀴가 혁신되면서 전차에 같이 탈 수 있는 병사가 두 명에서 세 명으로 늘어나 공격력 또한 크게 증대되었다.

그렇게 1000년의 세월이 지나는 동안 전차는 전쟁의 상징이 되었고, 더 이상의 속도는 전쟁에서 있을 수 없다고 믿었다. 그러나 안도의 숨을 내쉬는 순간 누군가 직접 말에 올라 초원을 달리기 시작했다. 이후 초원에서 말과 직접 살을 맞대고 생활하던 유목민들이 무기를 들면서 이미 전차의 시대는 저물고 있었다. 가볍게 무장하고 말에 몸을 실어 시속 60킬로미터가 넘는 속도로 달려오는 기병 앞에서 전차는 세발자전거를 탄 아이로 전락할 수밖에 없었다. 그렇게 기병은 전장에 검은 돌풍을 일으키며 나타났다. 산업혁명과 더불어 군사혁명이 일어나기 전까지 3000년 동안 전장에서 기병은 전투력의 핵심이었으며, 전장에서 움직일 수 있는 말의 수는 곧 전쟁의 승부를 가늠하는 척도가 되기도 했다.

이렇게 등장한 기병의 역사에도 변화는 있었다. 경장기병(적진으로 빠르게 침투하기 위해 가볍게 무장한 기병)을 시작으로 등자(鐙

마상무예 가운데 기창을 저자가 직접 시연하고 있다. 말을 타고 창을 사용하는 기예인 기창은 조선 전기부터 무과의 주요 과목이었다.

子, 말을 타고 앉아 두 발로 디디게 되어 있는 물건)가 보급된 뒤부터 철갑을 두른 중장기병(철갑을 두르고 창이나 봉 등의 무기로 무장한 기병)이 힘을 발휘했다. 그리고 화약무기가 조금씩 선보이던 14세기 이후부터는 다시 경장기병으로 돌아왔다. 전장 상황에 따라 기병의 역할이 바뀐 것이다. 물론 중장기병이 활약할 때 경장기병으로 승리하거나 혹은 반대의 상황이 벌어지기도 했다. 이는 전쟁이 변화무쌍한 전술의 집합체이며 지리와 기상 등 수많은 변수를 바탕으로 지휘관의 판단에 따라 그 승패가 유동적으로 변하기 때문이다.

　전장에서 기병의 파괴력은 크게 두 가지로 볼 수 있다. 첫째, 중장기병은 그 크기와 높이에서 오는 힘으로 적을 밀어붙일 수 있다. 잠시 눈을 감고 그 광경을 생각해보자. 병사는 물론 말까지 철갑으로 무장한 수천의 기병이 열을 지어 긴 창을 내밀며 조금씩 나에게 다가온다면 보병인 나의 심정이 어떠하겠는가. 이때는 보통 기병 한 명이 적게는 세 명에서 많게는 일곱 명의 보병을 상대하는데, 두터운 철갑으로 무장한 기병이 몇 겹으로 열을 지어 달려오면 웬만한 강심장이 아니라면 그 자리를 지키는 것은 둘째 치고 서 있기조차 두려웠을 것이다. 특히 보병 대열에서 이탈자가 생겨 대열이 무너지는 순간, 순식간에 상대 기병의 공격을 받게 된다. 이를 방지하기 위해 보병 대열의 뒤에는 늘 보병을 감시하는 부대가 따로 있어 대열에서 이탈하면 그 자리에서 목을 치기도 했다.

둘째, 누구나 머릿속에 쉽게 떠올리는 기병의 모습은 빠른 경장기병의 속도전이다. 다시 말해 보병 진형의 좌우 측면을 빠르게 넘나들거나 혹은 뒤쪽으로 돌아들어 가 보병들의 뒤통수를 공격하는 것이다. 보통 몽골을 비롯한 유목 민족들이 주로 사용한 전술로 가벼운 가죽 갑옷을 입은 기마 궁수대가 펼친 '벌떼(Swarm) 전술'이 대표적이다. 이는 경장 기마 궁수대를 여러 소집단으로 편성해 수없이 떼로 몰려들어 공격과 후퇴를 반복하는 것이다. 이러한 공격은 여러 동선에서 시간 간격을 두고 반복해서 적에게 타격을 입혀 마침내 전열이 흐트러졌을 때 기병용 칼이나 창으로 무기를 바꾸고 백병전(직접 몸으로 맞붙는 싸움)의 양상으로 전투를 몰아가는 것이다.

또한 전면에 강한 보병을 배치하고 경장기병이 뒤돌아 상대의 배후를 공격하는 것을 '모루와 망치 전략'이라고도 부르는데, 가운데 끼인 적은 전열이 무너지기 십상이다. 이외에도 적 보병의 앞 대열이 튼튼하지 않으면 정중앙으로 돌격해 들어가 대열을 좌우로 나누고 포위해서 섬멸하는 것이 경장기병의 주된 전략이었다. 이러한 기병의 돌격 혹은 포위 작전을 막아내기 위해 보병들은 사각형의 방진을 짜고 사방에서 적을 막아내야만 했다.

이처럼 기병의 활약은 눈부셨지만 군대를 기병만으로 편성

조선 후기 무예 훈련교범인 『무예도보통지』에 실린 마상무예 모습. 기병이 전투에서 눈부시게 활약하면서 말을 타고 하는 무예도 화려해지고 치밀해졌다.

할 수는 없었다. 기병만으로는 전술의 한계가 명확히 드러나고 또 기병을 유지하기 위한 비용 부담이 너무 크기 때문이다. 대개 일정한 비율로 기병과 보병을 함께 두는 것이 보편적이었다.

*저 놈의 말 때문에*
*온 백성이 굶고 있소*

한반도의 역사에서도 앞에서 살펴본 것과 같은 기병의 전략과 전술이 펼쳐졌다. 이는 전쟁이 갖는 보편성으로, 상대방과 힘의 균형을 맞추고자 일종의 군비 경쟁이 이루어졌음을 의미한다. 그러나 기병의 필수 요건인 말은 태어나면서부터 전장을 누비는 군마(軍馬)로 거듭나기까지 수많은 백성의 고혈을 먹고 성장했다. 군마 한 마리를 유지하려면 일반 병사 네 명에 해당하는 비용이 들기 때문에 군마의 수를 함부로 늘릴 수도 없었다.

조선시대에는 국가 차원에서 목장을 운영하고 군마를 생산했는데, 이를 담당한 관청이 사복시(司僕寺)였다. 사복시는 단순히 말을 사육·관리하는 것이 아니라 국가에서 사용할 말의 전체적인 수급, 목장의 신축과 증설 등 마정(馬政)의 전반적인 부분을 관장하는 군사의 핵심기관이었다. 그러나 사복시에서 수많은 말들을 직접 기르는 데에는 한계가 있기에, 전국의 일반

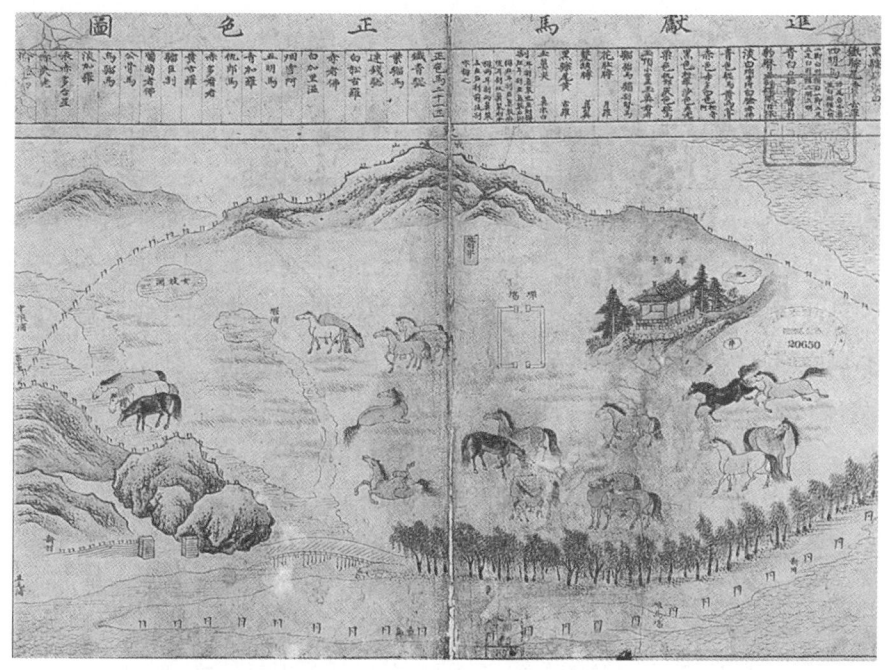

『목장지도(牧場地圖)』에 나오는 〈진헌마정색도(進獻馬正色圖)〉. 조선 전기에 무려 159개에 달하는 국영 목장이 있었다. 이 그림은 1633년(현종 4)에 사복시 제조(提調)인 허목(許穆)이 전국의 목장에 대해 정리한 『목장지도』 가운데 지금의 서울 광진구 아차산 부근에 있던 목장을 보여주는 〈진헌마정색도〉이다.

목장에 일정 수량을 배분해서 키우도록 했다. 그리고 해마다 점마관(點馬官)을 파견해서 말의 상태를 점검하고 그 수를 파악하도록 했다.

점마관의 위세는 대단해서 그들이 목장에 오는 날은 주변 지역에 총 비상령이 내려질 정도였다. 이는 국가에서 직접 말을 관리하기 때문에 생긴 일이다. 백성들은 자신들이 먹을 양식까지 말에게 먹여 살찌우고, 그동안 목장 이곳저곳에 방목했던 말들을 붙잡으려면 인근 백성이 모두 동원되곤 했다. 특히 쉴 틈 없이 바쁜 농사철에 점마관이 오게 되면 들판에서 일하는 농부들까지 전부 목장으로 강제 소집되는 바람에 농사를 망치기 일쑤였다. 이러한 폐해 때문에 사간원(司諫院)에서는 점마관 제도를 중지해야 한다고 쉼 없이 상소를 올렸는데, 그 내용을 보면 다음과 같다.

몇 년 전에 농사가 비교적 풍년이 든 때도 오히려 폐단이 있다고 하여 아뢰어 중지하도록 청했는데, 올해의 흉년은 지난해에 비해 열 배는 됩니다. 굶주린 백성들이 유랑하여 옮겨가 먹고살려고 하는 곳도 풍수의 재앙이 간혹 있으니, 이른바 풍년이 들었다 하는 곳도 장차 다른 곳과 다를 것이 없게 될 것이니, 어찌 백성들을 수고롭게 하면서 여러 사람을 움직여 그 폐단을 더욱 무겁게 할 수 있겠습니까. 제도에 점마관을 보내는 일을 우선 중지해 보내지 마소서.

◆ 『광해군일기(光海君日記)』, 1년 9월 16일


어마(御馬, 임금이 타던 말)를 비롯해 궁중에서 사용하는 말은 사복시에서 직접 키우고 관리했는데 여름에는 270필, 겨울에는 100필 정도를 맡았다. 지방에서와 마찬가지로 사복시에서 키우는 말들 때문에 도성에 사는 백성들도 강제 동원되곤 했다. 말이 먹는 꼴을 이들이 베어야 했던 것이다. 300마리에 육박하는 말이 한꺼번에 먹는 양은 실로 어마어마했다. 그 때문에 고양이 손이라도 빌려야 할 바쁜 농사철엔 백성의 고통과 원성이 하늘을 찌르는 듯했다. 게다가 담당 아전들이 농간을 부리고 시일을 끌어서 말 그대로 '말은 밥을 먹여도 사람은 밥을 챙겨 먹지 못하는 일'이 허다하게 생겨났다. 또 일반 백성에게 마료(馬草)라 해 밭 1결에 1속을 말먹이를 위한 특별 세금으로 거둬들여 그들의 허리는 더욱 휠 수밖에 없었다.

특히 흉년이 들 경우 백성의 고통은 이만저만이 아니었다. 겨울부터 이듬해 보리 이삭이 패기 전까지 사람들은 제대로 된 음식을 입에 넣기도 어려웠으나, 군마로 사용되는 말에게는 콩이며 보리며 할 것 없이 챙겨 먹여야 했다. 그리고 천인(賤人) 가운데 목장에서 말과 소만을 전문적으로 키우던 목자(牧子)는 1년에 암말 25필에서 새끼 20필 이상을 생산하도록 『경국대전(經國

大典)』에 명시되어 있어 만약 생산량이 이에 미치지 못할 땐 가차없이 곤장 세례를 받아야 했다. 더욱이 목자는 백정과 같이 종신 세습으로 자손에까지 전해지고 다른 직으로 옮길 수도 없었다. 평생 말똥 냄새 맡으며 살았던 이의 자식들 또한 아비의 삶과 별반 다를 게 없는 삶을 살아야만 했던 것이다.

조선 후기에는 좋은 군마를 구하려고 국경 지방에 살던 밀무역 꾼들이 열 마리가 넘는 소와 군마 한 마리를 바꾸는 거래가 성행하기도 했다. 이 때문에 농업의 근간인 소가 줄어 백성은 더욱더 힘들게 농사를 지어야만 했다.

## 임진왜란에서 기병의 승리와 패배

1592년 4월 14일, 새벽안개가 드리운 부산 앞바다에 수백 척 왜의 전투선과 수송선이 출현했다. 조선 장수는 필사의 의지로 '싸워 죽기는 쉬워도 길을 빌려주기는 어렵다'라는 말을 남기며 결사항전을 했지만, 동래성과 주변의 방어 시설들은 채 하루를 넘기지 못하고 무너졌다. 이후 파죽지세로 조선 땅을 치고 올라온 왜군은 12일 만에 수도 방어의 최후 거점인 충주성을 점령했고, 선조는 화려한 정궁을 버리고 도망하기에 이른다.

이 과정에서 조선 최정예 기병부대를 이끌었던 신립(申砬, 1546~1592) 장군은 탄금대에서 기병의 맹점을 여실히 드러내면서 왜군 조총에 맥없이 무너졌다. 당시 삼도도순변사로 임명된 신립은 종사관 김여물(金汝岉, 1548~1592)과 함께 급조된 8000명의 병력으로 충주 남쪽 단월역에 진영을 설치하고 왜군의 움직임을 주시했다.

결전의 날인 4월 28일 정오 무렵, 휘하의 기병만 이끌고 탄금대에 배수진을 친 신립은 둥근 반달 모양의 언월진을 펼치며 진격했다. 그러나 평지에서, 그것도 적의 조총병들이 완전하게 진열을 가다듬은 상태에서 펼친 기병의 단독 전술은 조총의 일제 사격에 무너질 수밖에 없었다. 더욱이 그들이 달렸던 평지는 물이 고이는 저습지였기에 기병의 기동력은 반으로 떨어졌다. 기동력을 잃은 조선 기병은 더는 기병이라 할 수 없었고, 왜군의 정조준 사격에 목숨을 잃을 수밖에 없었다.

당시의 여러 사료를 보면 신립의 전투를 두고 '무모한 전략이 만든 패배'라고 평가했다. 하지만 이미 북방 전쟁터에서 전투 경험이 많은 신립에게 이러한 전략은 어쩌면 당연한 판단이었을지도 모른다. 신립이 이끌었던 8000명의 병사 대부분은 여기저기서 모아온 비정예병이었고, 정작 그가 북방에서 이끌었던 휘하의 정예기병은 1000명도 안 되었다. 이런 병사들을 데리고 조령을 방어하는 것은 오히려 도망자만을 속출시킨다고 그는 판단했을 것이다. 여기에 적장인 고니시 유키나가(小西行長, ?~1600)의 탁월한 유인 전략과 맞물려 조선 기병의 포위 진법은 양 날개가 꺾이면서 그대로 무너져 내린 것이다. 물론 신립이 왜군의 조총 성능을 무시한다거나 정찰병의 말을 귀담아듣지 못한 점은 아쉽다. 그러나 당시 상황에서 그가 온 힘을 다해 탄금대를 지키고자 했다는 것은 의심의 여지가 없다.

이렇게 탄금대에서 조선 기병들이 물에 떠내려가자 조정은 기병의 운용을 놓고 심각한 고민에 빠지게 되었다. 그래서 탄생한 것이 바로 훈련도감의 삼수병 체제이다. 삼수병이란 포수(砲手, 포·조총을 다루는 병사), 사수(射手, 활을 다루는 병사), 살수(殺手, 창검을 다루는 병사)를 말한다.

탄금대에서 조선 기병들이 왜군에게 맥을 못 췄던 반면 기병의 진면목을 발휘한 전투도 있었다. 전쟁 중 강화교섭이 결렬되면서 전라도를 석권한 왜군은 계속 북진해 충청도로 진입했고, 1597년 9월 3일에는 공주를 무혈점령하고 연기와 청주를 거쳐 천안으로 북상했다. 왜군 병력의 일부는 진산, 금산, 옥천, 회덕, 문의를 거쳐 청주에 진출했다. 이렇게 왜군은 9월 중순까지 충청도의 중요 지역을 모두 장악하며 조명 연합군을 압박했다.

1597년 9월 7일 새벽, 왜군의 북진을 막고자 출정한 명군의 부총병 해생(解生)은 2000기의 기병을 이끌고 직산으로 향했다. 그곳에서 그는 왜군의 우군 선봉장 구로다 나가사마(黑田長政,

1568~1623)의 보병 5000명과 우연히 마주치게 되었다. 왜군이 전열을 가다듬지 못한 상황에서 돌격을 감행한 명군 기병은 서로 창칼이 맞붙는 백병전을 펼치게 되었다. 이후 명의 유격장 파새(擺賽)가 지휘하는 기병 2000기가 증원되고 여섯 차례의 대접전이 벌어진 끝에 명군의 기병이 왜군 보병을 격퇴했다. 직산 전투에서 패한 왜군은 경기도 진입을 포기하고 추풍령과 조령을 거쳐 경상도로 남하하거나 금강을 거쳐 전라도로 남하했다.

## 군마가 아프면 어떻게 했을까

앞서 살펴본 것처럼, 화약무기가 전장을 휩쓸기 전의 전투에서 기병은 절대 강자로 군림했다. 그래서 군마의 관리에도 철저한 관심을 기울일 수밖에 없었다. 먼저 마조제(馬祖祭)라는 말과 관련된 여러 신에게 제사를 지내는 것이었다. 가뭄에 비를 내려달라고 하늘에 제사를 지내는 기우제(祈雨祭)나 반대로 비가 그만 오게 해달라고 지내는 기청제(祈晴祭)와 비슷한 성격을 띠었다. 마조제에서 가장 중요한 의식은 왕이 직접 주관해서 치렀으며, 보통 말의 시조신, 말을 처음 사육한 사람, 말을 처음 탄 사람 그리고 말에게 재앙을 불러일으키는 신 등 네 신에게 제사를 올렸다.

하늘에 제사를 드리는 것은 말 그대로 기원 의식일 뿐이다. 그래서 기병을 보유한 부대에서는 사람을 치료하는 군의와 더불어 말을 치료하는 마의(馬醫)를 뒀다. 『경국대전』에 따르면 종9품의 마의 10명이 사복시에 소속돼 있었으며, 각 군영에도 2~3명의 마의가 배치되어 군마의 상태를 살폈다. 또한 말의 치료를 위해 전문적인 마의학서인 『신편집성마의방(新編集成馬醫方)』이 1399년에 최초로 편찬되었고, 이를 바탕으로 다양한 마의학서들이 만들어지기도 했다. 『신편집성마의방』의 서문을 살펴보면 마의학서가 왜 필요했는지를 알 수 있다.

아, 말은 역시 살아있는 동물인지라, 혹 부리고 시킴에 있어 그 몸에 맞지 않거나, 혹 수초가 맞지 아니하여 한번 병이 생기면 드디어 무지한 천례의 손에 맡기어지니, 병이 낫는 것은 요행이요 기교가 아니다. 문득 일컬어 말하기를 수의라고 하나 저가 경맥에 밝고, 약성에 자세하여 그 병을 바로 맞추기를 바랄 수가 있으리오. 아아 침을 속이고 약을 함부로 써서 진귀한 짐승을 잃게 되니, 한갓 목숨을 해칠 뿐만 아니라 또한 재물을 손해 보게 하는구나. …… 이에 마방을 찬집하는 것이다.

이처럼 말에게도 사람처럼 침을 놓고, 약을 달여 먹여 병을 물리치려 했음을 알 수 있다. 그러나 이와 같은 마의학서가 있었음에도 마의의 길이 결코 쉽지만은 않았다. 보통 말이 병들면 증상에 따라서 여러 가지 처방을 하고 침을 놓는 것이 일반적이었다. 하지만 말이 워낙 덩치가 큰 동물이라 사람의 힘으로는 이기지 못하고 말 뒷발에 걷어채거나, 사나운 이빨에 물어뜯기기 일쑤였다. 더욱이 중국이나 일본을 향하는 사신의 대열에는 늘 마의가 함께 따라가야만 했기에 이름난 마의들은 정신없이 불려다녀야만 했다. 또 마의들은 중국으로 연행을 떠나면 좋은 말의 종자를 얻어서 돌아와야 했기에 먼 길을 떠나서도 그들의 짐은 줄어들 줄 몰랐다.

사료를 보면 군마로 사용하기에 좋은 말의 형상을 자세히 묘사해 사람의 관상을 보듯 말 관상을 살피는 것을 중요시했다. 그리고 눈, 목, 어깨, 꼬리, 다리 등 말의 주요 부위에 대해서 골고루 살필 수 있도록 항목을 나눠 기술하고 있다.


## 전장에서 사라진 기병

기병이 전장에서 사라지게 된 가장 큰 요인은 바로 화약무기의 발달이다. 조선시대 이전에도 화약무기는 있었지만 과학기술이 발달함에 따라 다연발총, 즉 재장전의 시간이 혁명적으로 진보된 무기가 등장하면서 기병은 사라질 수밖에 없었다. 물론 화약 무기의 발달 덕분에 기병들의 화력 또한 증강되어 18세기 이후 20세기에 들어와서도 효과적인 기병 전술이 운영되어 대부분의 국가에서는 기병이 그 나라 병력의 10퍼센트 내외를 차지하고 있었다. 그러나 말보다 더 빠른 속도를 지닌 전차와 하늘을 나는 비행기가 전쟁을 지배하면서 살아 있는 말을 탄 기병의 강점은 더 이상 지속될 수 없었다. 여기에 보병의 화력이 기병의 속도를 무시할 정도로 강력해져 자동화기와 이동식 대구경(총포의 구멍이 큰 것) 포가 전장에 배치되면서 기병은 역사 속으로 조용히 사라지게 된다.

그러나 나폴레옹(Napoléon, 1769~1821)이 소총과 대구경 포를 가지고 유럽을 휩쓸던 18~19세기에도 기병은 강력한 병과였으며, 비행기로 폭격이 이루어진 제2차 세계대전 때에도 소련의 코사크 기병들은 여전히 두려움의 대상이었다. 또한 지금도 중국을 비롯한 몇몇 국가에서는 최신식 무기를 사용하면서 말을 타고 이동하는, 이른바 말을 탄 보병인 '용기병(龍騎兵)'이 활용되기도 한다. 그러나 이들은 특정 지역에서만 활동하는 특수한 부대이며, 차량으로 이동하기 어려운 지역이거나 특수한 상황을 반영한 작은 영역에서 활용되고 있을 뿐이다.

# 전통시대 최고의 통신망, 봉수

지금의 정보 전달 속도는 빛의 속도라 할 정도로 빠르다. 때와 장소를 가리지 않고 실시간으로 상대방과 휴대전화로 통화하는 모습은 이젠 너무나 익숙한 광경이 되었다. 인터넷, 인공위성 등 정보를 전달하는 다양한 수단과 기술이 발달하면서 정보는 우리가 숨 쉬는 공간을 쉴 새 없이 오가고 있다.

그런데 지금과 같은 통신수단이 없던 옛날에는 어떤 방법으로 전쟁 등의 위급한 상황을 신속하게 알렸을까? 이럴 때 사용한 것이 바로 '봉수(烽燧)'이다. 봉수는 산꼭대기에 봉수대(烽燧

臺)를 두고 밤에는 봉(烽, 횃불)으로, 낮에는 수(燧, 연기)로 변방을 비롯해 위급한 상황이 발생한 곳에서 중앙과 각 지방의 군영에 정보를 신속하게 전달하는 군사통신 체제이다. 그래서 횃불만을 말하는 봉화(烽火)보다는 횃불과 연기를 모두 포함하는 봉수(烽燧)라고 하는 것이 옳은 표현이다.

물론 봉수 이외에도 말을 이용한 파발(擺撥)이 있었다. 그러나 파발은 그 유지비용이 많이 들고 양반 관료들이 개인적으로 이용하는 일이 많아지면서 사회적 물의도 일으켰다. 이에 반해 봉수는 오직 군사용으로만 사용했으며, 그 전달 속도 또한 그리 느린 편이 아니었다. 이 때문에 봉수는 삼국시대 이래 변방의 상황을 알려주는 좋은 통신수단이었다.

## 봉수는 어떻게 시작되었나

봉수는 기록상 기원전 1050년 세워진 중국 주나라 때 시작되었다고 알려져 있다. 봉수에 대한 이야기는 미인 때문에 나라가 어려움에 처한다는 중국의 유명한 고사인 '홍안화수(紅顔禍水)'에 등장한다. 주나라 유왕(幽王, ?~BC771, 재위 BC782~BC771)이 애첩 포사(褒姒)가 웃는 모습을 보려고 거짓 봉화를 피워 올려

수원 화성 봉수대. 조선시대 봉수대는 다섯 개의 커다란 굴뚝을 중심으로 운영됐다. 평상시에는 한 개, 적이 국경 밖에 출몰하면 두 개, 방어선 가까이 오면 세 개, 국경을 넘어오면 네 개, 마지막으로 전투가 벌어지면 다섯 개의 봉수를 올려 신속하게 근처의 군영과 중앙에 현장의 상황을 알렸다.

지방의 제후들이 급히 불러들였다는 내용인데, 이것을 보면 그 당시에 봉수제도가 있었음을 확인할 수 있다. 우리는 삼국시대에 봉수에 대한 기록이 처음 등장한다. 『삼국사기(三國史記)』를 살펴보면 고구려 안장왕(安藏王, ?~531, 재위 519~531) 때에 봉화를 올렸다는 기록이 보인다. 이후 왜구의 침략에 골머리를 앓던 고려가 봉수제도를 적극적으로 활용해 이들에 대처하려 했다는 기록이 전한다. 고려의 봉수를 보면 밤에는 불, 낮에는 연기를 피우는데, 평시에는 한 개, 이급(二急, 경계 태세)이면 두 개, 삼급(三急, 교전 준비)이면 세 개, 마지막으로 사급(四急)인 네 개의 봉수가 오르면 전투 시작을 알리는 형태로 운영되었다.

고려의 봉수제도는 조선으로 이어졌는데, 개성에서 한양으로 수도를 옮기고 지금의 남산(당시 목멱산)을 중심으로 한 새로운 봉수 체제가 확립되었다. 이후 조선의 기본적인 기틀을 확립하려고 애쓴 세종(世宗, 1397~1450, 재위 1418~1450)에 이르러 거화법(擧火法)이란 이름으로 새로운 봉수 체제가 수립되었다. 당시 새롭게 정비된 내용을 보면, 평시에는 한 개, 적이 바다에 나타나면 두 개(再擧), 적이 해안 가까이 밀고 들어오면 세 개(三擧), 우리 전투선과 교전하면 네 개(四擧), 마지막으로 적이 육지에 상륙하면 다섯 개(五擧)의 순으로 고려보다 좀더 세밀하게 봉수가 올려졌다. 이는 해안 지방을 괴롭히던 왜구를 상대하기 위한 방책이었다. 북방의 야인들에 대비한 경우는 적이 국경 밖에 출몰하면 두 개, 수비선 가까이 오면 세 개, 국경을 넘어오면 네 개, 마지막으로 우리 군사와 전투가 벌어지면 다섯 개의 봉수를 올려 신속하게 근처의 군영과 중앙에 현장의 상황을 알렸다.

조선시대의 봉수는 핵심 봉수대인 직봉(직선봉수, 直線烽燧)과 보조 봉수인 간봉(간선봉수, 間線烽燧)으로 구성됐으며 전국에 다섯 개의 봉수로를 두었다. 최종 도착지인 남산에서는 봉수가 올라오는 방향과 상태를 분별해 매일 새벽 승정원에 보고하고 임금에게 변방의 상황을 알렸다. 특히 밤중에 봉수가 여러 개 올라오면, 병조에서는 그 즉시 숙직하는 승정원 관리에게 보고하고 잠든 임금을 깨워 이 사실을 알렸다. 그만큼 봉수는 국가 위급 사태를 알리는 최고의 통신 체계였다.

당시의 5대 핵심 봉수로를 살펴보면 다음과 같다. 제1로는 함경도 경흥(서수라)에서 시작해 강원도를 거쳐 남산으로 오는 것이고, 제2로는 경상도 동래(다대포)에서 충청도를 거쳐서, 제3로는 평안도 강계(만포진)에서 황해도를 거쳐서, 제4로는 평안도 의주(고정주)에서 황해안을 거쳐서, 마지막 제5로는 전라도 순천(돌산도)에서 시작해 충청도를 거쳐서 남산으로 올라오는 방식이었다. 전국에 설치된 봉수대는 많은 경우 703개나 되어 웬만큼 높은 산꼭대기에는 봉수대가 있었다고 해도 과언이 아니다. 전체 봉수대 가운데 제주도에만 63개가 배치되었다.

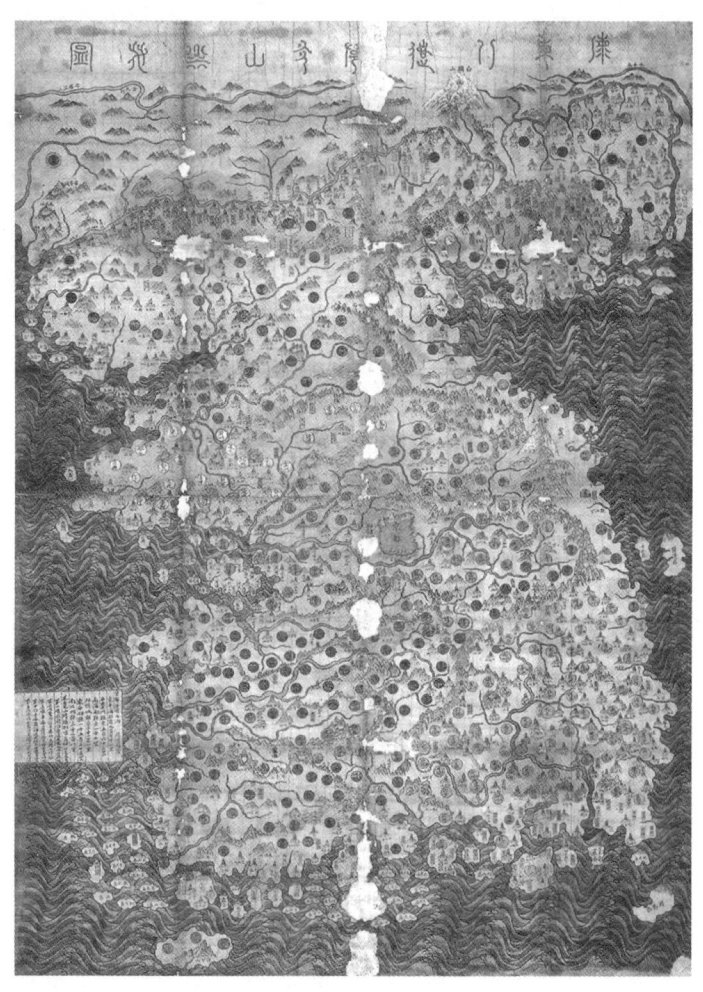

17세기 말에 제작된 것으로 보이는 〈해동팔도봉화산악지도(海東八道烽火山岳地圖)〉. 남산을 중심으로 다섯 개 봉수로의 직간선 봉수대와 더불어 도로와 하천, 산맥, 성곽, 역참 등을 상세히 그려놓았다.

## 봉수군으로 끌려가면 얼어 죽는다

보통 봉수대에는 봉수군(烽燧軍)과 오장(伍長)이 배치되었다. 봉수군은 밤낮으로 망을 보고 봉수대에 불을 올리는 일을 직접 담당했고, 오장은 봉수군과 함께 지내면서 봉수군을 감시하며 해당 고을 수령에게 이를 보고하는 역할을 했다. 그런데 이들 중 봉수군은 비록 양인의 신분이었지만 천인이 하는 일을 해 사회적으로 천시받던 신량역천(身良役賤)이 대부분이었다. 거기에 한때 시대를 풍미하다가 유배 보내진 끈 떨어진 양반이 이 일을 함께했으니 봉수군의 일이 얼마나 천시받고 힘들었을지는 미루어 짐작할 수 있다.

일반 군역은 60세가 넘으면 끝났지만, 봉수군은 인원이 부족하면 군역이 연장되기도 했다. 이 때문에 환갑을 넘긴 노인네가 산꼭대기까지 오르락내리락하기 일쑤였다. 또한 봉수대에는 제대로 살 수 있는 집을 지어 놓은 것이 아니라 대충 거적때기를 걸쳐 놓은 것 같은 막사만 덩그러니 있었다. 산꼭대기에서 지내야 하는 봉수군에게는 이런 막사 생활이 여간 고역이 아니었다. 여름에는 그나마 바람이라도 시원해서 견딜 만했지만 찬바람과 눈발이 몰아치는 겨울이면 그들은 동태 신세를 면하기 어려웠다. 게다가 식량 보급도 제대로 이뤄지지 않아 굶기를 밥 먹듯 했다.

당시 봉수군의 고통이 얼마나 심했는지는 중종 때 지중추부사였던 안윤덕(安潤德, 1457~1535) 등 14명의 무신이 변방을 방비하는 계책을 임금에게 전하는 편지에 잘 드러나 있다.

> 양계(兩界, 평안도와 함경도)의 군민(軍民)은 넉넉한 사람이 전혀 없습니다. 그중에도 연대군(烟臺軍, 봉수군)은 가장 가난한데도 요역(徭役)은 무겁습니다. 추위와 더위를 구분하지 않고 항상 베옷을 입고 언제나 연대(봉수대)에 서 있어야 하기 때문에 고생이 다른 사람보다 배나 됩니다. 심지어 성 위에서 얼어 죽는 사람도 많으니, 실로 이는 불쌍히 여길 만합니다. 신의 생각으로는, 서울 안의 형벌을 주관하는 각 관사(官司)에서 속전(贖錢)으로 징수하는 면포를 해마다 적당한 양을 수입(輸入)하여 골고루 나누어주어서, 망보는 척후(斥候)를 충실히 하도록 해야 할 것입니다.

◆『중종실록(中宗實錄)』 21권, 중종 9년 10월 임인

봉수군들은 10일 맞교대로 근무했는데, 엄동설한에 10일을 찬바람 쌩쌩 부는 산꼭대기에서 거적 하나 걸친 행색으로 버텨야 하니 건장한 청년이라도 감당하기 어려웠다. 상황이 이렇다 보니 겨울이 되면 임금의 명으로 봉수군들에게 방한복이 지급

되기도 했다. 하지만 이 달콤한 유혹을 그냥 두고만 봤겠는가. 중간 관리들의 농간으로 안에 들어갈 솜은 작년에 튼 솜에다 들어갈 양도 확 줄여, 대충 겉모습만 방한복을 만들어 지급하는 일이 종종 일어났다. 정조는 이러한 악습을 막고자 일종의 감사관인 적간관(摘奸官)을 현장에 보내 봉수군이 입고 있는 방한복을 저울로 달아보거나, 속을 뜯어 솜이 햇솜인지 묵은 솜인지를 확인해 만약 비리가 포착되면 지방 수령을 파직하고 엄벌에 처하기도 했다.

## 봉수 때문에 실패한 이괄의 쿠데타

임진왜란을 승리로 이끌며 대의명분이 아닌 실리추구의 외교 정책을 구사한 광해군(光海君, 1575~1641, 재위 1608~1623)이 권좌에서 물러나고 인조(仁祖, 1595~1649, 재위 1623~1649)가 새로운 왕으로 등극했다. 얼마 지나지 않아 인조는 되돌아오는 부메랑처럼 또 다른 쿠데타의 조짐을 포착하게 된다. 1624년, 인조를 도와 광해군 정권을 뒤엎는 데 강력한 무력을 지원한 반정 공신 이괄(李适, 1587~1624)이 수도를 점령한 것이다. 다급해진 인조는 공주까지 도망가는 신세가 되고 말았다.

당시 이괄은 반정에 성공하고 나서 논공행상을 제대로 처리하지 못한 것에 대한 불만이 컸다. 게다가 변방으로 발령받아 후금과 언제 전쟁을 치를지 모를 급박한 상황에 처해 있었는데, 설상가상으로 자신의 아들이 반란을 준비한다느니, 자신도 잡아들여 수사해야 한다느니 하는 소문이 돌았다. 이괄은 더 이상 충신으로 머물러 있을 수 없었다. 그는 임금의 특명을 받고 자신의 아들을 잡으러 온 금부도사 일행을 몰살시키고 북방 야인들에게 겨누던 칼을 돌려 서울로 향한 것이다.

이괄은 말 그대로 구름같이 기병대를 이끌고 순식간에 서울로 진격했다. 당시 실전에서 단련된 최정예 기병을 1만 명 넘게 보유한 그에게 인조는 그저 타도해야 할 허수아비에 불과했다. 결전의 의지를 불태우던 이괄이 단 한 방울의 피도 흘리지 않고 아주 쉽게 수도 서울을 접수하자 그의 마음속에는 적을 얕잡아 보는 마음이 뭉게뭉게 피어올랐을 것이다. 광해군을 몰아낼 때에도 그리 쉽지 않은 결행이었지만, 이렇게 서울에 당당히 재입성한 것이 그 자신도 자랑스러웠을 것이다.

그러나 이괄의 장밋빛 꿈은 오래가지 못했다. 공주로 도망간 인조에게도 지략이 풍부한 장수들이 많았기 때문이다. 당시 도원수 장만(張晩, 1566~1629)을 비롯한 부원수 이수일(李守一, 1554~1632)과 남이흥(南以興, 1540~1627), 정충신(鄭忠信, 1576~1636) 등 명장들이 인조의 휘하에 있었다. 그중 이괄의 난에 결정적인 승부수를 띄운 사람은 정충신이었다.

정충신은 지원군이 도착할 때까지 기다리면 민심이 반란군에게 기울 것을 우려해, 즉시 도성을 압박할 안현(鞍峴, 지금의 서울 서대문구에 위치한 안산(길마재))을 접수하자고 주장했다. 선발대를 이끌고 안현에 도착한 정충신은 가장 먼저 근처 봉수대를 접수했다. 그리고 이괄을 안심시키기 위해 아무 일 없다는 듯이 한 개의 봉수를 올렸다. 만약 이때 다른 수의 봉수가 올랐다면 인조 또한 패주로 기억됐을지도 모른다.

정충신의 작전은 그대로 먹혀들었다. 밤새 관군들이 안현에 집결했으나 이괄은 전혀 눈치 채지 못했던 것이다. 이튿날 아침 이괄은 안현의 소식을 들었지만 자신을 토벌하러온 관군을 너무 쉽게 생각했다. 그는 "이것들을 쳐부수고 나서 아침밥을 먹자!"라고 하며 무사 안일하게 전투에 나갔다. 물론 이괄에게는 정예의 기병대와 임진왜란 때 실제 전투를 경험한 한명련(韓明璉, ?~1624) 휘하의 항왜군(降倭軍, 임진왜란에서 투항한 왜군으로 이루어진 부대) 포수 부대가 있어서 그들의 군세는 결코 약하지 않았다. 그러나 전투는 예나 지금이나 사람만이 하는 것이 아니고, 하늘의 기운과 함께하는 것이다. 허명심에 찬 반란군들은 이내 무너지고 말았다.

여기서 말하는 하늘의 기운이란 곧 날씨와 지형지물의 배치를 말한다. 안현 전투 당시 이괄이 이끄는 반란군은 처음에는 바람을 등지는 유리한 상황에서 공격했다. 그러나 싸움이 한창 무르익어 갈 무렵 갑자기 바람의 방향이 바뀌었다. 반란군이 바람을 마주하면서 싸워야 할 상황이 된 것이다. 반란군은 휘날리는 먼지와 모래 때문에 눈도 제대로 뜰 수 없는 지경이 되었다. 이후 급작스럽게 공격 방향을 바꾸려던 이괄의 대장기가 흔들리자, 이를 퇴각 신호로 오해한 병사들은 뿔뿔이 흩어져 도망병 신세가 되고 말았다. 이후 도망가던 반란군 사이에서 내분이 일어나 결국 이괄은 목 없는 귀신이 되고 역사에서도 반역자로 이름을 남기게 되었다.

그러나 이괄만 봉수 때문에 통한의 눈물을 흘렸던 것은 아니다. 조선 최대의 굴욕 사건인 병자호란 당시 늦어도 24시간 안에 도착해야 할 봉수가 도원수 김자점(金自點, 1588~1651)의 판단 착오 때문에 중간에 끊겨버렸다. 제때 피신하지 못한 인조 또한 청 태종(太宗, 1592~1643, 재위 1626~1643) 앞에 무릎을 꿇고 머리를 조아렸던 삼전도의 굴욕을 맛보아야 했다. 이처럼 봉수는 전통시대에는 없어서는 안 될 중요한 군사신호 체제였다.

## 봉수군들은
## 죽지 않기 위해 뛰었다

 이렇게 중요한 군사신호 체제였던 봉수도 분명히 한계는 있었다. 그것은 다름 아닌 비와 안개였다. 보통 봉수대의 불은 화력이 좋은 이리 똥이 최고이나 구하기 어려워 쇠똥이나 말똥을 이용했다. 그러나 악천후가 계속되면 봉수는 무용지물이 되기 십상이었다. 큰비가 오거나 눈보라가 몰아치면 불을 피울 수 없었고, 안개가 잔뜩 낄 때면 연기든 불이든 아예 보이지 않았으니 말이다.

 봉수군에게 이런 날은 죽음의 날이다. 왜냐하면 봉수가 무용지물이 되면, 그 임무를 봉수군이 직접 했다. '오직 믿는 것은 두 발뿐'이라는 마라토너처럼 다음 봉수대까지 달려가 알렸다. 이것을 치고(馳告)라고 하는데, 요즘의 산악 마라톤과 다를 바 없었다. 만약 달리다가 넘어져 다치기라도 해 보고 시간이 지체되면 봉수군에게는 가차없이 곤장 세례가 가해졌다. 봉수군들은 말 그대로 숨이 턱에 차 초주검이 될 때까지 쉼 없이 달려야 했다. 물론 그냥 맨몸으로 달리는 것이 아니라, 일종의 봉수군 표식인 부신(符信) 반 조각을 들고 다음 봉수대에 도착해서 퍼즐처럼 두 개를 맞춰서 그 진위를 가렸다.

 그렇게 달려간 다음 봉수대의 상황 또한 좋지 않으면 그곳의 봉수군도 똑같이 죽을힘을 다해 그 다음 봉수대로 달려야 했다. 문제는 봉수대와 봉수대 사이의 거리가 생각보다 멀다는 것이었다. 국경 근처의 연변 봉수의 경우 가깝게는 3리(1리는 약 400미터)에서 멀게는 15리나 되었고, 그 중간에 있는 내지 봉수는 가까운 거리라고 해야 10리이고, 보통 30~50리, 멀게는 70리였다. 봉수군들은 그 먼 거리를 오로지 살기 위해 달려야 했던 것이다. 그것도 짚신을 신고 말이다. 험난한 산길을 여름에도 긴 옷을 입고, 때로는 눈이나 비를 맞으면서 달려야 했던 봉수군의 고통은 말로 표현할 수 없을 것이다.

그나마 다행스럽게 두 봉수대 사이의 거리가 그리 멀지 않고 구름이 조금 끼었을 때는 포를 쏘아 신호를 알리는 신포(信砲) 또는 나팔을 부는 천아성(天鵝聲)으로 대체하기도 했다.

이외에도 봉수에는 또 하나 결정적인 한계가 있었으니 그것은 바로 봉수군들의 관성이다. 전쟁이 어디 그렇게 자주 일어나고, 왜적들이 날마다 출몰했겠는가. 전쟁이 없던 평화로운 시기, 봉수군들은 봉수대를 대충 보는 둥 마는 둥 하고 그냥 의례적으로 평화롭다는 한 개의 봉수를 올려버리기 일쑤였다. 서당 개 삼 년이면 풍월을 읊는 것처럼 누구도 봉수가 올라오는 시간을 가르쳐주지 않았지만 봉수군들은 알아서 그 시간을 대충 헤아려 봉수를 올리는 등 그 사태의 심각성은 도를 넘어설 지경이었다. 심지어 낮에는 대충 집에서 놀고 있다가 저물면

봉수대. 조선 중기로 접어들면서 평화로운 날들이 이어지면서 봉수대 관리가 소홀해졌다. 그래서 막상 임진왜란이라는 최악의 시련이 닥쳤을 때 봉수는 그 이름값을 제대로 해내지 못했다.

봉수대에 올라 의례적으로 봉수 하나를 올리는 일까지 생겼다. 조정에는 이에 대한 문제제기가 쉬지 않고 올라왔다.

이런 상황을 타개하기 위해 봉수군에게는 강력한 처벌 규정이 따라다녔는데, 『속대전(續大典)』을 비롯한 몇몇 사료를 보면 봉수와 관련된 벌이 얼마나 무서웠는지 쉽게 알 수 있다. 첫째, 만약 거짓된 내용을 봉화로 올린 자는 즉각 사형에 처하고, 둘째 평온무사할 때에도 점호에 결근한 자는 군관이든 봉수군이든 가리지 않고 곤장형에 처하고, 셋째 봉수대 근처에 의도적으로 불을 낸 자는 목을 베어 죄를 물었다. 좀더 자세히 살펴보면, 적이 출현했는데도 봉수를 올리지 않은 자는 곤장 80대를 맞고 해당 수령 또한 곤장 70대를 맞았으며, 적이 국경 근처에 나타났을 때 봉수를 올리지 않은 자는 곤장 100대, 적과 전투가 벌어졌을 때 봉수를 올리지 않은 자는 즉각 목을 베어 죄를 세상에 알렸다. 보통 곤장 20대가 넘어가면 실신하고 엉덩이 살이 모두 뭉개지는 처참한 지경에 이르니 곤장 70, 80대는 결코 가벼운 처벌이 아니었다.

조선 중기로 접어들어 평화로운 날들이 이어지면서 봉수대 관리가 소홀해졌다. 그래서 막상 임진왜란이라는 최악의 시련이 닥쳤을 때 봉수는 그 이름값을 제대로 해내지 못했다. 이러한 이유로 1587년(선조 30) 2월 봉수 체제는 잠시 폐쇄하고 대신 말이나 사람이 달려서 소식을 전하는 파발을 이용했다. 그러나 파발은 비용 문제와 양반들이 개인적으로 이용하는 폐단이 발생해, 숙종 때에 봉수 체제를 다시 정비하고 파발과 함께 이용하도록 했다.

## 계곡 선생, 봉수대에 피어오른 봉화를 노래하다

어릴 적 저녁 무렵이면 고향 마을 굴뚝에서는 어김없이 긴 황소울음 같은 하얀 연기가 피어올랐다. 그리고 그 연기가 붉은 노을에 걸릴 때면 하던 일을 마무리하고 집으로 향하곤 했다. 마치 봉수대에 오른 연기처럼 굴뚝의 연기를 보고 이제 저녁 먹을 시간이 됐구나 하며 지게를 짊어지고 집으로 향하는 아버지의 모습이 불현듯 떠오른다. 조선 중기 문단을 대표하는 계곡(谿谷) 장유(張維, 1587~1638)는 봉수대에 피어오른 봉화를 보고 그의 문집 『계곡선생집(谿谷先生集)』에 그윽한 시 한 수를 남겼다. 계곡의 시 한 수로 긴 봉수의 이야기의 마무리를 갈음해 본다.

## 봉화(烽火)

| | |
|---|---|
| 눈 내린 저쪽 어둑한 일천 봉우리 | 雪外千峯暝 |
| 구름 사이사이로 명멸하는 몇 점 불빛 | 雲間幾點明 |
| 멀고 먼 변방에서 봉화 올리어 | 遙遙自關塞 |
| 밤마다 서울에 알리는 것이렷다 | 夜夜報秦城 |
| 세찬 바람에 이리저리 쏠리는 불 | 風急偏難定 |
| 누가 더 밝은지 별빛도 다투려 하는구나 | 星疏乍欲爭 |
| 썩어빠진 유자(儒者)들 세상 난리 봉착하여 | 腐儒逢世亂 |
| 이 불빛 보게 되면 가슴 철렁하리라 | 看此寸心驚 |

# 쌓은 성곽 피와 땀으로 백성들의

우리는 흔히 과거 문화유산의 겉모습을 바라보며 감탄사를 연발한다. 그중에서도 거대하고 웅장한 성곽(城郭)이나 궁궐을 바라보며 찬란한 문화를 꽃피웠던 선조의 업적을 마음속에 담아두곤 한다. 물론 우리만 그런 건 아니다. 거대한 피라미드가 산처럼 솟아 있는 이집트나 달에서도 보인다는 농담을 하는 중국 만리장성을 바라보며 세계의 모든 사람은 즐거운 비명을 지르기 바쁘다. 오늘과 같이 과학기술이 발달하지 않았던 과거에 '어떻게 이토록 엄청난 대역사를 이룩할 수 있었을까?'라는 가벼운 의심을 품으며 동시에 입에 침이 마르도록 칭찬을 아끼지 않는다.

그러나 세상 모든 것이 그러하듯이 내 눈앞에 펼쳐진 그 엄청난 광경을 연출하려면 그보다 몇 배 더한 백성들의 고통이 그 안에 스며 있다는 사실 또한 되새겨보아야 할 것이다. 수백 킬로그램에 달하는 돌들과 아름드리 통나무들을 옮기려면 백성들은 자신의 모든 것을 희생해가며 일에 매달려야만 했다. 그것도 단순히 하루 이틀만 하고 마는 일이 아니라 짧으면 몇 개월, 길면 수십 년 동안 자신의 몸이 부서져라 일해야 했다. 우리가 기쁨의 감탄사만을 연발하며 바라보는 역사의 흔적은 한편에서 백성들의 눈물과 땀의 결정체이기도 하다.

중국의 문학가이자 사상가인 루쉰(魯迅, 1881~1936)은 그의 산문집 『아침꽃을 저녁에 줍다』에서 만리장성에 대해 다음과 같은 글을 남겼다.

사실 많은 인부들이 이 장성 때문에 고역에 시달리다 죽기만 했지, 장성 덕분에 오랑캐를 물리쳐본 적은 없다. 오늘날 장성은 고적으로 남아 있다. 당분간은 없어지지 않을 것이며, 보존될 것이다. …… 언제쯤 장성에 새 벽돌을 더 보태지 않아도 될까? 위대하고도 저주스러운 장성이여!

북한산성과 대성문. 과거 우리나라에는 평지에는 읍성, 산에는 산성들이 곳곳에 있어 성곽의 나라라고 해도 과언이 아니었다. 이런 성곽에는 그 성곽을 쌓은 수많은 백성의 피와 땀이 스며 있다.

이젠 그 겉모습만을 바라보며 과거의 영광을 추억하기보다는 당대 역사의 현장에서 쓰러져간 이름 없는 백성들의 고통까지도 함께 헤아리는 역사 바라보기가 이뤄졌으면 한다.

## 내 죄는 오직 이 나라 백성으로 태어난 것뿐이오

조선시대의 세금은 대표적으로 조용조(租庸調)라는 수취 체계를 바탕으로 징수되었다. 먼저 조(租)는 토지에 대한 일종의 토지세에 해당하고, 용(庸)은 사람에게 부과하는 일종의 인세이며, 마지막으로 조(調)는 집에 부과하는 거주세와 같은 것이었다. 이 가운데 용은 노동력을 착취하는 수단이었기에 백성들의 피와 땀으로 이루어진 세금이었다. 이러한 용에 해당하는 것을 보통은 요역(徭役)이라고도 했는데, 어느 정도 부를 축적한 사람들은 직물을 비롯한 현물로 대신했다.

그러나 이도 저도 없이, 가진 것이라고는 오직 몸뚱이뿐인 백성들은 해마다 수많은 공사에 강제 동원돼 눈물의 세월을 보내야만 했다. 이러한 요역 중 가장 힘든 것은 바로 성을 쌓는 축성역(築城役)이었다. 수 킬로미터에 달하는 성을 쌓으려면 상상을 초월한 시간과 비용이 들었는데, 국가에서는 백성들의 노동력으로 시간과 비용을 절감하려고 했다. 또 강제성을 극대화하기 위해 축성사(築城使)라는 특수 직책을 만들어 성곽 쌓는 일을 감독하도록 했다. 반면 백성들은 연호군(煙戶軍)이라는 이름으로 차출돼 몸이 부서져라 돌을 이고 지고 날라야 했다. 물론 지금의 군대에 있는 공병대처럼 당시에도 전문적으로 성을 쌓는 축성군(築城軍)이라는 존재가 있었지만, 이들 또한 변방에서 셀 수도 없이 많은 성을 직접 쌓으면서 만들어진 부대일 뿐 대부분의 고된 노동은 백성의 몫이었다. 심지어 그 지역 인원으로는 부족할 때는 다른 지방 사람들까지 차출하는 바람에 멀리 타향에 나가 고된 하루하루를 보내는 백성들도 있었다.

조선시대에는 전투에서 패한 장수나 그의 부하들은 변방의 성을 쌓는 일꾼이나 배에서 노를 젓는 격군(格軍)으로 보내져 일종의 귀양살이를 했는데, 이를 보면 성 쌓는 일이 얼마나 힘들고 고된 일인지 쉽게 이해할 수 있다. 여기에 성을 완성하고 5년 동안 경과를 봐서 만약 무너지면 그 작업에 참여했던 책임자에게 죄를 물었는데, 축성역에 동원된 백성들 또한 이중의 고통을 감당해야만 했다.

보통 성을 쌓는 일은 석수장이들이 돌을 쪼개면 그것을 성을 쌓는 곳까지 옮겨 알맞게 다듬고 하나하나 쌓아 올리는 방식으로 진행되었다. 그런데 문제는 계속해서 대규모 토목공사를 하다 보니 근처에 성 쌓는 데 필요한 돌이 남아나지 않는다는 것이었다. 때문에 백성들은 온 들판을 이 잡듯 뒤져서 돌을 찾아 헤맸고, 그 돌을 소가 끄는 수레에 싣고 축성 현장까지 옮겨야만 했다.

이렇게 고된 노동을 하는 것은 비단 사람뿐만이 아니었다. 고통을 감내하기로는 소도 마찬가지였다. 보통 소들은 농사철에는 힘들게 일하고 겨울에는 외양간에서 긴 하품을 하며 다음 해 봄까지 편히 쉬는 게 일상이었다. 그러나 쉬어야 할 겨울에 끌려나온 소들은, 가을걷이까지 죽도록 일하고 좀 쉬어볼까 하는 찰나에 끌려나왔기에 고통이 더 심했을 것이다. 몇 가지 기록을 살펴보면 겨울에 성을 쌓기 위해 끌려나온 소들 가운데 한 달에 쉬는 날이 고작 6일밖에 되지 않아서 몇 달을 못 버티고 죽어버리기 일쑤였다고 한다. 특히 날씨가 급격하게 추워지는 동짓달은 10일에 3일은 쉬게 해도 죽는 소의 수가 다른 때에 비해 두 배나 되었다고 한다. 이처럼 소들의 고통도 백성들의 고통과 함께 성벽에 담겨 있다.

축성은 농사에도 큰 영향을 미쳤다. 성을 쌓는 일은 힘이 센 장정들을 중심으로 이뤄졌다. 장정들이 떠난 마을은 일할 사람들이 없었다. 그래서 그들을 대신해 노인이나 아이들 그리고 부녀자들이 힘든 하루를 보내야만 했다. 더욱이 소들도 대부분 축성 현장에 끌려가다 보니 노동력 부족은 심각한 문제였다. 보통 축성 작업은 보리가 피기 전이나 가을걷이가 끝난 농한기를 중심으로 진행되었지만, 성 쌓는 일은 그리 쉽게 끝나지 않고 농사철에도 계속돼 일손이 부족한 마을에서는 한 해 농사를 망치는 일이 다반사였다. 여기에 가뭄이나 홍수 등 하늘이 노하는 일이라도 생기면 장정들과 소를 빼앗긴 마을은 거의 초토화되다시피 했다.

힘든 축성역을 마치고 축 처진 어깨에 발을 절뚝거리며 정든 고향에 돌아왔지만, 그들에게 남은 것은 주린 배를 움켜쥔 처자식과 망가진 몸뚱이가 전부였다. 그들이 할 수 있는 것은 마을을 버리고 떠나 세금을 피하는 방법밖에 없었다. 유랑민으로 전락하는 것이다. 이처럼 유랑민들이 증가하자 빈곤의 악순환처럼 주변 마을 사람들은 더 길고 힘든 축성역을 온몸으로 감당해야만 했다.

백성들의 고통이 더해 가면 갈수록 국가의 방위력은 떨어지기 마련이다. 이 문제 때문에 조선 중기의 문신인 김성일(金誠一, 1538~1593)의 경우 임금에게 축성을 그만두고 백성을 위하는 길을 찾아보자는 상소를 올리기도 했다. 그가 올린 상소를 살펴보면 그 당시 백성들이 얼마나 살기 어려웠는지 쉽게 이해할 수 있다.

신들이 일찍이 민가에 출입하면서 생산하는 것을 살펴보니, 궁한 백성들이 비록 일 년 동안 고생 고생하여도, 가을을 당하여 공사(公私) 간에 빚진 것을 갚고 나면, 쌀독은 텅 비어 있으며, 남아 있는 것이라곤 도토리나 나무 뿌리, 겨, 콩잎 등속뿐으로, 겨우 굶어 죽지 않을 정도였습니다. 몇 섬의 곡식만 있으면 실호(實戶)라고 일컫는데, 이런 사람조차 또한 매우 드뭅니다. …… 신들은 듣건대, 불쌍한 과부가 밭을 팔아 세금을 바쳤는데도 부족해서 숲속에 들어가 목을 매어 죽은 자도 있다고 합니다. 신들은 거룩하고 밝은 세상에 이런 일이 있을 줄은 생각지도 못 했습니다.

◆『학봉집(鶴峯集)』 제3권, 축성(築城) 일을 정지하기를 청하고 이어 시폐(時弊)를 진달하는 차자(箚子, 상소문).

김성일은 가난한 백성들이 축성 현장에 너무 자주 끌려나가기 때문에 쌀은 구경도 못하고 산에서 나는 도토리나 나무 뿌리로 연명하며 하루하루를 버티는 현실을 전하고 있다. 거기에는 국가에 노동력을 제공하지 못하는 과부는 가진 전 재산인 밭을 팔아도 세금을 충당하지 못해 결국에는 목을 매달아 죽었다는 이야기도 있다. 이러한 일은 특히 변방 지역의 백성들에게 심해서 축성 때마다 수많은 고통을 온몸으로 감내해야만 했다.

물론 쌀독이 바닥나고 보리이삭이 나오기 전인 춘궁기에는 가끔 축성역에 동원된 사람들에게 나라에서 진휼(賑恤, 백성을 도와줌)을 하기도 했다. 예를 들면, 그해의 토지세를 면제해주거나, 사는 곳을 떠나 멀리 축성에 동원된 사람들일 경우는 쌀과 옷을 만들 수 있는 삼승포를 내려줬고, 약간의 돈과 포를 나눠 주기도 했다. 그러나 이러한 진휼의 대부분은 국왕의 명령에 따른 군령으로 선포되었지만 중간 관리자들이 이리저리 떼먹어 실상 백성들에게 돌아가는 혜택은 거의 없었다.

## 화성, 백성들의 땀에 대한 보상을 바탕으로 건설되다

이처럼 고대부터 성을 쌓는 일은 대단히 힘든 토목공사라서 실질적인 주역이었던 백성들은 늘 원망의 목소리를 높이곤 했다. 그러나 조선 후기 찬란한 문예부흥을 이끌었던 정조 시대에 만들어진 수원 화성(華城)은 기존과 전혀 다른 방식으로 축성의 역사가 진행되었다. 화성의 둘레는 5744미터, 면적은 18만 8048제곱미터로 당시로는 국가의 재정이 흔들거릴 정도의 큰 토목사업이었다. 당시 영의정이었던 채제공(蔡濟恭, 1720~1799)을 비롯해 대신들은 당연히 화성 축성도 백성들의 노동력으로 국가 재정을 충당하자고 건의했다. 하지만 정조는 영조의 노여움을 사 억울하게 뒤주에 갇혀 죽은 아버지 사도세자(思悼世子, 1735~1762, 1899년 장조(莊祖)로 추존)를 그리워하며 이뤄낸 대역사

화성을 쌓으면서 기록한 일종의 공사 보고서인 『화성성역의궤』에 나오는 〈화성전도〉.

였기에 백성들의 고통 대신 왕실 재정이 바닥나는 한이 있더라도 기어이 품삯을 지급하기로 했다.

당시 화성을 쌓으면서 기록한 일종의 공사 보고서인 『화성성역의궤(華城城役儀軌)』를 보면, 이 공사에는 약 70여만 명의 인력이 투입됐는데 모두 품삯을 주고 성을 쌓았음을 확인할 수 있다. 화성을 쌓으면서 돌을 쪼는 석수와 나무 기둥을 다듬는 목수 그리고 기와 및 벽돌장 등 반드시 필요한 전문 인력에 한해서는 일정 기간 요역으로 징발했는데 정조는 강제로 징집된 이들에게도 품삯을 지급했다. 일반 단순 노동자들보다도 더 많은 액수를 지급함으로써 전문 장인에 대해 예우를 했다. 이러한 이유로 약 10년을 예상했던 축성 기간을 2년 6개월로 단축시키는 성곽 건축의 신기원을 이루기도 했다. 일정한 보상을 통해 백성들의 자발적인 참여를 유도한 것도 힘이 되었지만 거중기를 비롯한 새로운 축성 기구도 공사 기간을 단축하는 데 한몫했다. 여기에서 잠시 생각하고 넘어갈 부분이 있다. 화성의 둘레는 약 5744미터(4600보)로 축성 예상 기간은 약 10년이었다. 그렇다면 그 전에 지어진 대규모 성곽인 남한산성(약 6297보)이나 고려시대의 천리장성은 쌓는데 얼마나 오랫동안 백성들을 힘들게 했을까.

당시의 기록을 자세히 살펴보면, 성을 쌓는 사람들의 품삯이 어느 정도인지 확인할 수 있다. 일반 잡부는 매일 2전 5푼 정도가 지급되었는데 요즘 공사 현장 일용직 노동자의 일당 약 7만 원과 비교하면 당시의 돈의 가치를 판단할 수 있는 좋은 자료가 될 것이다. 당시 쌀값은 1섬~15말에 5냥 정도였는데, 흉년이나 풍년에 따라 6~7배 정도 등락 폭이 있어서 현재의 쌀값과 비교하기가 어렵다. 또한 앞서 이야기한 대로 일정한 기술을 가진 목수나 미장이 그리고 조각장은 매일 4전 2푼씩을 지급받았다고 하니 얼마나 많은 돈이 소요되는 공사였는지를 실감할 수 있다.

화성을 쌓는 일에 동원된 장인들은 전체 1821명이었으며, 이들을 포함한 전체 인원에게 지급된 품값이 총 30만 4817냥 8전 4푼에 달했다. 여기에 성을 쌓는 돌이나 나무에도 어김없이 비용을 지출했는데, 재료비로 총 39만 201냥 1전 1푼이 지급되었다. 결국 화성 축성 비용은 여타 비용을 포함해 전체 86만 698냥 2푼이 들었다. 당시 국가의 총 재정이 약 790만 냥이었으니 조선 후기 최대의 토목공사라 해도 부족함이 없을 듯하다. 여기에 일꾼들이 병에 걸리거나 다치면 성 밖에 막사를 치고 진료해주었으며 치료 기간 중 일을 못하더라도 매일 쌀 1되, 돈 1전씩을 지급해주니 공사 기간은 단축될 수밖에 없었다.

그뿐만이 아니었다. 당시 화성을 쌓을 때 사람은 물론이고 수레를 끄는 소도 돈을 주고 샀는데, 몸집이 크고 다리 힘이 좋은 소를 고르기 위해 담당관이 전국을 순회하며 사기도 했다.

경기 지방에서 309마리, 해서 지방에서 167마리, 관동 지방에서 80마리, 호서 지방에서 50마리로 모두 606마리를 모았으며, 그 외에도 잡일을 하는 소 80마리와 말 252마리가 화성 축성에 동원되었다. 다행히 화성은 읍성과 산성이 혼합된 형태이며, 산의 높이가 그리 높지 않았기에 축성 작업에는 비교적 큰 어려움이 없었다. 여기에 거중기, 유형거, 동거 등을 비롯한 다양한 축성 장비들이 새롭게 동원되어 백성들이 일하기가 훨씬 나았다. 그러나 기반을 다지는 도중 지하수가 솟아 성벽이 부실해질 위험이 있어 일반적인 성보다 몇 미터를 더 깊이 파고 기초를 다지는 등 그 수고로움도 만만치 않았다. 하지만 험준한 산악이나 절벽과 같은 곳에 산성을 쌓는 것에 비한다면 난공사가 아니었고, 백성들에게 노동의 대가를 정당히 지급했기에 화성을 쌓는 동안에는 원망이 그리 높지 않았을 것이다.

## 역사는 늘 위대하고 용맹한 자만을 기억하는가

지금까지의 역사에 대한 이야기는 오직 승자의 역사를 중심으로, 위대하고 용맹한 개인을 중심으로 전개됐다. 그러나 정작 그 승리의 주역은 그와 함께했던 수많은 병사와 백성이다.

승자의 찬란한 미소 뒤에는 어김없이 그 승리를 일궈내려고 몸을 헌신짝처럼 내던져야만 했던 많은 '작은' 사람들의 이야기가 담겨 있다. '오직 보이는 것만이 전부는 아니라는 사실'이 역사 속에서도 면면히 흘러내리고 있다. 역사의 '작은' 사람들은 기록에는 남지 않았지만, '나'의 눈앞에 펼쳐진 모든 문화유산에는 그들의 땀과 눈물이 짙게 배어 있다. 찬란한 문화유산을 바라보며 그저 감탄의 웃음을 터뜨리는 것뿐만 아니라, 그 찬란한 문화를 만들기 위해 직접 돌을 쪼고 나무를 다듬었던 백성들의 갈라진 손바닥을 조금이나마 생각하는 여유가 함께 하길 기원해본다.

# 2장

## 조선의 병사들

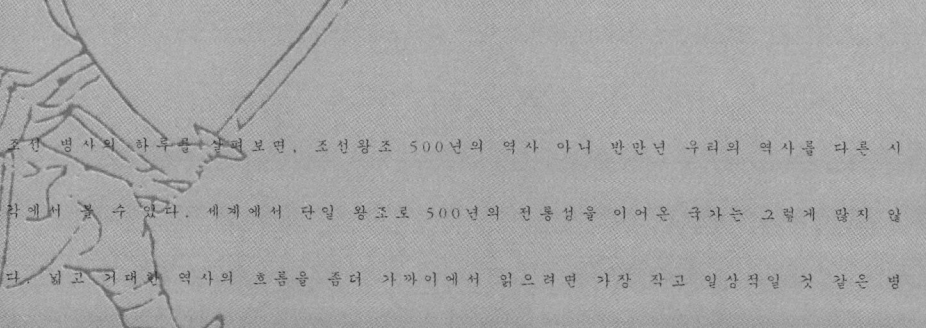

조선 병사의 하루를 살펴보면, 조선왕조 500년의 역사 아니 반만년 우리의 역사를 다른 시 각에서 볼 수 있다. 세계에서 단일 왕조로 500년의 전통성을 이어온 국가는 그렇게 많지 않 다. 넓고 거대한 역사의 흐름을 좀더 가까이에서 읽으려면 가장 작고 일상적일 것 같은 병 사나 일반 백성의 하루를 들여다보는 것도 하나의 좋은 방법일 것이다.

# 하루 조선 병사의

일상에서 '하루'라는 시간은 결코 길지 않다. 물론 유구한 역사에서도 하루라는 시간은 거대한 역사의 수레바퀴에 가려 보이지 않을 정도로 짧다. 이는 지금까지 우리의 관심이 어떤 특정한 역사적 사건이나, 뛰어난 인물을 중심으로 사고하고 평가해왔기 때문이다. 전쟁사를 이야기할 때도 그 전쟁의 승패를 가장 먼저 생각하고, 그 전쟁을 이끈 뛰어난 장수나 패전의 고통을 감내해야 했던 지도자의 이야기가 먼저 떠오르게 된다. 임진왜란을 예로 든다면, 우리나라 사람들 대부분은 이순신(李

舜臣, 1545~1598) 장군을 먼저 생각하고 아울러 거북선을 비롯해 해상 전투에서의 통쾌한 승리를 떠올릴 것이다. 물론 이러한 이유는 아주 먼 과거에 벌어진 일을 단편적인 조각들로 이어 붙여야 하기에 중요한 일이나 사건 혹은 인물에 초점을 맞추기 때문이다.

그러나 엄청난 역사적 사실이 일어난 그날도 '하루'라는 시간에서 탄생한 것은 확실하다. 물론 그런 특정한 사건이 일어난 배경이나 인물의 삶은 오랜 시간에 걸쳐 만들어지며 짧게는 몇 년 길게는 몇백 년의 시간 속에서 그 의미를 되새겨봐야만 진정한 의미를 찾을 수 있을지도 모른다. 하지만 특정한 사건의 배경은 물론이고 어떤 사람의 삶도 '하루'라는 시간적 제약을 넘지는 못한다. 그 '하루'라는 시간이 모여 한 달이 되고 일 년이 되고, 그런 시간이 모여 거대한 역사의 시간을 이루는 것이다. 그런데 우리가 쉽게 생각하는 역사적 사건이나 인물의 삶은 몇 달 혹은 몇 년의 시간을 통째로 생각하기 일쑤다. 심지어 '조선왕조 500년'이라는 근사한 이름으로 500년이나 되는 긴 세월이 우리 머릿속에 한 줄로 각인되기도 하고, '한민족 반만년의 역사'라는 이름으로 우리 민족의 모든 것이 설명되기도 한다. 우리의 삶을 역사라는 틀로 봤을 때 우리의 기억 속에 가장 확실한 기억은 바로 오늘 '하루'의 역사다. 그리고 그 '하루'를 곰곰이 생각해본다면 우리의 과거와 미래가 좀더 명확해질 것이다.

과거에 벌어진 전쟁에 대한 기억 또한 '하루'라는 시간을 잘 들여다보면 오히려 그전에는 놓쳤던 많은 것을 되짚어볼 수 있을 것이다. 특히 이름나고 뛰어난 장수가 아닌 이름 없는 병사의 하루를 들여다보면 가장 일상적이면서도 우리의 피부에 와 닿는 역사 이야기가 펼쳐질 것이다.

조선 병사의 하루를 재구성하는 작업은 그렇게 역사의 또 다른 모습을 찾는 것인지도 모른다. 마치 밤이면 우리를 비추는 달의 빛나는 부분이 아닌 아무도 관심을 두지 않는 달의 어두운 그러나 그 자리에 늘 있는 나머지 반쪽을 생각해보는 것처럼 '조선 병사의 하루'를 들여다보는 것은 역사의 온전한 모습을 이해하는 데 또 다른 출발선이 될 것이다.

## 기상나팔 소리에 잠을 깨다

조선시대 병사들도 지금의 군대처럼 다양한 훈련을 받았다. 그런데 재미있는 것은 요즘 군대에서 사용하는 기상나팔이 조선시대에도 기상 시간을 알리는 데 사용했다는 것이다. 그런데 이 나팔은 조선시대에도 나팔(喇叭)이라는 이름으로 사용했으며 쇠로 만든 피리라서 철적(鐵笛)이라 부르기도 했다.

조선시대 군사용어로 두호(頭號)라고 하는 첫 번째 나팔 소리가 진영에 길게 울리면 병사들은 일어나 잠자리를 정리하고 무기와 보급품 등을 챙겨 곧바로 밥 지을 준비를 했다. 이때 보통 화병(火兵)이라는 요즘의 취사병과 비슷한 병사가 밥을 지었다. 그러나 밥 지을 물을 길어 오고 땔감을 하는 것은 모든 병사가 함께했다.

물론 이때에도 당연히 군대이기에 일정한 체계에 따라 물을 긷고 땔감을 했다. 보통 진영을 구축하고 병사들이 쉴 막사까지 완성하고 한 차례 나무를 해오고는 하루건너 한 차례씩 했다. 나무를 하는 시간 또한 엄격히 지켜야 했다. 사정(巳正) 다시 말해 10시 무렵에 각 대(隊)마다 한 대오는 진영을 지키고 한 대오는 땔감 구하기를 번갈아 했다. 물론 진영 밖에서 땔감을 구해야 했기에 약 2시간을 작업하고 모두 진영 문밖에서 기다리고 있다가 진영의 동서남북의 네 문을 통해 해당 표식을 보여줘야만 들어갈 수 있었다. 이때 수병(數兵)이라는 숫자를 세는 병사가 인원을 확인했다. 만약 부족하면 도망병이 발생했거나 부상 혹은 적에게 공격당한 것으로 판단했다. 반대로 수가 늘어났다면 영문(營門) 밖을 나갔다가 돌아온 병사 가운데 세작(細作, 첩자)이 끼어 있는 것으로 판단했다.

땔감 구하기처럼 물을 긷는 것도 비슷한데 물은 신시(申時)

즉, 오후 4시에 한 차례만 길러오며 딱 15분(일각)에 한정해 물을 긷도록 했다. 이는 물을 긷는 도중에는 휴대할 수 있는 무기가 없기에 적의 매복에 걸리거나 적의 척후병에게 발각되는 것을 막기 위해서였다.

물이나 땔감뿐만 아니라 군마를 먹이기 위한 풀 구하기도 하나의 중요한 일이었다. 이 또한 엄격한 규율 속에서 진행됐다. 예를 들면 기병들은 세 마리 말 중에 두 명이 말 한 마리를 끌고 나가서 세 마리가 먹을 풀을 구해 나무하러 간 병사나 물 길어 오는 병사와 함께 돌아오도록 했다. 이렇듯 평시에는 아주 쉽고 사소한 일들이 군대라는 특수한 환경에서는 사뭇 다른 일상으로 전개되었다.

이후 두 번째 나팔 소리인 이호(二號)가 울리면 병사들은 밥을 먹고 무기를 비롯한 장비를 챙겨 막사를 나섰다. 자신이 진형(陣形)에서 책임진 장소로 신속하게 이동해야만 했다. 이렇게 진형을 펼치면 꼼짝없이 거대한 기계의 부속품처럼 쉴 틈 없이 자신이 맡은 임무를 반복해야만 했다. 예를 들면 자신의 주특기가 조총병(鳥銃兵)이면 횡대로 길게 늘어서 신호에 맞춰 사격을 연습했다.

조선시대에도 요즘 군대처럼 일정한 순서에 따라 조총 사격 훈련을 했다. 그 순서를 보면 첫 구령이 나오면 앞무릎에 총을 걸쳐 놓고, 두 번째 구령에 개머리판을 뺨에 붙인 다음 가늠쇠를 가늠자에 맞추어 공격할 대상을 조준하는데, 이때 머리를 흔들거나 손을 떨지 말 것을 지휘관이 직접 뒤쪽에서 지적하기도 했다. 그 다음 신호에 오른손 엄지와 식지(食指)를 사용해 불심지를 열어 뒤로 향해서 조총의 용두(龍頭)에 들어가게 하고, 이후 마지막 구령에 불심지를 화문에 떨어져 있게 한 다음 화약에 불을 붙이면 총이 발사되는 방식이었다. 그리고 이렇게 한 차례 발사하고 나면 다음 열이 앞으로 나와 똑같은 훈련을 반복하고 물러난 열은 다시 재장전을 위한 화약과 탄환 정비를 했다.

이런 훈련은 조선시대나 요즘이나 크게 차이 나지 않는 것처럼 보일 것이다. 그러나 행군을 준비하는 과정에서 조금은 유별난 훈련도 있었으니 그것은 다름 아닌 비상식량 만들기이다.

## 비상식량 만들기도 훈련이다

평소엔 진법을 훈련하다 식사시간이 되면 병사들은 막사로 돌아가 정해진 시간 동안 식사를 하고 다시 훈련장으로 나갔다. 예상보다 진법 훈련이 빨리 끝나거나 행군 준비로 바쁠 땐 병사들이 직접 비상식량을 준비해야 했다.

보통 때는 일반적인 밥 짓기를 연상하면 되는 것처럼 별문제가 없다. 지금의 보급부대에 해당하는 병사들이 수레에 쌀이나 보리와 같은 식량을 가지고 가서 병사들이 먹거나, 원정을 갈 경우는 그 지역에서 직접 곡식을 수확하거나 짐승을 사냥해서 병사들의 배고픔을 덜어주었다. 이렇게 대량으로 군량미를 수송해서 보급할 때는 전투가 시작되기 전의 일이고, 전투가 시작되고 보급이 끊어질 때를 대비해서 병사들은 각자 며칠 동안 버틸 수 있는 비상식량을 직접 만들어야만 했다. 특히 적에게 포위되거나 부대와 격리되는 상황이 전쟁 때에는 자주 발생해서 비상식량 만들기는 하나의 훈련 형태로 진행했다.

비상식량은 마른 곡물을 이용해 만들었다. 병사 1명마다 노랗게 볶은 쌀 두 되와 밀가루 한 되 다섯 홉을 나눠준다. 이렇게 받은 것 가운데 쌀 한 되는 맷돌로 곱게 갈아 가루를 내고 나머지 한 되는 따로 휴대하게 된다. 그리고 밀가루 한 되 다섯 홉 가운데 다섯 홉은 비에 젖을 것을 대비해 향유(香油)를 사용해 떡을 만들어 찌며, 다섯 홉은 휴대 중 상하지 않도록 좋은 소주(燒酒)에 담갔다가 꺼내 말리는데 다시 소주에 담가 소주가 들어가지 않을 때까지 계속 반복해 밀을 정제한다. 이렇게 소주에 정제된 밀 중 절반은 곱게 갈아서 밀가루 반죽을 하고 휴대하기 편한 모양으로 만들고, 나머지는 소금물과 식초에 담갔다가 말리는데 더 이상 소금과 식초가 배어나지 않을 때까지 계속 반복해 가루로 만들어 염분 보충에까지 신경 쓴 비상식량으로 거듭나게 되었다.

이렇게 일반 식량보다 갑절은 힘들게 만든 비상식량은 그 사용에도 철저한 규율이 있었는데, 적에게 포위되는 등 매우 위급한 상황이 아니면 절대 먹지 못하도록 했다. 그래서 수시로 이 비상식량을 점검하는 일이 하나의 불시 비상점검 훈련으로 잡히기도 했는데, 만약 이 비상식량을 휴대하지 않았거나 먹어 버렸을 때는 자신의 무기를 잃은 죄와 똑같은 죄를 물었다.

특히 이런 비상식량을 비롯한 필수품은 병사들의 겉옷을 여미는 전대(戰帶)에 주로 넣고 다녔기에 조선시대를 비롯한 전통시대 병사들의 기본 무장모습은 배와 옆구리가 불룩하게 튀어나와 있는 것이 일반적이었다. 그래서 군사들의 허리를 묶는 전대는 나비가 15센티미터 정도에 길이가 3.5~4미터로 긴 천을 마름질하고 나선형으로 돌아가며 바느질을 해서 신축성이 좋고 긴 자루처럼 사용했다.

이렇게 비상식량 만들기에 정신을 팔다 보면 어느덧 점심때가 다가오고 여느 때처럼 식사를 알리는 나팔소리가 진영을 뒤덮게 된다. 그렇게 오전 한나절이 지나갔다.

## 점심을 먹고 나니
## 군장이 무거워졌다

점심을 먹고 나서도 고달픈 병사의 하루는 여전하다. 오후 훈련은 갑주(甲冑, 갑옷과 투구)를 입고 무기를 사용하는 훈련으로 일종의 완전군장 훈련을 하는 것이다. 그런데 훈련장에서는 의도적으로 군장을 비롯한 무기를 더 무거운 것을 사용해 병사들의 힘을 키우는 것에 집중했다. 이는 사람의 혈기(血氣)라는 것이 쓰면 쓸수록 견고해지고 쓰지 않으면 약해지는 것이라, 힘줄과 뼈를 수고롭게 하고 몸을 고달프게 하는 것을 최고의 목표로 삼았기 때문이다. 아마도 이런 훈련법은 오늘의 군대와도 다르지 않을 것이다.

그래서 평상시 전투훈련을 할 때에도 병사마다 반드시 무거운 갑옷을 입고 무거운 물건을 몸에 지녀 억지로 힘을 더하게 했다. 예를 들면 일반적인 피갑(皮甲, 가죽갑옷)을 입는 병사들에는 갑옷 안에 돌덩어리를 천으로 싸서 묶거나, 일반적으로 사용하는 칼 무게의 두 배가 넘는 크고 무거운 목검을 이용해 훈련했다. 이는 실제 전투가 발생했을 때에는 더 가벼운 갑주와 무기로 싸울 수 있기에 온 힘을 더한다면 적을 충분히 꺾을 수 있기 때문이다. 특히 실제보다 더 무거운 무기를 사용하는 것은 손을 단련해 적보다 빠른 창이나 검의 쓰임을 훈련하기 위

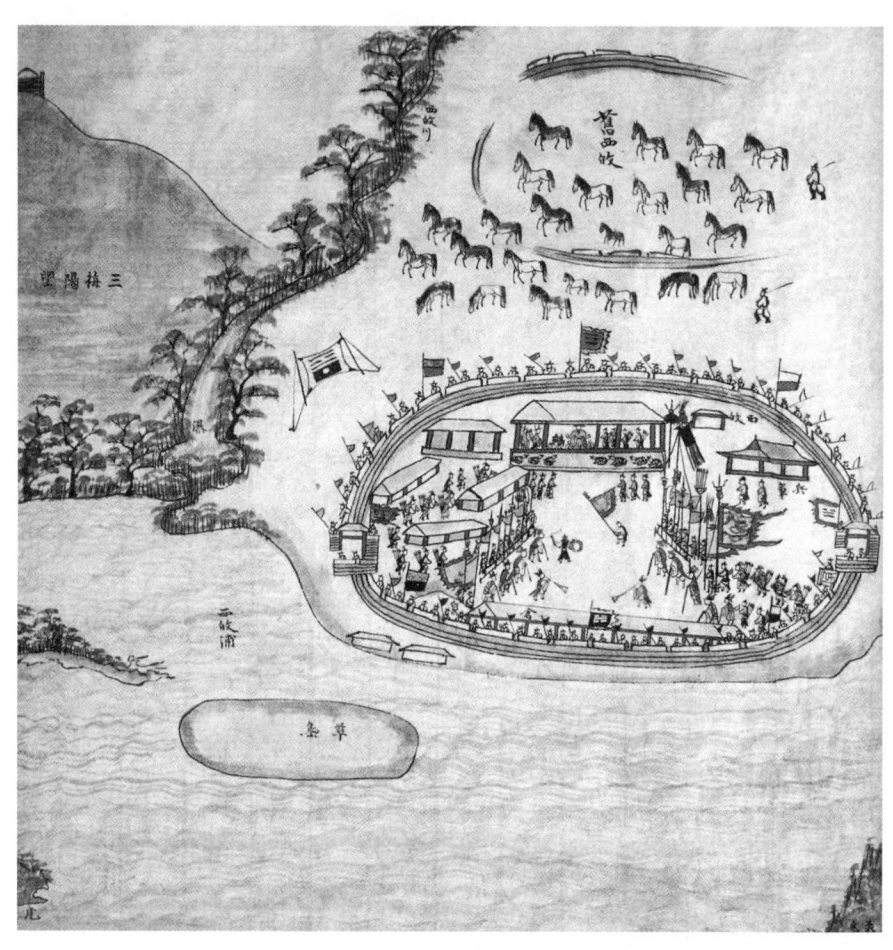

숙종 때 제주목사의 지시로 만든 『탐라순력도(耽羅巡歷圖)』에 나오는 〈서귀조점(西歸操點)〉. 당시 서귀진에서 벌어진 병사의 훈련 상태와 군기 그리고 말을 점검하는 모습이 잘 나타나 있다.

해서였다. 심지어는 요즘처럼 다리에 모래주머니를 달고 훈련하기도 했는데, 전통시대에는 주로 빠르게 달려가며 진법을 짜고 공격과 방어를 해야 했기에 빠른 발놀림을 위하여 모래주머니를 활용하게 된 것이다.

또한 일반적으로 각자의 주특기 혹은 병과에 따라 특징적인 갑옷을 입게 되는데, 가끔은 갑주를 바꿔 입고 훈련하기도 했다. 대표적으로 조선시대 실학자로 잘 알려진 아정(雅亭) 이덕무(李德懋, 1741~1793)는 병사들이 입는 갑주의 특징에 대해서 "보병은 긴 갑옷, 마군(馬軍, 기병)은 짧은 갑옷, 궁수(弓手)는 넉넉한 갑옷, 창수(槍手)는 몸에 꼭 맞는 갑옷을 입어야 한다"고 했다. 특히 피갑(皮甲)을 주로 입는 보병들에게 공성전 때 입는 철갑(鐵甲)을 입혀 훈련하는 것은 그 무게에 적응하는 것만으로도 충분히 뛰어난 훈련으로 인식되기도 했다. 그래서 갑옷을 바꿔 입고 훈련하게 된 것이다.

진법 훈련이라는 것이 쉼 없이 뛰고 달리는 것이었기에 한차례 소나기 같은 공격 훈련이 끝나면 여기저기서 헉헉대는 소리가 퍼지곤 했다. 특히 기병과 동시에 훈련하는 경우에는 기병의 말을 뒤쫓아 가며 전 속력으로 달려가고 다시 되돌아와야 했기에 더없이 힘들었다. 그렇게 넓디넓은 훈련장 이곳저곳을 발바닥에 땀이 나도록 달리면 해는 어느덧 기울어져 서산에 걸리는 저녁이 되곤 했다. 그러나 훈련은 거기서부터 다시 시작이었다.

## 행군, 그것은 고난의 연속이었다

잠시 쉴 틈도 없이 행군에 돌입하면 꼼짝없이 며칠은 밤낮으로 걷고 또 걷는 고행의 훈련이 이어졌다. 행군 훈련은 인시(寅時, 새벽 3시)에 아침밥을 먹고 묘시(卯時, 새벽 5시)에 출발해, 오시(午時, 낮 12시)에 점심밥을 먹고 미시(未時, 오후 2시)에 마치며, 하루에 30리(약 12킬로미터)를 행군하는 것을 기본으로 했다. 미시에 행군을 마치는 것이 천시(天時)를 어기지 않는 것이라고 해 장수들은 시간을 어기지 않으려고 훈련을 서둘러 마쳤다. 하루 30리를 행군하는 것은 적을 만나더라도 병사들이 바로 전투태세를 갖추고 싸울 수 있는 체력적 한계를 고려한 것으로 이 행군 거리를 지켰다. 만약 하루 30리가 넘는 거리를 행군하면 병법서에는 병사들의 근력이 쇠약해지고, 전투마가 지쳐 갑자기 적이 공격해오면 아군 10명이 적 1명을 당해내지 못한다고 했다. 그래서 행군 거리만큼은 거의 절대적으로 지켰다.

야간 전투와 이동을 대비해서 야간 행군을 훈련하기도 했다. 전투라는 것이 낮에만 있는 것도 아니고, 적이 밤낮을 가리지 않고 공격할 때에는 어쩔 수 없이 야간 전투를 해야만 했기에 야간 행군 또한 중요한 훈련 중 하나였다.

야간 행군을 진행할 때에는 보통 밀행(密行)이라고 해 병사들의 입에 모두 재갈을 물리고 전마(戰馬)의 목에 건 방울을 떼어 형체를 숨기고 흔적을 감추고 행군하는 것이 기본이었다. 또한 날이 완전히 어두워지면 밀밀(密密)이라고 하여 불빛도 감추고 북소리도 울리지 아니하여 적으로 하여금 아군의 동정(動靜)을 모르게 했다. 이때는 진영을 빽빽이 붙이고 부대를 가까이 연결해 서로 끊어지지 않도록 했다. 도망병을 방지하고 비상사태를 대비하기 위함이었다.

또한 암령(暗令)이라 해 아예 소리가 나는 징이나 북은 물론이고 깃발마저도 사용하지 않고 단지 물건을 전달해 명령을 주고받으며 행군하는 방식도 함께 훈련했다. 예를 들면 행군을 하다가 멈추라고 할 때에는 조용히 나뭇가지를 비롯한 초목(草木)의 가지를 꺾어 뒤로 전달했고, 앉으라고 할 때에는 돌덩이를 뒤로 전달하는 방식이었다. 그리고 느리게 행군하라고 지시할 때에는 긴 곤봉을 전달하고, 행군의 속도를 높이라는 명령은 죄인의 귀를 걸 때 사용하는 관이(貫耳)라는 작은 화살을 전달하는 방식이었다. 또한 부대를 수습해 전투에 대비하도록 지시하거나, 혹은 적이 근거리에 있다는 것을 알리기 위해서는 긴 영전(令箭)을 뒤로 전달하는 방식을 취했다. 그런데 이런 암령 훈련은 시간이 많이 소요되기에 특별한 경우에만 훈련했고, 일반적으로는 깃발을 비롯한 신호용 도구를 이용해 전군이 모두 인지할 수 있게 훈련했다.

가볍고 비에 젖지 않게 대나무 가지 뼈대에 기름 먹인 종이로 만든 조적등. 이 등의 특징은 불빛이 아래를 비추고, 거꾸로 들어도 등불이 바로 수평을 잡아 야간 행군에 사용했다.

또한 조적등(照賊燈)이라는 일종의 특수 휴대용 등불을 사용하기도 했는데, 발밑을 비추는 등으로 지금의 랜턴과 비슷한 기능을 한 등불을 사용하기도 했다.

이렇게 행군이 시작되고 나면 군사용 깃발을 움직이는 기수(旗手)들은 더욱 분주히 움직여야만 했다. 만약 행군하는 도중 전면에 수목(樹木)이 앞을 가로막고 있을 때에는 청기(靑旗)를 펼쳐 적의 매복에 준비하거나 돌아가는 길을 찾는 신호를 내려야 했고, 물이나 늪이 가로막고 있을 때에는 흑기(黑旗)를 펼쳐 일종의 도하훈련을 비롯한 수중전을 염두에 두는 신호가 내려졌다. 그리고 앞에 아군이든 적군이든 병마(兵馬)가 나타나면 백기(白旗)를 펼치고, 연기나 불이 가로막고 있을 때에는 홍기(紅旗)를 펼쳐 주변의 상황에 대비해야만 했다.

이런 다양한 훈련 중 가장 힘든 것은 역시 강이나 늪지대를 통과하는 도수(渡水)훈련이었다. 척후병의 보고에 따라 전군에 흑기 명령이 떨어지면 병사들은 강을 건널 준비를 하게 되는데, 역사 이래로 가장 공격당하기 쉬운 순간이 바로 강을 건너는 순간이었기에 장수를 비롯해 병사들 한 명 한 명이 가장 긴장하며 훈련에 임했다. 그래서 일반적인 훈련보다 더 많은 준비를 했는데, 가장 먼저 물 가까운 곳에 먼저 방영(方營)을 설치해 방어 준비를 했다. 이후 당보군(塘報軍, 척후병)을 근처의 높은 고지에 배치해 적의 매복 흔적을 찾거나 기습공격에 대비했다.

이렇게 진영이 견고하게 갖춰지면 1개의 초(哨) 단위, 약 125명 정도씩 건너가게 했다. 그리고 물을 건너자마자 병사들은 즉시 방어진을 치고 병기를 정렬해 마치 적이 바로 앞에 있는 것처럼 대비하고 나서 휴식하면서 다음 명령을 기다려야만 했다. 물을 건널 때에는 배로 건너기보다는 부교(浮橋)를 놓아 건너는 것이 훨씬 안전했는데, 만약 부교를 설치할 시간이나 재목이 없을 경우는 굵은 새끼줄을 꼬아 양쪽 물가의 나무에 고정하고 그것을 붙잡고 강을 건너야 했다. 특히 이때에는 양 옆구리에 양가죽으로 만든 물통인 양피낭(羊皮囊)이나 나무 물통인 목앵(木甖)을 끼고 건너야 했기에 병사들 스스로 휴대용 물통을 반드시 갖춰야 했다.

이렇듯 강을 건너고 산을 넘으며 고난의 행군은 계속되었다. 행군 도중 목이 마른 병사들은 개인 물통의 물을 마셨는데, 만약 이 물이 떨어질 때 즈음이면 물을 담당하는 군관(軍官)과 병사가 길을 가다가 먹을 수 있는 물을 지정하고 그 자리를 지키면서 이동 중의 병사들이 직접 와서 떠먹게 하고 행렬이 모두 지나가면 원대로 복귀하는 물 통제병을 따로 두기도 했다.

이후 저녁 먹을 시간이 되면 어김없이 화병들이 밥 짓을 준비하는데, 행군 중에는 적이 물에 독을 풀었을 것을 염두에 두고 대비했다. 예를 들면, 개울이나 우물에서 물을 길어올 때에는 먼저 진중에서 죽을죄를 지은 죄인이나 어린 가축으로 하여금 그 물을 먼저 먹어보게 해 탈이 없음을 확인하고 병사들의 밥을 짓는 것이었다. 이렇게 화병들이 밥을 지으면 나머지 병사들은 다리 쭉 뻗고 잠을 잘 임시 거처를 만들게 되었다.

그런데 이 와중에도 발이 빠른 병사들은 매복훈련을 따로 받기도 했는데, 적의 매복을 고려해 아군에서도 풀숲이나 골짜기에 미리 매복시키는 것이었다. 이때에는 매복한 병사들이 정병인지 아니면 게릴라식 특수병인지를 적이 판단하지 못하도록 하는 훈련을 함께 진행했다. 물론 매복이라는 것이 적이 모르게 숨어 있는 것이 보편적이나 기만전술의 하나로 적이 근접하지 못하도록 미리 매복을 알리는 방식이었다. 예를 들면 용맹한 병사들이지만 어수룩한 것처럼 보이게 하고, 겉으로는 혼란스럽게 보이면서 안으로는 정돈되게 하고, 배가 부르지만 굶주림에 지친 병사들로 보이게 하는 훈련이었다. 이렇게 되면 마치 물고기가 낚싯밥을 먹듯 거짓으로 반쯤 후퇴하다가 적을 공격하는 것인데, 아군의 형세가 반대이면 거짓으로 허장성세를 알리기도 했다. 그렇게 매복훈련까지 마치면 피곤한 두 다리를 펼 막사를 짓는 것으로 훈련은 이어지게 된다.

## 잠도 아무 곳에서나
## 잘 수 없었다

조선시대 일반 병사의 막사는 요즘도 사용하는 A텐트 같은 일종의 'A'자 천막에서 잠을 청하는 방식이었다. 물론 장수를 비롯한 지휘관들은 큰 원형 막사를 사용했는데, 막사 앞에는 장수의 위엄을 알리는 고초기(高招旗)가 서 있고, 입구를 중심으로 길게 병사들이 늘어서 입구를 경계했다. 그런데 숙영지를 정하는 것도 신중한 판단 아래 진행되었는데, 가장 기본적으로 주변에 산과 물이 있는 지역을 찾는 것이었다. 이는 적의 기습 공격을 받거나 포위되는 최악의 상황이 발생할 때를 대비한 것으로 산이 있으면 퇴로가 다양해서 병사를 움직이기가 쉽고, 적의 돌격 기병을 막아내기 쉬웠기 때문이다. 물의 경우는 당연히 최소한의 생명을 유지하는 기본적인 요건이었기에 이는 반드시 챙겨야 할 중요한 요소였다.

만약 주변에 이러한 산이나 물이 없으면 평야에 진영을 설치하는데, 그곳에서도 이러한 요소를 적절히 배치하고 거마목(拒馬木)이나 질려(蒺藜)를 주변에 깔아 놓아 적의 접근을 원천적으로 차단하는 방식을 썼다. 특히 귀전(鬼箭)이라 하여 대나무 통에 질려를 넣고 똥물과 독약을 섞어 마치 지뢰처럼 길에 깔아 놓기도 했는데, 만약 적이 이를 밟으면 그 소리로 습격에 대비

17세기 무렵 그린 이 그림은 세조 때 신숙주가 함길도 도체찰사를 하고 있을 때 북방의 야인을 정벌하는 내용을 담고 있다. 이 그림에 조선시대 병사들이 머물렀던 일종의 A텐트처럼 생긴 막사가 보인다. 이처럼 조선시대에도 야전에서 막사를 설치할 때에는 간단하고 빠르게 설치할 수 있는 형태를 취했다.

함은 물론이고 즉시 소독하지 않으면 발이 썩게 되어 효과적으로 적을 막는 방법으로 이용했다. 또한 진영 밖 30보 떨어진 곳에 불에 잘 타는 마른 나무들을 쌓아 놓기도 했는데, 만약 적이 야간에 공격해오면 여기에 불을 질러 적의 형세를 살피기 위함이었다. 이는 전통시대의 공격거리에 대한 내용을 담고 있는데, 보통 100보(약 130미터)가 조총이나 화살을 비롯한 원거리 공격거리에 해당하고 50보가 적의 백병전을 준비하는 거리이기에 30보 정도의 불빛을 통해 앞뒤 약 60보의 거리를 육안으로 판단하기 위해서였다.

그런데 만약 숙영해야 할 곳 근처에 마을이 있으면 마을 안 공터에 각 진영마다 한 길로 일자진(一字陣)을 치고 병사들을 배치한 다음 쉬게 했다. 그런 다음 지휘관에 해당하는 초관(哨官)이나 대총(隊總)이 무장하고 화병과 함께 마을로 들어가서 휴식할 집을 찾는데, 가능하면 한 대(隊, 약 12명)의 병력이 한집에 있게 하고 서로 분산시키지 않게 했다. 이는 만약에 있을 적의 기습을 비롯한 전투에 대비해 그동안 호흡을 맞춰왔던 것을 유지하기 위함이었다. 그런데 시골 민가라는 것이 대개 좁아서 방에 들어갈 수 있는 인원이 상당히 적었다. 이럴 때는 그 자리에서 벽을 터서 공간을 넓히는 임시 공사를 하기도 했다.

이렇게 해서 한 초(哨, 약 125명)는 한 거리(街)에 모여 있게 되고 한 사(司, 약 600명)는 한 귀퉁이(隅)에 있고, 한 영(營, 약 3000명)

은 한 면(面)에 있게 배치했다. 그리고 이렇게 정리해놓은 집의 대문에 깃발을 꽂아 해당 부대 표시를 해놓은 다음 공터로 나와 주장(主將)에게 "휴식할 집을 완전히 마련했습니다"라고 보고하고 나서 차례대로 병사들을 휴식할 집으로 인도했다. 그런데 만약 병사 중에 휴식할 집을 먼저 찾았다고 혼자만 먼저 들어간 자가 있으면 그 자리에서 불러내어 곤장 80대를 치고 같은 대원들은 연좌형(連坐形)에 처했다. 특히 대열을 이끄는 장수는 가장 기본적인 예의가 여기서부터 시작되는데, 만약 군막을 마련하지 못했으면 장수가 결코 피곤함을 말하지 않는 것이 기본이었다. 이는 장수가 이런 부분을 충족시키지 못한다면 병사들이 사력(死力)을 다해 전투에서 싸우지 않으며, 이는 곧 전쟁의 승패와 밀접하게 연관되기 때문이다.

이렇듯 기상나팔 소리에 졸린 눈을 비비며 잠을 깨어 하루를 보낸 병사들은 온종일 훈련에 훈련을 거듭하고 한밤이 돼서야 쉴 수 있는 막사를 짓고 잠을 청할 수 있었다.

## 조선 병사의 하루는 역사의 하루이다

이렇듯 조선 병사의 하루를 조용히 살펴보면, 조선왕조 500년의 역사 아니 반만년 우리의 역사를 다른 시각에서 볼 수 있다. 세계에서 단일 왕조로 500년의 전통성을 이어온 국가는 그렇게 많지 않다. 물론 그 긴 세월 동안 발생한 여러 가지 문제점 또한 간과해서는 안 될 것이다. 그러나 전통시대 병사들의 일상은 곧 국가의 존망을 알 수 있는 중요한 요소이다. 비단 이러한 병사의 문제는 과거뿐만 아니라 지금에도 핵심적인 요소라고 볼 수 있다. 쉼 없는 훈련과 훈련을 통해 세상 어느 조직보다도 굳세고 단단한 조직이 바로 군대라는 것이다. 그 군대를 이루는 병사 한 명의 하루는 곧 기나긴 역사의 시작이라고 볼 수 있다. 넓고 거대한 역사의 흐름을 좀더 가까이에서 읽으려면 가장 작고 일상적일 것 같은 병사나 일반 백성의 하루를 들여다보는 것도 하나의 좋은 방법일 것이다. 물론 그들의 일상 또한 우리네 일상처럼 그리 특별할 것 없는 하루였을 지도 모른다. 그러나 그 안을 뒤져보면 역사의 숨은 원동력이 그 안에 잠재되어 있음을 어렴풋이나마 느낄 것이다. 그런 다양한 관심 속에서 우리의 역사는 남의 먼 이야기가 아닌 우리의 가까운 이야기로 인식될 수 있을 것이다.

# 사극 너머로 보는 전투

병자호란 중 일어난 쌍령 전투는 지금까지 우리 전쟁사에서 가장 치욕적인 사건으로 기록되어 있다. 청군 기병 300명에게 조선군 4만 명이 전멸당한 전투이기 때문이다. 그 이전이나 이후에도 찾아볼 수 없는 전대미문의 사건으로 남은 쌍령 전투를 통해 과거의 전투 장면을 음미해보자.

## 쌍령 전투의 비극

1637년 1월 3일 아침, 병자호란이 발생해 대신들과 남한산성으로 피한 인조가 마음을 졸이고 있을 때였다. 이때 지방에서 모여든 조선군 근왕병들이 경기도 광주의 쌍령(雙嶺)에서 청군 기병과 일대 격돌을 준비하고 있었다. 지금은 대규모 토목공사로 주변의 지형이 많이 바뀌었지만, 당시 쌍령은 천연의 방호벽으로 둘러싸여 먼저 고지를 점령한 조선군에게는 더없이 유리한 지형이었다.

이렇게 유리한 위치를 선점하고 쌍령 전투를 이끌었던 지휘관은 경상 좌병사 허완(許完, 1569~1637)과 경상 우병사 민구(閔䋨, ?~1637)였다. 전체 약 4만 명의 조총부대로 구성된 조선군은 인조가 갇혀 있는 남한산성을 향해 구원의 손길을 내밀고 있었다. 당시 조총을 손에 든 조선군 위용은 과히 나쁘지 않았다. 4만 명의 병력이 한꺼번에 제대로 공격을 감행하면 남한산성의 포위를 뚫고 인조를 구출할 수도 있을 정도였다. 더욱이 다른 지방에서도 계속해서 근왕병들이 모집되고 있는 상황이어서 이들의 군사력은 절대 약하지 않았다. 그러나 문제는 4만 명의 조총부대 병사들이 대부분 인근 지방에서 급하게 차출된 농민들을 중심으로 구성돼 훈련을 거의 받지 못했다는 점이다.

쌍령 전투가 벌어진 쌍령 일대 지도. 지금은 대규모 토목공사로 지형이 많이 바뀌었지만, 당시 쌍령은 천연의 방호벽으로 둘러싸여 먼저 고지를 점령한 조선군에게 더없이 유리한 지형이었다. 그러나 병자호란 당시 4만의 조선군 조총부대는 훈련 부족과 지휘관의 판단 잘못으로 제대로 싸워보지도 못하고 모두 목숨을 잃은 큰 패배를 당했다.

막상 전투가 시작되자 훈련 부족의 한계가 여실히 드러나기 시작했다. 당시 청군 기병 중 선봉대 30명이 조선군을 조금씩 압박하자 전투 개시를 알리는 지휘관의 일제 사격 명령도 없이 여기저기서 조선군의 조총들이 불을 뿜기 시작했다. 그러나 당시 조총의 유효 사거리는 고작 100미터를 조금 넘는 정도에 불과해서 청군 기병은 단 한 명도 피해를 입지 않았다. 더욱이 경상 좌병사 허완은 미리 화약을 넉넉하게 나눠주면 다 써버릴 것을 염려해 각 병사에게 조금씩 지급해놓은 상태여서 조선군들은 곧 화약 부족에 시달리게 되었다. 더는 조총을 쏠 수 없는 상황에 직면한 것이다.

이때 청군 기병의 선봉이 마상편곤(馬上鞭棍, 완전무장을 한 무사가 말을 탄 채 편곤을 가지고 하던 무예로 조선시대 무예24기에도 나온다)을 휘두르며 돌격해오자 앞 열에 있던 조선군들은 화약 보급을 받으려고 허겁지겁 보급막사로 몰려들었다. 그 순간 청군은 본대 인원까지 300기의 기병들이 동시에 쏜살같이 쌍령을 치고 올라와 조선군들을 도륙하기 시작했다. 상황이 급격하게 변하자 조선군들은 자기 목숨을 구하려고 이리저리 도망치면서 근처 좁은 계곡으로 피하려 들었다. 그런데 수천 명이 동시에 달려 들어가면서 적의 총칼이 아니라 아군이 아군에게 밟혀 죽는 대참사가 일어나고 말았다. 이렇게 허무하게 아군의 발에 밟혀 목숨을 잃은 조선군은 전체 병력의 절반인 약 2만 명에 이르렀다.

더 심각한 문제는 경상 우병사 민구가 통제하고 있던 부대에서 발생했다. 다행히 이 부대는 나름대로 기본적인 군기를 잡아 화약 보급이 체계적으로 이뤄졌는데, 중간에 화약을 보급하던 지방관들과 병사들 사이에서 불붙은 화약선이 화약통에 떨어져 보급막사에 산더미처럼 쌓여 있던 화약이 한꺼번에 폭발하는 대형 참사가 발생했다. 이때 화약을 분배하던 지방관 두 명이 그 자리에서 폭사했고, 주변이 화약 연기에 휩싸여 앞을 분간할 수 없을 지경이 되었다. 당시의 화약은 요즘처럼 질이 좋지 않아서 조총으로 한 발만 쏘아도 화약 연기가 자욱하게 피어올라 눈앞을 가릴 정도였다고 한다. 그런데 그런 화약이 가득 담긴 화약통 수백 개가 한꺼번에 폭발했으니 주변은 아마도 짙은 안갯속처럼 변했을 것이다.

청군 기병 300기는 이 틈을 놓치지 않고 화약 연기 속을 헤치고 돌격하면서 남아 있던 2만 명의 조총병들도 모조리 목숨을 잃어야만 했다. 만약 그들이 화약 보급과 사용법에 대해 조금만 훈련을 받았더라면 인조는 삼전도에서 청 태종에게 머리를 조아리지 않아도 되었을 것이다. 물론 싸움이 끝나고 훈련 부족으로 일어난 쌍령의 패배를 거울삼아 보완책이 마련되었다. 조총병 개인에게 작은 거북이 모양을 한 화약통에 화약을 충분히 담아 미리 분배했고, 화약을 보급하거나 운송할 때에는 한층 강화된 훈련과 통제를 받도록 했다.

## 왜곡된 조선군의 이미지

역사의 수많은 예가 증명하듯이 전쟁은 어느 한쪽이 이길 수 있다는 확신이 들 때 일어나게 된다. 다시 말해 세작들을 보내 적군 진영의 동태를 살피는 등의 사전 작업을 통해 이길 수 있다는 확신이 들 때 비로소 전면적인 전쟁을 일으키게 된다. 따라서 전쟁은 어느 한쪽의 몸과 머리가 느슨해져 있을 때 시작되는 경우가 많다. 특히 병사들의 훈련이 부족하거나 지휘관의 명령체계가 부실할 때 적은 그 틈을 적극적으로 파고들면서 전쟁을 시작하게 된다. 병사들의 훈련 부족은 곧 지휘관의 명령체계가 무너지는 것을 의미한다. 병자호란 당시의 쌍령 전투를 보면 훈련 부족이 얼마나 큰 패배를 가져왔는지 극명하게 보여 준다고 할 수 있다.

그렇다면 이러한 쌍령 전투의 예는 조선시대에 비일비재했던 비극에 불과한 것일까? 다시 말해 조선의 병사들은 전장에서 단순히 완력으로만 승부를 걸며 추풍낙엽처럼 쓰러져간 무식한 사람들에 불과했던 것일까?

그러나 이런 이미지는 조선이 일제에 의해 비극적인 최후를 맞이하고 이후 일본 관학자들에 조선 역사가 철저히 파괴되고 왜곡되면서 남긴 상처이다. 일본의 조선 강점을 합리화시키기 위해 특히 조선 군대의 왜곡된 이미지가 애써 강조된 것이다. 한마디로 조선군은 과학기술과는 아예 거리가 먼 전통시대의 낙후한 군대로 신식 군대로 무장한 일본에 의한 조선 강점이 당연했다는 식의 논리인 셈이다.

그러나 쌍령 전투는 조선시대에도 희귀한 예에 속한다. 더욱이 조선군은 강력한 화포와 단병기(短兵器, 칼과 창 등 근접 전투무기)로 무장해 한때는 동아시아 최강의 군사력을 보유하기도 했다. 문제는 조선 병사들의 무기력한 모습이 텔레비전 사극을 통해 지금도 확대 재생산되고 있다는 점이다. 사극을 보는 사람들이 '정말 조선시대 병사들이 그렇게 허무하게 죽어갔을까?' 하는 일말의 의구심도 갖지 못하도록 대중들의 역사 지식을 조작하고 있다. 그러나 조선왕조 500년의 역사를 지탱한 한 축이었던 군사 분야는 그렇게 허술하지만은 않았다. 그 시대로 돌아가 한번 살펴보기로 하자.

## 허술하지 않은 병사 선발

조선시대에는 향교의 학생과 현직 관리를 제외한 16세부터 60세 이하의 남자들은 국방의 의무를 수행해야 하는 것이 보통이었다. 그러나 이 사람들이 전부 군인으로 근무해야 한다면 사회는 마비될 수밖에 없었다. 그래서 세 명 중 한 명만 실제 군역을 하도록 하고 나머지 두 명은 '포(布)'라는 세금을 내서 군대에 간 사람을 지원하는 방식으로 군역에 종사하게 했다.

군에 가면 각자의 장기에 따라 병과를 지정받았는데, 조선 후기에 간행된 『병학지남연의(兵學指南演義)』를 보면 병사를 선별하는 요령에 대해 다음과 같이 정하고 있다.

첫째, 키가 작은 사람은 방패와 갈라진 창을 잡게 하라. 둘째, 키가 큰 사람은 활과 장창을 잡게 하라. 셋째, 힘이 강한 사람은 깃발을 잡게 하라. 넷째, 용감한 사람은 징과 북을 치게 하라. 다섯째, 힘이 약한 사람은 화병(火兵, 일종의 취사병)의 임무를 준다.

이처럼 조선시대에도 병사들의 재능에 따라 병과를 부여해 개개인의 장점을 최대한 살리는 방식으로 군대를 운영했다. 그리고 처음 병사를 뽑을 때에도 어떤 사람들을 뽑아야 할 것인가에 대한 기준을 밝혀 놓았다.

병사로 가장 쓸 만한 자는 시골에서 성장해 견실한 사람으로 얼굴이 검고 키가 크고 장대하며, 고생을 많이 하여 손과 얼굴이 거칠고 가죽과 살이 단단해 농사지은 기색이 있는 사람이요. 두 번째 쓸 만한 자는 싸움을 여러 번 경험한 자로서 일찍이 적을 만났으나 공을 세우지 못한 사람이다. 그리고 첫 번째로 쓸 수 없는 자는 평시에 빈둥빈둥 노는 사람으로 얼굴이 빛나고 희면서 행동을 약삭빠르게 하는 자이며 두 번째로 쓸 수 없는 자는 간교한 사람으로 정신과 얼굴빛이 안정되지 못하고 관부(官府)를 보아도 전혀 두려워하지 않는 자이다.

이를 더 자세히 설명하는 부분도 보인다.

만약 무예가 뛰어나더라도 담력이 부족하면 위급한 상황에 처하면 죽음을 두려워해 수족을 제대로 놀리지 못해서 평상시의 태도를 모두 잃는다. 그리고 힘만 세고 담력이 부족하면 적을 만날 경우 발이 떨리고 눈이 아른거려서 사람이 불러도 부르는 소리를 듣지 못하고 사람이 밀어도 움직이지 않으며, 영리하기만 하고 담력이 부족하면 적이 쳐들어오기도 전에 미리 도망갈 길을 생각하며, 신체가 크기만 하고 담력이 부족하면 위급할 때에 빨리 도망가지 못한다. 이상의 네 가지는 모두 믿을 수 없는 자들이다.

물론 전쟁이 일어나 급히 전투에 투입될 병사들을 뽑을 때는 큰 돌을 들고 한 자가 넘는 담장을 넘는 시험을 보는 등, 힘이 좋은 사람을 중심으로 뽑는 일도 있었다. 그러나 실제 전투 상황을 가정해 적절한 사람을 뽑고 그의 재능에 걸맞은 자리를 찾아주는 것은 훌륭한 지휘자의 덕목이었다. 요즘의 군대는 조선시대보다 더 다양한 병과가 있고, 수많은 첨단 무기들을 사용한다고 하지만 그 무기를 실제로 사용하는 것은 역시 사람의 일이기에 앞에서 살펴본 조선시대 병사 선발 방식의 기본 정신은 아직도 유효할 듯하다.

## 밥 먹는 것도 훈련받았다

이렇게 뽑힌 병사들이 가장 먼저 받게 되는 훈련은 다름 아닌 모래가마니를 어깨에 메고 하는 달리기였다. 이는 조선시대의 전투 상황과도 맞물린 꼭 필요한 훈련이었다. 화약무기의 연사 속도가 빠르지 않았던 전통시대에는 아군과 적군이 서로 접근하다 일정 거리에 다다르면 활과 총통을 발사하고 이어 병사들의 돌격전이 감행되었다. 이때는 적이 화살이나 총통을 재장전하기 전에 재빨리 적진에 뛰어들어 승부를 보는 것이 무척 중요했다. 병사들의 달리기 실력은 전쟁의 승패를 좌우할 정도였기 때문에 중요한 훈련과목으로 인정되었던 것이다.

병사들의 기본 체력이 완성되면 무기를 다루는 훈련을 집중적으로 받았다. 아울러 진을 이룬 상태에서 움직이고 생활하며 전투하는 방식을 훈련했다. 많은 병사가 동시에 밥을 먹어야 하는 문제 때문에 심지어는 단체로 밥 먹는 것 또한 일정한 훈련을 받았다. 『병학지남연의』에 실린 병사들의 밥 먹는 순서를 살펴보면 다음과 같다.

신호포를 세 번 쏘고 징을 울리면서 대취타를 연주하면 군영의 문(營門)을 닫으며, 신호포를 쏘고 나(鑼, 우리나라 타악기의 하나)를 울리면 앉아서 쉬며, 기화(起火) 신호 한 가지를 쏘아 올리면 군영 안에서 불을 피우며, 나를 차례로 치면 갑옷을 벗고 밥을 지어 잠자던 곳에서 새벽밥을 먹는다.

다시 말해 훈련 나갔던 병사들이 병영 안으로 돌아오면 징을 두드리며 휴식시간을 주었고, 이후 하늘에 불꽃을 쏘아 올려 밥을 동시에 짓기 시작해서 다시 징을 차례로 치면 갑옷을 벗고 자기가 잠을 잤던 곳에 앉아서 밥을 먹었음을 알 수 있다. 물론 밥을 지으려고 물을 길어오거나 나무를 해올 때도 이와 유사한 형태로 단체 신호에 따라 일사불란하게 움직였다.

그러나 이러한 훈련 상황도 어디까지나 시간이 넉넉한 상황을 전제로 한 것이었다. 머리 위로 화살이 날아가고 눈앞에서 창칼이 춤을 추고 피가 튀는 전쟁판에서는 이러한 여유는 사치에 가까웠다. 그래서 장거리 전투를 수행해야 할 때에는 보통 찐쌀과 함께 말린 고기(육포나 명태포) 혹은 미숫가루 형태로 곡물을 찧어서 운반하고 병사들에게 신속하게 나눠줘 전투식량으로 사용하도록 했다.

## 텔레비전 사극의 역사 왜곡

우리가 조선시대의 병사나 전쟁을 생각할 때는 자연스럽게 텔레비전 사극 장면들을 떠올리게 된다. 텔레비전을 늘 보며 살아가는 우리에게 이는 당연한 일이기도 하다. 그런데 이러한 사극의 전투 장면엔 심각한 문제가 있다. 대개 조선군이 어설픈 무기를 들고 우왕좌왕하다 제대로 싸우지도 못하고 전멸하는 오합지졸의 모습을 보여준다는 것이다. 그중의 몇몇 예를 들어보자.

먼저 사극을 보면 조선군은 끝에 가지가 세 개 달린 당파(钂鈀, 일명 삼지창)만을 들고 총알이 난무하는 전쟁터를 이리저리 뛰어다니는 일이 다반사다. 임진왜란 시기 이순신 장군의 활약

장면을 담은 역사 기록화들에는 심지어 조선 수군들마저 배 위에서 당파를 들고 왜군과 싸우는 장면이 아주 흔하게 묘사되어 있다. 여기에 한 걸음 더 나아가 민간의 치안을 담당했던 포도청 포졸들마저도 범인을 잡으러 다닐 때는 긴 당파를 옆구리에 끼고 이리저리 뛰어다니는 장면이 흔하게 등장하는 바람에 이러한 모습은 조선시대 병사들에 대한 대표적인 이미지로 아예 굳어져버렸다.

그러나 당파라는 무기는 임진왜란을 거치면서 명군에서 도입된 것으로 보편적으로 사용된 것은 임진왜란 이후였다. 물론 그전에도 비슷한 형태의 창이 있기는 했지만 지금 우리가 사극에서 흔히 보는 당파와는 조금 다르며 크기 또한 더 작았다. 조선 후기의 병학서인 『무예도보통지』에 실린 내용을 보면, 당파는 전체 길이가 7척 6촌(당시 영조 척을 기준으로 환산하면 2.3미터)에 무게는 5근(약 3킬로그램)에 이르는 무거운 병기였다. 양쪽 곁가지가 평평한 것은 중간에 화전(火箭)을 올려놓고 쏘는 화약무기로 사용되기도 했다. 이것을 사용하는 자세로는 복호(伏虎), 기룡(騎龍), 나창(拿槍), 가창(架槍) 등이 있는데 주로 적의 무기를 창날 가지 사이에 끼워 누르는 형태가 주를 이룬다.

한 병사가 당파로 상대의 창이나 칼을 찍어 누르면 옆에 있던 환도수(검수)들이 적을 제압하는 방식으로 사용하던 일종의 특수 병기인 것이다. 『병학지남연의』를 보면 당파수들은 적의 무기를 누르고 있어야만 하기에 그 당파를 다루는 사람은 용맹과 위엄이 뛰어나고 담력이 있는 자로 특별히 따로 선발해야 한다고 말하고 있다. 즉 조선시대의 당파는 아무나 쉽게 들고 다녔던 무기가 아니라, 담력이 센 자가 적이 근접하면 화전을 발사하고 이어 적의 무기를 찍어 누르며 공격하는 특수한 무기로 이해하는 것이 좋을 것이다.

그럼에도 임진왜란 이전 시기를 배경으로 한 사극에 당파가 버젓이 등장해 병사에서 포졸까지 모두가 이 무기를 든 장면은 아예 역사 고증은 무시한 행위로밖에 보이지 않는다. 임진왜란 이전의 조선군에도 장도(長刀)나 기창(旗槍)을 비롯해 다양한 무기가 있었는데 굳이 당파를 고집하며 사극을 연출하는 것은 쉽게 이해가 가지 않는다.

이런 일은 화전(火箭, 불화살)의 경우에도 일어나고 있다. 별빛만이 흐르는 밤하늘을 화전이 활활 타오르며 날아가 적진을 공격하는 장면은 야간 전투 장면의 백미로 꼽힐 것이다. 그런데 생각해보자. 조선시대 때 사용한 각궁으로 화살을 날리면 그 속도는 초속 약 65미터에 이른다. 실로 엄청난 속도이다. 그런데 화살촉 부분에서 타오르는 불길이 과연 그 속도를 감당할 수 있을까?

물론 감당하지 못한다. 화약이 발명되고 조선시대의 화전은 활활 타오르는 불길을 달고 날아가는 것이 아니었다. 화살 끝

『무예도보통지』에 실린 당파 '복호세'. 당파는 임진왜란을 거치며 명나라에서 도입된 무기로, 임진왜란 이후에 본격적으로 사용됐다. 당파는 일반 병사나 포졸들이 일상적으로 사용하는 것이 아니라 특수한 기능의 병기였다. 무엇보다 텔레비전 사극에서 포졸들이 도둑을 잡기 위해 당파를 들고 뛰어다니는 모습을 피해야 할 것이다.

부분에 화약을 넣은 작약통을 달아, 이 작약통과 연결된 심지에 작은 불씨가 타들어가는 상태에서 화전은 날아갔다. 그래서 이 화살이 목표물에 박히고 불씨가 작약통에 도달하면 화약이 폭발해 불길이 번지도록 한 것이다.

만약 사극에서 화려한 야간 전투를 보여주고자 한다면 신기전(神機箭)을 비롯한 다양한 화약무기를 사용하는 것이 더 도움될 것 같다. 신기전은 오늘날의 다연발 로켓포를 떠올리게 하는 무기로 하늘에 수많은 긴 불꽃 선을 그리며 날아가기 때문에 야간 전투를 더 박진감 넘치게 보여줄 수 있을 것이다.

이 글에서 든 예를 제외하더라도 사극의 많은 전투 장면은 고증을 애써 외면한 채 너무나 자연스럽게 대중들을 세뇌시키고 있다. 이에 대한 비판이 계속 제기되고 있지만 고증과 관련된 부분에는 여전히 냉담한 반응을 보이고 있다.

역사 바로잡기는
사극에서부터

역사에 대한 고증에서 가장 중요한 부분은 바로 '왜?' 그리고 '실제로 그 시대에 가능했을까?'라는 물음에 대한 답을 충족시키는 것이다. 그렇지만 사극의 장면을 무심코 받아들이기 쉬운 시청자들은 그것을 역사의 진실인 양 받아들일 수 있기에 고증이라는 부분에 철저할 필요가 있다. 실제로 한 여론조사 기관에서 사극과 관련해 설문한 결과 응답자의 약 70퍼센트가 '사극을 통해 역사 학습이 된다' 고 답했을 정도로 사극이 역사 교육에 미치는 영향은 크다.

그 때문에 사극은 역사적 사실을 극의 줄거리로 잡고, 이를 바탕으로 세부적인 장면이나 관련 소품들을 그것에 맞게 고증해 재구성하는 방식이 필요하다. 물론 이 과정에서 전문가들의 조언을 바탕으로 극의 재미를 더하는 일화들을 추가할 수 있을 것이다. 가장 먼저 역사의 큰 흐름을 고증하고, 그다음으로는 분야별로 세부적인 고증 작업이 이뤄져야 한다. 이때 전쟁사, 의복사, 음식사 등 각 분야 전문가들과 함께 고증하는 것이 중요하다. 이렇게 작품 하나하나 세심하게 고증하면 처음 몇 작품은 힘들겠지만, 노하우가 쌓이면 어느 시대건 충분한 고증을 바탕으로 사실에 더 가까운 이야기를 만들어 갈 수 있을 것이다. 그리고 이를 바탕으로 상상력을 가미하는 것이 재미는 물론이고, 역사적 개연성을 만들어내는 데 도움이 될 것이다.

지금 사극은 조금만 생각해보면 배꼽을 잡고 웃을 만한 것들이 많다. 만약 칼을 손에 들고 말을 탔다가 활을 쏘려 한다면 그 칼은 어디에 둬야 할 것인가? 칼집에서 칼을 뽑는다면 칼집은 또 어디에 둬야 할까? 사극과 같이 한다면 전투 장면이 끝나고 그다음 장면에선 말을 탔던 군인들이 칼집을 찾으려고 여기저기 헤매고 다니는 웃지 못할 상황이 연출될지도 모른다. 그러하기에 역사의 고증, 특히 몸의 역사에 해당하는 무예사는 더 치밀한 고증이 필요하다. 단지 눈요기를 위해서, 혹은 게으름 때문에 잘못된 역사를 각인시키는 일은 더는 없어야 할 것이다.

其 甲冑 其

담긴 갑옷
백성의 눈물이

　전쟁의 역사는 보통 무기의 역사와 동일시된다. 그만큼 무기가 전쟁의 승패를 결정짓는 데 큰 역할을 하기 때문이다. 이런 무기와 함께 없어서는 안 되는 것이 바로 갑옷으로 대표되는 방어 수단이다. 청동기와 철기 시대를 거치면서 무기는 날카로움과 강도를 더해갔고, 이에 발맞춰 무기를 방어하는 갑옷 또한 더욱 강력해졌다. 특히 군사조직이라는 특수성으로 갑옷은 전투 상황에서 계급을 가장 뚜렷하게 나타낼 수 있었기에 방어적 속성뿐만 아니라 신분을 상징하는 의물(儀物)로도 발전하게 된다. 외형만으로도 충분히 적의 심리를 교란하고 위축시킬 수 있었던 갑옷은 강렬한 인상을 심어주면서도 몸을 보호할 수 있는, 장식성과 실용성을 겸비한 특수 복장으로 자리매김했다.

그러나 전장에 화약무기가 발전하면서 갑옷은 한계를 극명하게 드러났다. 갑옷이 화살이나 창칼은 막을 수 있었지만 화약의 힘으로 날아오는 총알은 막을 수 없었기 때문이다. 임진왜란을 거치면서 조선에는 조총을 비롯한 다양한 화약무기가 도입되었는데, 이 화약무기 앞에서 갑옷은 무용지물이나 다름없었다. 물론 그렇다고 갑옷을 입지 않았던 것은 아니다. 비록 화약무기에는 소용이 없었지만, 임진왜란 당시 전투에서는 아직 분당 수백 발이 발사되는 다연발 총이 등장하지 않았고, 전쟁의 승패도 보병의 단병접전에서 결정되었기 때문에 갑옷은 조선 말기까지 꾸준히 착용됐다. 또 조선에서는 성리학을 바탕으로 한 지도체제가 만들어낸 수많은 의례에서 군사력과 무인을 상징하는 갑옷이 중요한 의미로 자리 잡았던 터라 갑옷의 명맥은 계속 이어졌다.

이렇듯 갑옷에는 다양한 의미와 이야기가 담겨 있다. 갑옷을 제대로 파악한다면 당시의 사회문화 전반을 더 쉽게 이해할 수 있을 것이다.

## 조선시대의 다양한 갑옷들

조선시대 갑옷들은 대부분 색상과 만든 재료를 중심으로 이름이 붙었다. 갑옷 이름은 간혹 이를 착용하는 사람의 신분이나 때로는 갑옷의 특정 부위를 세심하게 표현하기도 했지만, 대부분 주재료와 색상에 따라 이름을 달리했다.

먼저 갑옷의 색상을 보면 주로 다홍색, 흑색, 감색, 백색 등이 쓰였는데, 이외에도 아주 다양한 색상의 갑옷이 있었다. 조선시대 갑옷의 색이 다양한 이유는 당시 군사제도와도 깊은 연관이 있다. 조선 전기에는 오위제를 바탕으로 군영이 운영되었는데, 조선 후기 또한 오군영 체제를 유지했다. 이 때문에 갑옷의 색깔도 음양오행설에 근거해 방위를 표시했다. 방위별 색깔을 보면 동쪽을 지키는 군사들은 청색, 서쪽은 흰색, 남쪽은 붉은색, 북쪽은 검은색, 마지막으로 중앙을 지키는 병사들은 황색의 갑옷을 입어 부대의 이동이 한눈에 들어오게 했다.

이번에는 재료를 중심으로 갑옷의 종류를 살펴보자. 텔레비전 사극에서는 흔히 물고기 비늘 모양을 한 두석린갑(豆錫鱗甲)이나 갑옷에 콩알과 같은 못이 박혀 있는 두정갑(豆丁甲)을 많이 보게 되는데, 이들 갑옷은 핵심 재료를 중심으로 이름을 붙인 경우이다.

조선시대에는 수십 종이 넘는 갑옷이 사용되었다. 가장 보편적으로 사용된 것이 철갑(鐵甲)이다. 철갑은 작은 쇳조각, 이른바 철찰(鐵札)을 가죽끈으로 연결해서 만든 것으로, 가장 방호력이 뛰어난 갑옷으로 인정받았다. 그렇지만 철갑은 철찰을 이어주는 가죽끈이 쉽게 마모되면서 잘 떨어진다는 단점이 있었다. 이 때문에 전투를 한번 치르고 나면 갑옷에 철찰을 다시 꿰매야 하는 상황이 종종 벌어졌다. 특히 전쟁이 없는 평화로운 시기에는 군기고(軍器庫)에 보관한 철갑들이 녹이 슬거나 가죽이 썩어 폐기처분되는 경우가 허다했다. 또 철갑을 이어주는 가죽을 쉽게 구할 수 있는 것도 아니었다. 이 가죽은 흔히 소나 돼지의 가죽을 사용하는 것이 아니라 야생에서 거칠게 자란 동물들의 질긴 가죽을 썼다. 따라서 갑옷의 수리를 위해서는 병사들을 동원해 사냥해야만 했기에 철갑옷을 유지하고 관리하는 수고로움 또한 만만치 않았다.

철갑의 종류에는 대표적으로 수은갑(水銀甲), 유엽갑(柳葉甲), 엽아갑(葉兒甲, 작은 무쇠 미늘로 만든 철갑옷), 별철갑(別鐵甲, 금위영에 지급됐던 철갑옷) 등이 있다. 수은갑은 철조각 위에 은빛으로 빛나는 수은을 발라 멀리서도 번쩍거리는 가장 화려한 갑옷이다. 수은갑은 그 화려함으로 인해 궁궐의 섬돌 위에 서 있던 왕의 최측근인 내금위 병사들이 주로 입었고, 여러 군사 의례에도 빠짐없이 등장했다. 그래서인지 수은갑은 모든 병사들이 한번

쯤 꼭 입고 싶은 갑옷으로 인식되었다. 수은갑은 중국의 갑옷을 모방해 만들었는데, 조선 전기 북방을 괴롭히던 여진족들도 이러한 수은갑을 입었기에 서로 번쩍거리는 갑옷으로 무장하고 전투를 벌이는 일도 있었다. 유엽갑은 연기로 그을려 말린 사슴가죽에 철 조각을 붙이고 그 위에 검은색을 입힌 것으로, 국상(國喪) 중에 번쩍거리는 갑옷 대신 입었던 철갑이다. 엽아갑, 별철갑은 유엽갑과 유사한 방식으로 철 조각을 가죽으로 엮어 만든 갑옷이다.

철갑 다음으로 많이 입었던 갑옷은 피갑(皮甲)인데, 이는 짐승의 가죽을 주재료로 해서 만든 것이라 볼 수 있다. 피갑은 철갑보다 방호력이 많이 떨어지지만 무게가 훨씬 가벼워 활동하기에 편해서 보병들이 즐겨 입었다. 피갑에는 사슴, 노루, 소, 말, 돼지 등 다양한 짐승의 가죽으로 만들었다. 사슴가죽인 녹피(鹿皮)는 증기로 찌고 오랜 세월 잘 묵혀 여러 겹을 겹치면 철갑보다 방호력이 더 좋아 귀한 재료로 인정받았다. 돼지가죽인 저피(猪皮)는 증기로 찐 것보다 그대로 말린 생저피가 방호력이 뛰어났기에 이것을 손바닥만 하게 잘라 다른 동물의 가죽끈을 연결해 사용했다. 가죽갑옷은 무게가 약 30근(약 15~18킬로그램) 정도인데, 목면을 서너 겹으로 겹쳐 기본 틀을 만들고 그 안팎에 가죽을 겹으로 붙여 만들었다. 문제는 가죽을 겹으로 댄 탓에 땀 배출이 거의 이뤄지지 않았다는 데 있었다. 피갑을 주로 입

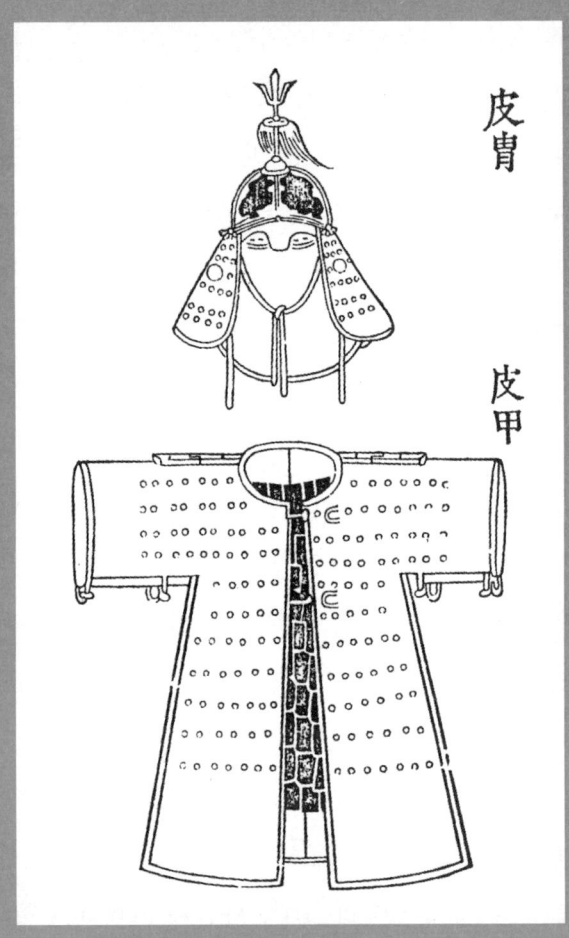

조선 후기 순조 때 만들어진 『융원필비(戎垣必備)』에 실린 가죽갑옷(皮甲)의 모습. 피주와 피갑으로 구분되어 있는데, 보통 보병은 상하의가 하나로 된 원피스 형태의 갑옷을 입었다. 피갑 안쪽에 검은 색으로 된 부분이 돼지가죽인 생저피이다.

었던 보병들은 전투 내내 땀에 젖은 갑옷을 입은 채 무기를 휘둘러야 했다. 사정이 이렇다 보니 갈수록 가벼운 소재의 갑옷을 선호하게 되었다.

철갑, 피갑과 더불어 조선시대에 가장 많이 사용된 갑옷으로는 종이로 만든 지갑(紙甲)이 있다. 지갑은 철갑이나 피갑과 거의 같게 갑찰 부분을 종이로 만드는데, 종이를 어떻게 가공하느냐에 따라 방호력이 결정되었다. 지갑은 한지 수십 겹을 송진이나 아교 등 자연 접착제로 붙이고 옻칠을 더해 땀이나 비에 노출되더라도 스며들지 않도록 했다. 특히 지갑은 철갑이나 피갑에 비해 많이 저렴하고 만드는 방법 또한 쉬워 가난한 병사들이 즐겨 만들어 입었다. 다른 재질의 갑옷은 염색하기 상당히 어렵고 물이 쉽게 빠져 색이 금방 바랬지만, 지갑은 종이라는 속성상 다양한 색으로 쉽게 물들이고 유지할 수 있어 여러 색깔의 갑옷을 만들 수 있었다. 그러나 아무리 색을 입히고 옻칠을 해도 종이의 한계는 어쩔 수 없었다. 지갑은 좀이 슬거나 광택이 쉽게 사라져 내구성에 많은 문제가 있었다. 결정적으로 지갑은 철갑이나 피갑에 비해 방호력이 현격하게 떨어져 실전보다 훈련에서 많이 사용되었다.

이외에도 비단으로 만든 단갑(緞甲)을 비롯해 무명으로 만든 삼승갑(三升甲), 목면갑(木綿甲) 등 다양한 재료로 갑옷이 만들어졌다.

## 갑옷의 핵심은 투구이다

갑옷은 보통 몸통을 보호하는 갑(甲, 상갑)과 허리 아래를 보호하는 갑상(甲裳, 하갑), 그리고 머리를 보호하는 주(胄, 투구)로 구분된다. 우리가 흔히 갑옷이라 부르는 것은 엄밀히 말하자면 갑주(甲胄)라고 해야 올바르다. 물론 양쪽 옆구리를 보호하는 호액(護腋)과 심장이나 낭심을 보호하는 엄심(掩心)이 따로 있기는 했으나, 이것은 갑주의 보조 장구로 보는 것이 좋다. 보통은 몸에 걸치는 갑(甲)과 갑상(甲裳)에 대해서는 중요하게 생각하지만 의외로 머리를 보호하는 투구인 주(胄)를 소홀히 생각하는 경우가 많다. 하지만 전투 중 머리를 다치는 것은 가장 심각한 부상 중의 하나로, 만약 투구가 부실하면 전장에서 살아 돌아오기가 어려웠다.

투구를 좀더 세밀하게 살펴보면, 머리가 들어가는 부분을 감투, 귀를 덮고 어깨까지 길게 늘어뜨린 부분을 옆드림(耳掩), 뒷목을 덮어 등까지 내려가는 부분을 뒷드림이라고 했다. 투구의 핵심은 감투인데, 조선시대에는 철·가죽·종이·청동·놋쇠 등 다양한 재료를 크게 네 조각으로 나눠 이것을 이어 붙여 만들었다. 그러나 네 조각을 이어 붙이다 보니 정수리 부분은 조금 벌어질 수밖에 없었다. 이를 보완하기 위해 이음매 끝에 둥근 판을 덧씌우고 그 위에 간주(幹柱)를 달아 장식성을 더하기도 했다.

간주에는 보통 가지가 세 개 달린 삼지창이나 불꽃 문양이 장식되었고, 계급에 따라 간주의 길이를 달리하기도 했다. 특히 소속 부대를 표시하기 위해 간주에 작은 깃발을 달기도 했는데, 투구 위에 있는 깃발의 색깔에 따라 공격이나 방어 방향이 달라졌다. 또 전투가 혼전 상황일 때는 부대 이동을 명확하게 구분하기 위해 투구에 작은 깃발을 따로 이어 붙이기도 했다. 그런데 이처럼 투구 위에 깃발을 다는 것은 조선군에서만 나타나는 것은 아니다. 중국 명나라를 비롯해 이후 청나라에서도 비슷한 투구가 유행했다. 명나라는 계급에 따라 적게는 한 개에서 많게는 세 개까지 깃발을 달아 한눈에 계급을 확인할 수 있도록 했다.

드림은 주로 앞뒤, 좌우의 목을 보호하기 위해 투구에 부착하는 것인데, 정면의 목을 보호하기 위해 목가리개인 호항(護項)을 따로 목에 감기도 했다. 처음에는 드림 한 조각을 이용해 투구 아래쪽에 둘러싸는 형태로 만들었다. 이후 활동을 원활하게 하고, 입체적으로 목을 보호하기 위해 세 조각으로 나눠 좌우 측면에 한 개씩, 후면에 나머지 한 개를 달아 이중의 보호막으로 발전하게 되었다. 문제는 이렇게 목 부위에 여러 겹의 드림으로 병사들이 더위에 쉽게 지쳤다는 점이다. 이런 상황을 타

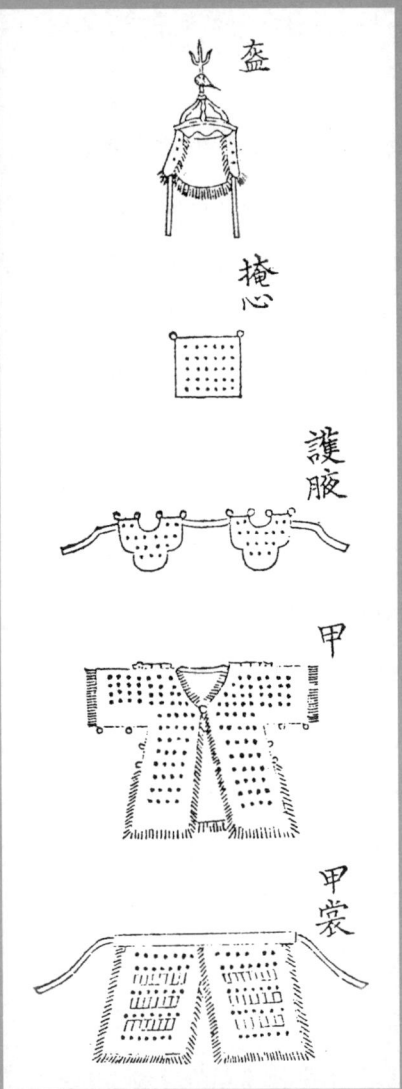

조선 후기 정조 때 만들어진 『무예도보통지』에 실린 기병의 갑옷. 그림의 위에서부터 차례로 머리에 쓰는 투구인 회(盔), 심장이나 낭심을 보호하는 엄심(掩心), 좌우 겨드랑이를 보호하는 호액(護腋), 상반신을 보호하는 갑(甲), 하반신을 보하는 갑상(甲裳)으로 구성돼 있다. 기병은 말 위에 앉아 전투를 했기에 보병과 다르게 상하의가 분리된 형태의 갑옷을 입었다.

개하기 위해 원래 투구를 조이는 목 끈뿐만 아니라 좌우로 늘 어뜨린 옆드림에도 뒤로 묶을 수 있는 끈을 달아 공기가 잘 통하도록 했다. 이 옆드림의 끈은 전투 시에는 앞쪽으로 여미어 묶어 좌우의 볼까지 깊이 방어할 수 있도록 해 얼굴 방호력을 극대화했다. 이렇듯 투구 또한 전장에서 쉼 없는 실험을 거치면서 진화를 거듭했다.

## 갑옷에는 백성의 눈물이 담겨 있다

　이렇게 다양한 모습을 지니고 있던 조선시대의 갑옷은 거의 모두 백성들의 손으로 만들어졌다. 일부 유급 병사는 국가에서 지급한 갑옷을 입었지만, 군역으로 온 대부분의 병사들은 자신의 갑옷과 무기를 스스로 사야 했다. 이 때문에 가난한 집에서는 무기를 사느라 집안이 망하는 일도 빈번하게 일어났다. 그러나 백성들의 딱한 사정에도 불구하고 군법은 엄하기만 해서, 만약 훈련에 갑옷을 제대로 챙겨 입지 않으면 곤장 세례를 내렸다.

　상황이 이렇다 보니 가난한 백성들은 대충 갑옷의 모양만 만들어 입는 경우가 허다했다. 심지어 궁궐이나 북쪽 변방을 지키는 병사들까지 튼튼한 철갑 대신 피갑이나 지갑을 입는 일이 많았다. 철갑에 필요한 철은 워낙 고가이고, 제작 방법 또한 어려워 쉽게 만들 수 없었기 때문이다. 그러나 이렇게 철갑 대신 만들어진 피갑과 지갑에도 백성의 눈물은 깊게 스며들어 있었다.

먼저 가죽갑옷의 제작에 필요한 엄청난 양의 가죽을 구하려고 농사에 꼭 필요한 소를 밀도살하는 바람에 가뜩이나 노동력이 부족한 농촌은 더 어려워졌다. 게다가 남의 소를 몰래 도둑질해서 가죽은 갑옷 만드는 곳에 팔고 고기는 푸줏간에 밀매하는 도적떼들이 들끓게 되면서 소 키우는 사람들은 밤잠을 설치기도 했다. 이렇게 밀거래가 횡행하자 국가에서는 아예 원천적으로 소의 밀도살을 금지하고 만약 이를 어기면 극형에 처한다는 엄포를 놓기도 했다. 그런데 밀도살이 금지되면서 자연사한 소나 말의 가죽도 채취하지 못하게 돼 또 다른 문제가 생겼다. 결국 갑옷을 만들어 납품해야 하는 백성들은 더욱 심한 곤경에 처할 수밖에 없었다.

갑옷에 필요한 말이나 소가죽의 사용이 어려워지자 백성들은 사슴이나 멧돼지를 사냥해 그 가죽으로 갑옷을 만들고자 했다. 하지만 이들 짐승의 수가 워낙 한정되어 있어서 많은 어려움이 따랐다. 또 사냥에 대규모 인원이 필요하다 보니 힘없는 백성들은 몰이꾼으로 동원돼 병사들을 따라 매일 이 산 저 산으로 노력봉사를 다녀야 했다.

그리고 소나 산짐승의 가죽을 구하기가 어려워지면서 돼지 가죽인 생저피(生猪皮)가 각광을 받아 덩달아 돼지가죽 가격이 급등하게 되었다. 당시 포(布) 1필의 가격이 은 8전으로 보통 노비들이 1년 동안 내는 세금인데, 생저피의 가격이 가장 많이 올랐을 세조(世祖, 1417~1468, 재위 1455~1468) 때에는 돼지가죽 1장(張)에 포 10필, 생저피로 만든 갑옷 한 벌에 포 50여 필로 뛰어 국가에서 직접 가격을 통제하기도 했다.

상황이 이 지경이니 피갑 대신 종이갑옷인 지갑을 마련하려는 백성들이 많을 수밖에 없었다. 그러나 지갑 한 벌에는 본뜨는 휴지(休紙) 10근(1근은 400~600그램), 이면(裡面)에 쓰이는 표지(表紙, 책 겉장) 1권, 엮을 때 쓰는 면사(緜絲) 1근, 이을 때 쓰는 황색 면사 1.5근, 송지(松脂, 송진) 3되 등 엄청난 양의 종이가 들어가기에 지갑을 만드는 것 또한 쉬운 일은 아니었다. 그래서 보통은 비변사에서 과거를 본 시험지 중 낙방자의 것을 모아 필요한 양만큼 각 도의 감영이나 병영에 보내주는 방식을 취했다.

하지만 지갑의 양이 급격히 늘어나면서 시험지마저도 품귀 현상을 빚게 되었다. 이 때문에 공물로 지갑을 제출할 시기가 다가오면 궁지에 몰린 백성들은 남의 집 귀한 서책이나 문서를 훔치기도 했다. 일부에서는, 겉에는 종이 몇 겹을 대충 붙이고 속에는 말린 짚단을 잘게 잘라 넣어 두께를 부풀려 공물로 납품하기도 했다. 하지만 갑옷은 병사들의 목숨과 직결되는 것이라, 만약 이것이 발각되면 곧장 세례와 함께 몇 배에 해당하는 일종의 벌금을 내야 했다. 가진 것 없는 백성들은 이래저래 고통을 겪어야만 했다.

## 흥선대원군의 헛된 야심에 조선 병사들은 녹아버렸다

조선 말기에 이르러 흥선대원군(興宣大院君, 1820~1898)은 쓰러져가는 조선을 일으켜 세우려고 온갖 방법을 동원해 군사력 증진에 나섰다. 당시 끊임없이 이양선이 출몰하는 등 신식 무기를 앞세운 서구 열강의 무력시위에 대항하기 위해 쇄국정치를 시작한 흥선대원군은 지푸라기라도 잡는 심정으로 나라를 살릴 새로운 사람을 구한다는 방을 붙였다. 당시 거리에 붙은 방의 내용을 보면 "무릇 한 가지라도 기예(技藝)를 가진 자는 비록 환술이나 차력하는 자라도 자천(自薦, 스스로 추천함)하도록 허가하고, 부국강병 하는 방책을 바치는 자가 있으면 자격에 구애되지 않고 뽑아 쓴다"고 했다.

이전까지 조선에서는 환술(幻術)이나 차력(借力)하는 것을 법으로 금했다. 그럼에도 불구하고 당시 최고 권력자인 흥선대원군의 한마디에 조선은 환술가와 차력사들이 활개치고 다니는 이상한 나라로 변해갔다. 조선 팔도에서 몰려든 이른바 기예를 가진 자들이 흥선대원군이 사는 운현궁의 문지방이 닳도록 문전성시를 이뤘고, 이 과정에서 갑옷과 관련해서 묘한 방책이 등장하게 되었다. 그 방책은 다름 아닌 면갑(綿甲)과 관련된 것으로 면으로 갑옷을 만들면 서구의 강력한 총알도 막을 수 있다는 것이었다.

  이 말을 들은 대원군은 바로 면포에 솜을 넣어서 두어 겹으로 갑옷을 만들어 관통실험을 했다. 당연히 갑옷에는 커다란 구멍이 뚫렸다. 상황이 이쯤 되면 물러서야 하는데, 오기가 발동한 흥선대원군은 면의 두께를 한 장씩 더 추가하면서 갑옷 실험을 계속했다. 그리하여 열두 겹으로 면을 겹칠 때 총알이 뚫지 못하자 대원군은 여기에 한 장을 더 보태 열세 겹으로 면을 박음질하고 그 사이에 솜을 넣어 상반신을 방어하는 배갑(背甲)을 병사들에게 보급하기에 이른다. 그리고 머리에는 총알이 튕겨 나간다고 하는 등나무 넝쿨로 짠 투구를 씌워 실전 배치했다. 굵은 등나무로 광주리처럼 짠 투구에 겨울 조끼보다 더 두꺼운 면갑을 입은 조선 병사들을 상상해보면 그저 웃음밖에 나오지 않을 것이다.

  이 면갑은 겨울에는 아주 그럴듯하게 받아들여졌다. 삭풍이 부는 바닷가 초소에서 겹겹이 면으로 박음질하고 안에는 두터운 솜이 든 갑옷을 입은 조선 병사는 포근하게 겨울을 보냈을

면갑. 열세 겹의 면을 겹치고 그 사이엔 솜을 넣어 총알이 뚫지 못하는 일종의 방탄복인 면갑은 보기엔 아주 그럴듯했다. 특히 삭풍이 부는 겨울엔 더없이 따뜻한 방한복이었다. 문제는 비가 오거나 더운 여름엔 입고 있는 것조차 어려웠다는 것이다. 특히나 순면으로 만든 갑옷에 적의 공격으로 불이라도 붙으면 말 그대로 통구이를 면하지 못했다.

것이다. 그러나 겨울이 가고 여름이 다가오자 상황은 완전히 역전됐다. 면갑을 착용한 조선 포병들이 한여름에 훈련을 받게 되자, 대부분 더위를 견디지 못하고 코피를 쏟는 심각한 상황이 발생한 것이다. 또 면갑을 입은 채 비를 맞게 되면 그 무게가 몇 배로 늘어나 서 있는 것조차 어려워졌다. 무엇보다 최악의 상황은 전투에서 적의 화공에 속수무책이었다는 것이다. 100퍼센트 순면 솜으로 꽉 찬 면갑에 불이 붙으면 그 옷을 입은 병사는 말 그대로 통구이를 면하지 못했던 것이다.

이 같은 황당한 군사력 증진 방안에 대해 한 가지 더 추가하자면, 다름 아닌 '비선(飛船)'에 관한 이야기이다. 당시의 상황을 상세히 기록한 『근세조선정감(近世朝鮮政鑑)』에는 다음과 같이 쓰여 있다.

학(鶴) 깃을 엮어서 배를 만들면 포탄을 맞아도 선체가 가벼우므로 다만 퇴각(退却)할 뿐이고 부서지지도 않을 것이라는 말이 있었다. 드디어 사냥꾼을 풀어서 학을 잡고 그 날개를 엮어 모아서 배 하나를 만들고, 비선이라 불렀다. 배에다 아교로 깃을 붙였는데, 물에 들어가니 아교가 문득 녹아서 쓸 수가 없었다.

비선 이야기를 보면 그저 한숨밖에 안 나오지만, 다른 한편으로는 오죽했으면 이런 황당한 생각마저 했을까 싶어 진한 안

타까움이 느껴지기도 한다. 1800년 개혁 군주로 이름을 날렸던 정조의 급작스런 죽음과 이후 암울한 세도정치를 거치면서 조선의 국부(國富)는 완전히 거덜난 상태였다. 이런 절박한 상황에서 내린 흥선대원군의 조치들은 몰락해가는 한 왕조의 뒷모습을 보여주는 것 같기도 하다.

    이처럼 갑옷 하나에도 조선시대의 사회와 문화 전반에 걸친 갖가지 이야기들이 숨어 있다. 인류의 역사는 곧 사람 삶의 역사이기에 그들이 만들었던 작은 하나하나에도 진한 역사의 숨결이 담겨 있다고 볼 수 있다. 그저 작고 하찮은 것일지라도 어떤 관점으로 살펴보느냐에 따라 역사는 여러 표정을 짓는다. 그런 점에서는 오늘날도 마찬가지이다. 우리 역시 역사의 수레바퀴와 함께 굴러가고 있다. 그래서 역사는 늘 현재진행형인 것이다.

# 진법, 그 비밀을 풀다

◆ 조선 전기

陳法

 많은 변수가 따르는 전투에서 승패를 결정짓는 가장 큰 요인은 무엇일까? 화약무기가 치명적인 무기로 인식되기 전까지 승패는 전장에서 얼굴을 맞대고 싸워서 판가름나는 것이 대부분이었다. 특히 수십만 명이 넘는 대규모 병력이 한 지역에 모여 전투를 치르는 대회전은 창과 칼이 난무하는 아비규환이었다. 보통 전쟁의 승패요인으로, 병력 동원 능력, 동원된 병사 개개인의 전투 능력, 전투에서 부대의 기동 방법 등 크게 세 가지를 든다. 이중 병력 동원 능력과 전투 기술은 전투가 있기 전 이미 결정된 것이다. 따라서 전투 현장에서의 움직임인 부대의 기동 방법이 승패를 가르는 핵심적인 요인이 된다. 전장에서의 부대 움직임, 이것을 진법(陣法)이라고 한다.

진법은 장기와 바둑을 생각하면 쉽게 이해할 수 있다. 장기는 초 패왕 항우(項羽, BC232~BC202)와 한왕 유방(劉邦, BC247~BC195)의 각축전을 모방해 만들어졌다. 이 놀이는 양쪽이 같게 병력을 구성해 공격과 방어를 주고받으며 승패를 가린다. 장기를 둘 때는 각각의 병력을 어떻게 이용해 상대의 방어벽을 뚫고 허를 찌를까를 계속 고민하게 된다. 장기판에서 벌어지는 이런 병력의 움직임은 전통적인 진법의 모습과 흡사하다. 앞의 몇 수를 내다보며 두는 바둑도 마찬가지이다. 검은 돌과 흰 돌이 격돌하는 바둑은 자신의 세력을 유지하면서 공격과 방어를 하는데, 이것 역시 진법의 움직임을 그대로 담고 있다.

또 누구나 알고 있을 법한 『삼국지(三國志)』에서도 진법의 진면목을 발견할 수 있다. 이 책에는 진법과 진법이 격돌하는 전투 장면이 자주 등장하는데, 장수들이 어떤 결정을 내려 승리하고 패배하는지를 실감 나게 보여주고 있다. 예를 들어 조조(曹操, 155~220)의 부하 장수인 조인(曹仁)이 펼친 '팔문금쇄진(八門金鎖陣)'을 보자. 이것은 진형을 갖추고 8개[휴(休)·생(生)·상(傷)·두(杜)·경(景)·사(死)·경(驚)·개(開)]의 문으로 적이 들어오도록 유인하는 진법이다. 8문 중 생문·경문(景門)·개문으로 들어가면 길하고, 상문·경문(驚門)·휴문으로 들어가면 다치며, 두문·사문으로 들어가면 망하게 되는 것이다. 유비(劉備, 161~223)의 장수 조자룡(趙子龍)은 이 진법의 약점을 간파하고 무너뜨리게 된다. 진이 붕괴된 조조의 군대는 유비의 군대에 의해 심각한 타격을 입었다.

진법은 육지에서뿐만 아니라 바다에서도 구현된다. 임진왜란 때 이순신 장군이 펼친 학익진(鶴翼陣, 학이 날개를 편 듯이 치는 진)이나 장사진(長蛇陣, 한 줄로 길게 늘어선 진)이 그 좋은 예이다. 이처럼 병력의 움직임, 즉 진법은 전쟁의 승패를 좌우할 정도로 중요한 것이다. 이 때문에 군대를 지휘하는 장수들은 반드시 진법에 능통해야 했으며, 그 진법을 잘 운용하기 위해 병사들 또한 쉼 없이 훈련을 받아야 했다.

## 조선 전기의 오위진법

고려가 멸망하고 조선이라는 새로운 국가가 탄생했지만, 조선 전기 국가의 핵심적인 틀 대부분은 고려의 것을 유지하고 있었다. 군사 분야도 마찬가지여서 고려시대의 진법을 대부분 그대로 이어받았다. 이후 모든 진법을 집대성해 구체적인 병법

서로 완성한 것이 문종(文宗, 1414~1452) 때 만들어진 『오위진법(五衛陣法)』이다.

오위진법은 당 태종(太宗, 599~649)과 병법가 이위공 이정(李靖)이 나눈 문답인 『이위공문대(李衛公問對)』의 중권(中卷)에 나오는 오행진법(五行陣法)이 바탕이 되었다. 이 책에서 이정은 5행(五行, 목·화·토·금·수)과 5방(五方, 동·남·중앙·서·북), 5색(五色, 푸른색·붉은색·노란색·흰색·검은색), 5계절[五季節, 춘·하·중앙(유월)·추·동]을 이용해 가장 기본적인 진(陣)의 모습인 곡(曲, 구부러진 형)·예(銳, 뾰족한 형)·직(直, 직선형)·방(方, 사각형)·원(圓, 원형)의 형태와 특징을 설명했다. 이것은 우주 만물의 변화를 음양과 오행으로 풀이한 음양가(陰陽家)의 전통을 이어받아, 다섯 가지 기본적인 형태의 진을 바탕으로 변화무쌍한 전투 현장을 표현하려는 병법가의 지혜를 담고 있다.

이러한 오행의 개념이 조선시대 중앙 군사조직의 편제 단위인 위(衛)와 결합해 탄생한 것이 바로 오위진법이다. 특히 개국공신인 정도전(鄭道傳, 1342~1398)이 저술한 『진법(陣法)』을 비롯한 다양한 병법서들이 이를 바탕으로 구성되었다.

오위진법의 움직임을 보면, 부대는 크게 다섯 개의 위(衛, 前·後·左·右·中)로 나눠 보병과 기병을 배치했다. 조선 전기는 북방의 야인이 주된 적이었기에 기병을 중심으로 효과적인 전투를 치를 수 있는 방식으로 부대가 구성되었다. 『진법』 이후에

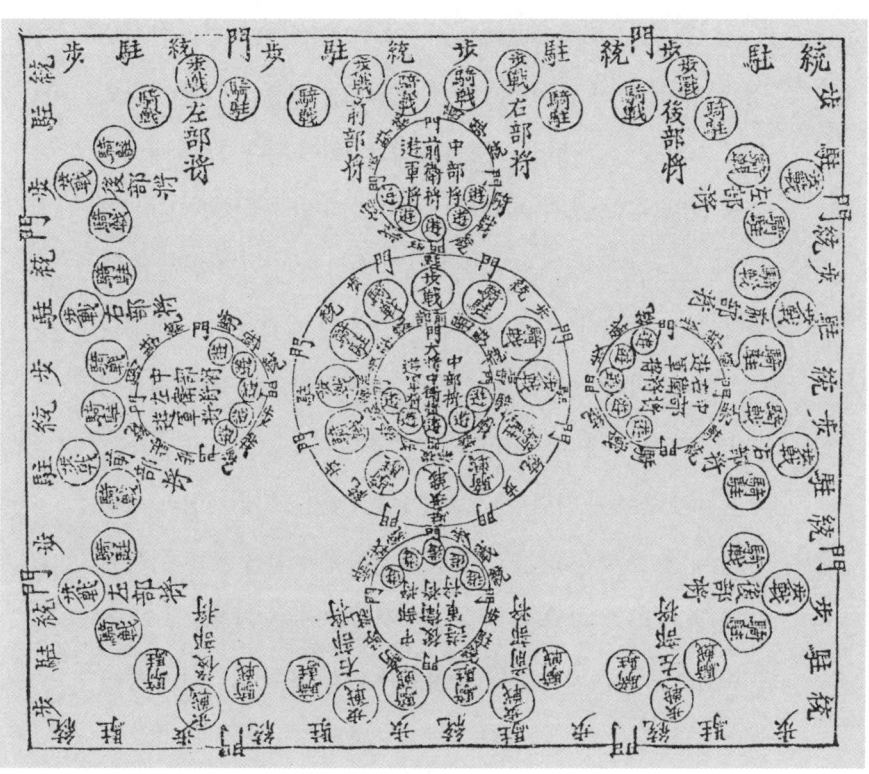

오위진법에서 5위가 함께 방진을 구축한 오위연방진(五衛連方陣). 방진은 가장 안정적인 진법으로 외각에 있는 여덟 개의 문으로 병사들이 이동하게 된다. 이렇게 5위가 동시에 진을 짜면 수천에서 수만에 이르는 병사들이 함께 모여 있기에 멀리서 보면 개미떼를 떠올리기도 한다.

만들어진 『진도지법(陣圖之法)』과 『계축진설(癸丑陣設)』을 살펴보면, 산악 전투 시 단독 전투부대의 규모는 보통 1개 위 병력으로 요즘의 중급 대대 정도 병력인 약 250명이 된다. 그 아래로는 50명 단위의 부(部), 부 아래로는 12명 단위의 통(統)이 있어 5위가 한 개의 전투 단위로 움직인다면 약 1250명이 작전을 수행한다고 볼 수 있다. 이는 전 국가적인 동원 체제가 아닌 국지적인 전투에 맞는 전략으로, 소규모로 쳐들어오는 북방 전투에 대비하기 위해 세워진 것이다.

각각의 병종에 따라 살펴보면 1위(一衛)는 크게 기병과 보병으로 나뉜다. 말을 타는 기병은 원거리에서 활을 쏘는 기사(騎射) 인원이 약 60퍼센트, 창을 쓰면서 돌격하는 기창(騎槍)이 약 40퍼센트로 구성되어 전장의 상황에 따라 포위 섬멸이나 충격 돌파 등의 전술을 구사했다. 물론 두 병종 모두 기본 무기로 허리에 환도를 차서 난전(亂戰)이 벌어지면 자신의 몸을 방어할 수 있게 했다. 그리고 보병은 진의 방어력을 높이는 방패수(혹은 팽배수)가 가장 앞에 서서 철벽의 장벽을 만들었다. 그 뒤로는 초기 화약무기를 사용하는 총통수(銃筒手), 긴 창으로 적의 접근을 방어하는 장창수(長槍手), 자루가 긴 청룡언월도와 비슷한 무기인 장검수의 순으로 배치되었다. 이런 배치는 뒷사람이 앞사람을 보호하는 방식이다. 맨 마지막 줄에는 조선의 장기인 궁수(弓手)들이 열을 맞춰 배치되어 돌격해 오는 적의 선봉에 화살

세례를 퍼부었다. 또한 전체 병력 중 10분의 3을 보조 병력인 유군(遊軍)으로 편성해 유군장(遊軍將)이 전투 상황에 따라 유동적으로 병력을 부리도록 했다.

기본적인 진형은 앞과 같지만 실제 진이 펼쳐지면 다양한 병종들의 조합이 이뤄진다. 이중 안정적인 진형의 틀을 유지하기 위해 각 병종은 나아가서 싸우는 전통(戰統)과 머물러 대기하는 주통(駐統)으로 갈라져 적의 진형을 살피며 진형을 적절히 변형했다. 그러나 무적의 진법이라는 것은 존재할 수 없다. 따라서 상대가 어떤 진형을 이뤄 공격하는가에 따라 아군의 진형은 변화할 수밖에 없다.

앞서 설명한 다섯 가지의 기본 진에는 음양오행설에 입각한 상생(相生)과 상극(相剋)이 존재해서 장수들은 상황에 따라 진형을 변화시켰다. 예를 들면 적이 직진으로 나오면 아군은 방진으로 막아서고, 적이 예진으로 돌격해오면 아군은 충격 부위를 살짝 물러서 곡진으로 포위섬멸하는 식이다. 그러나 병사들의 훈련이 부족하거나 갑작스런 상황에서 진을 칠 때에는 사각형의 방진이 가장 안정적이어서 방진은 늘 진의 기본으로 인식되었다.

이러한 5위 편제는 안정적인 형태의 부대 움직임을 바탕으로 실제 접전에서 공격적인 능력을 배가시키기 위해 고안되었다. 특히 정도전은 잃어버린 요동 지역의 수복을 꿈꾸며 다양한 정책을 제시했기에, 5위 편제는 소규모 부대를 이용해 선제 기습공격을 가하고 이후 부대를 안정적으로 주둔시키기 위한 방책의 연장으로도 볼 수 있다.

## 신호체계는 진법의 생명

진법을 짜려면 수많은 병사들을 동시에 움직여야 한다. 이를 위해 모든 병사는 자신이 속한 부대의 신호를 완벽하게 숙지해야 한다. 그래야만 진법이 제대로 구현되기 때문이다. 그러나 수천 명의 병사를 한꺼번에 움직인다는 것은 결코 쉬운 일이 아니다. 특히 눈앞으로 화살이 날아오는 전투 상황이라면 진법을 짜는 것 자체가 또 다른 전투의 연속이다. 정도전은 이런 위급한 상황을 『진법』에서 다음과 같이 표현하고 있다.

> 양군(兩軍)이 어우러져 싸우면 먼지가 하늘을 가린다. 숨 한번 쉬는 사이에도 수없이 상황이 변한다. 왼쪽 오른쪽 앞과 뒤, 이리 저리 얼크러져 눈코 뜰 사이도 없어 호령도 통하지 않고, 고함도 들리지 않는다.

이런 혼란스런 상황을 정리하기 위해 진법에서 가장 중요시하는 것이 바로 신호체계의 숙달이다. 장수들은 현장의 상황을 직접 보며 휘하 부장 등을 통해 깃발을 사용하거나 몇 가지 악기를 이용해 명령을 전달했다.

먼저 군기(軍旗)라 해 각 부대장의 소속과 지위를 구분하는 깃발이 있는데, 군기는 휘하 장수들에게 명령하고 혹은 상부의 지시에 복명을 표현할 때 사용했다. 군기의 종류를 보면, 장수를 상징하는 표기(標旗)와 휘하의 장수들에게 명령을 내릴 때 사용하는 영하기[令下旗 혹은 휘(麾)], 휘하 장수들을 소집할 때 사용하는 초요기(招搖旗), 매복병에게 기밀하게 내리는 대사기(大蛇旗), 척후병들이 사용하는 후기기(候騎旗) 등이 있다. 군기로 하는 신호에는 보통 응(應, 응답)·점(點, 깃발을 지면에 대지 않고 다시 일으켜 세움)·지(指, 깃발을 지면에 대었다가 다시 일으켜 세움)·휘(揮, 깃발을 크게 휘두름)·보(報, 보고) 등이 있다.

직접적인 공격이나 후퇴 명령을 뜻하는 영하기는 휘(麾)라고도 불렸는데, 가장 큰 대장용 휘와 크기가 작은 위장(衛將)용 소휘(小麾)가 있다. 대장이 각 방위에 해당하는 5방 색깔 휘(麾)로 명령을 내리면 그에 따라 각각의 위장들은 소휘를 가지고 해당 부대에 명령을 내렸다. 보통 깃발에는 가장자리에 불꽃 모양의 술이 달려 있는데, 명령을 내릴 때 사용하는 영하기 끝에는 긴 꼬리가 달려 있어 다른 깃발들과 구분했다. 이러한 깃발 신호

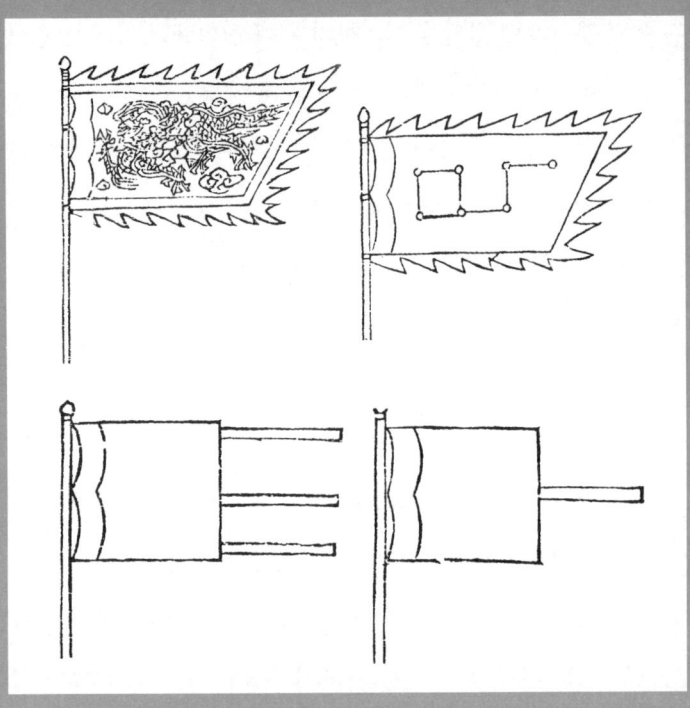

조선 전기에 사용한 깃발들. 위쪽 깃발은 가장자리에 불꽃 모양의 화염각이 있고 왼쪽 깃발은 용 두 마리가 그려진 교룡기이고 오른쪽은 북두칠성이 그려진 초요기이다. 깃발 끝에 꼬리가 달린 아래쪽 깃발은 휘하 부대에 명령을 내릴 때 사용하는 영하기이다. 영하기를 움직여야만 부대에 명령을 내릴 수 있다.

체계의 기본은 대장이 휘를 왼쪽으로 점(點)하면 직진(直進)을 이루고, 오른쪽으로 점하면 방진(方陣), 앞으로 점하면 예진(銳陣), 뒤로 점하면 곡진(曲陣), 사방(四方)으로 향해서 점하면 원진(圓陣), 두 휘를 합쳐서 점하면 2위(衛)가 함께 모여 1진(陣)을 이룬다.

군사 지휘용 악기로는 나발(角)·북(鼓)·징(金)·방울(鐸)·비(鼙, 기병이 쓰는 작은 북)·도(鼗, 아기 장난감인 딸랑이 방울처럼 생긴 북) 등이 있는데, 앞서 설명한 군사용 깃발과 같이 사용했다. 모든 신호는 대장의 지시에 따라 큰 나발[大角] 소리로 이목을 집중시키고 이후 명령기를 이용해 내려졌다. 악기는 각각 다른 용도로 쓰였는데, 북은 이동을 뜻했다. 북을 빠르게 치면 빨리, 천천히 치면 천천히 이동하라는 신호였다. 반대로 징은 후퇴를 명령할 때 사용했다. 휘가 지시하는 방향에 따라 징을 빠르게 치면 후퇴하고 징소리가 멈추면 다시 공격 대형을 갖춰 싸웠다. 그리고 방울은 주로 진중을 조용히 시킬 때 사용했는데, 쇠 방울 소리가 날 때에는 온 신경을 곤두세워 적의 야간 습격에 대비하거나 다음 명령을 받을 때까지 침착하게 대기해야 한다. 반대로 도(鼗)를 치면 일제히 함성을 질러 아군의 사기를 북돋았다. 전투에 나가려는 병사들은 이처럼 다양한 신호체계를 익혀야만 했다. 결국 병사들의 쉼 없는 진법 훈련은 신호체계의 정비에 있었다고 해도 과언이 아니다.

조선시대 병사들 사이에는 〈기휘가(旗麾歌)〉라는 것이 전해졌는데, 이 노래에는 병사들이 익혀야 할 핵심적인 신호체계가 정리되어 있다.

기휘가(旗麾歌)

휘도 오색, 기도 오색
휘로 지휘하고, 기로 응하네.
중축은 황색, 후형은 흑색, 전형은 적색
좌익은 청색, 우익은 백색, 모두가 알맞구나.

동서남북 방향은 휘의 '지(指)'에 따르되
들면 출동이요, 내리면 정지일세.
휘두르면 기병(騎兵)과 보병(步兵)이 모두 함께 싸우되
더디고 빠름은 장수의 뜻대로라.

장수된 자 이것을 모르면 병사를 버림이요
병사가 이것을 모르면 시기를 놓친다.
많을수록 더욱 통제됨은 다름 아니라,
징 소리, 북 소리 자세히 듣고, 깃발을 분명히 보는 것뿐일세.

이처럼 진법은 장수의 신호를 바탕으로 펼쳐지는데, 습진(習陣) 훈련을 통해 미리 진법을 익힌 병사들은 낮에는 서로 얼굴을 보고 움직이고, 밤에는 낯익은 목소리를 이용해 위급한 상황에서는 옆의 동료에게 도움을 요청했다.

## 결진, 온종일 병사들은 뛰어다닌다

그런데 실제 전투에서 진법이 변하면 병사들은 하루 종일 이리저리 오가는 식의 움직임을 반복해야 했다. 머릿속으로 좀더 자세하게 진을 짜는 모습을 그려보면 그 현장이 쉽게 이해될 것이다.

먼저, 대장이 있는 중군에서 길게 나팔을 한 번 불면, 각 군의 유군(遊軍) 중에서 기병들이 먼저 나가 사방으로 갈라져 늘어선다. 일종의 타격대 형식으로 유군 기병들이 움직이고 나면 5휘를 모두 점(點, 깃발을 지면에 대지 않고 다시 일으켜 세움)·지(指, 깃발을 지면에 대었다가 다시 일으켜 세움)하고 북을 울리게 된다. 이때 각 군은 기와 북으로 이에 응하고 중군은 원진(원형)을, 좌군은 직진(직선형)을, 전군은 예진(뾰족한 형)을, 우군은 방진(사각형)을, 후군은 곡진(구부러진 형)을 만들게 된다.

그 뒤 징소리가 울리면 전면 방어에 나섰던 유군들이 뒤로 퇴각하고, 중군이 5휘를 모두 눕히고 북을 울리며 백색 휘를 점하면 각 군은 독자적인 방진을 이룬다. 그리고 만약 5휘를 한데 묶고 북을 울리며 백색 휘를 점하면, 전·후·좌·우의 4군은 중군을 겹으로 에워싸며 연결해서 방진을 이룬다.

이렇게 거대한 사각형 방진이 만들어지면 4군은 각각 한 면에 두 곳을 터서 여덟 곳의 출입문을 만들고, 각각 자기 방위 색깔의 기를 세우며, 중군은 방진 안에 둥근 원진으로 배열해 네 개의 문을 만들고 문마다 방위를 표시하는 수기(獸旗, 짐승을 그려 넣은 기)를 세운다. 이렇게 문이 만들어지면 문마다 수비병을 배치해 길을 통제하게 된다.

전체 병사들이 완벽한 방진을 만들고 나면 중군에서 흑색 휘를 점하고 북을 쳐 방진을 곡진으로 변화시킨다. 이때 전군(前軍)은 곧게 배열하고, 좌군과 우군의 양끝에 있는 1통(12명)의 병사들이 후면으로 구부려 꺾게 된다. 이후 청색 휘를 점하면 직진, 적색 휘를 점하면 예진, 황색 휘를 점하면 원진, 다시 백색 휘를 점하면 방진으로 돌아가게 된다. 이렇게 다양한 진법이 펼쳐지더라도 병사와 병사 사이는 옆으로 5보 간격, 앞뒤로 4보의 간격을 유지해 개인 무기를 자유롭게 움직일 수 있도록 했다.

여기서 한 가지 의문이 든다. 비상시에는 소속이 다른 많은 병사들이 한꺼번에 움직였을 텐데, 각 부대의 병사는 어떻게

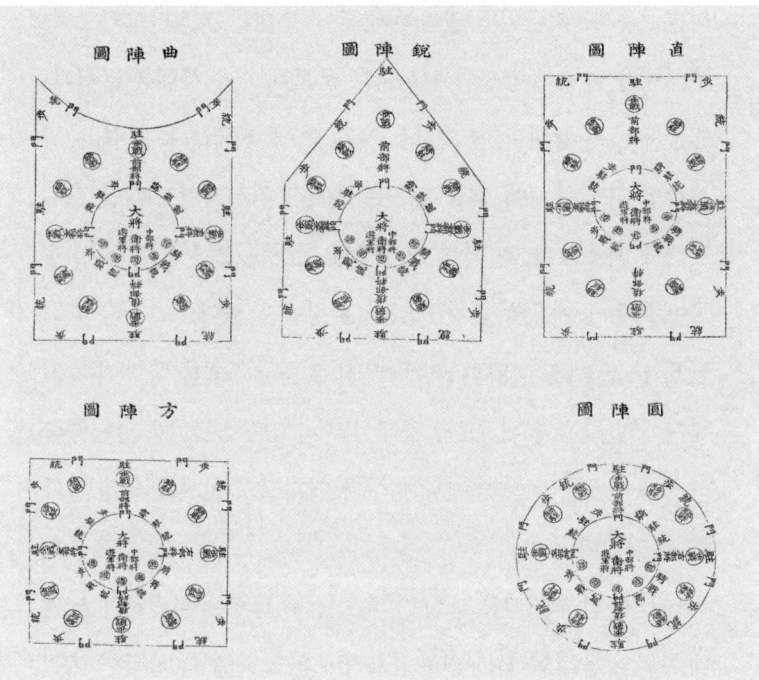

조선 전기 오위진법의 기본 진(陣)의 모습인 곡(曲, 구부러진 형)·예(銳, 뾰족한 형)·직(直, 직선형)·방(方, 사각형)·원(圓, 원형)의 형태. 보통은 1위 독진이라 해서 한 개의 위가 이런 진을 형성한다.

식별했을까? 지금의 군인들이 군복에 부대의 상징마크와 소속 부대명을 달듯이 당시의 병사들도 군복에 소속 부대를 밝혔다. 중군(中軍)은 황색 원형 휘장을 옷깃 앞에, 전군(前軍)은 붉은 정삼각형 휘장을 배에, 좌군(左軍)은 푸른색 직사각형 휘장을 왼쪽 어깨에, 우군(右軍)은 백색 정사각형 휘장을 오른쪽 어깨에, 후군(後軍)은 등에 구부러진 모양의 휘장을 붙였다. 그 각각의 휘장에는 소속 군의 명칭과 방위에 해당하는 짐승을 하나씩 그려 넣어 구별하기 쉽게 했다. 그래서 만약 진을 만들 때 엉거주춤하거나 진을 이탈하면 해당 병사가 어디 소속인지를 쉽게 알아볼 수 있었다.

　진을 완전하게 만들고 나면 바로 전투 상황에 돌입하게 되는데, 5휘의 움직임과 북이나 징소리에 따라 전투의 완급이 조절되었다. 이러한 전투 훈련 또한 일종의 모의 전투인 교장(敎場)이라는 이름으로 습진 훈련과 함께 진행되었다. 물론 교장에서도 병사들은 늘 뛰어다녀야 했다. 특히 공격명령이 떨어지면 기병은 말을 타고 달리고 보병은 그 뒤를 따라 달리며 모의 전투를 해야 했기에 보병들은 말 그대로 발바닥에 땀이 나도록 달려야만 했다.

## 군법, 세상에서 제일 무서운 법

陳法

이렇듯 진법은 수많은 병사들을 동시에 움직여야 하는 일이라 그에 해당하는 상과 벌이 명확해야만 했다. 특히 전쟁 등 위급한 상황에서 발생하는 실수와 잘못은 그 자리에서 목을 자르는 참수형으로 다스렸다. 어떤 경우에 어떤 처벌이 내려졌는지 구체적으로 한번 살펴보자.

먼저 휘장과 부대 표시가 떨어진 병사는 바로 목이 잘렸다. 진을 짜고서 마땅히 전진해야 할 상황에서 나아가지 않거나 퇴각해야 할 때 물러서지 않고, 전진하지 말아야 할 때 나아가고, 퇴각하지 말아야 할 때 물러난 자도 그 자리에서 바로 목 없는 신세가 되었다. 또 행렬이 고르지 않거나 깃대와 깃발이 바르지 않을 때, 징과 북을 울리지 않을 때는 신호체계에 문제가 있는 것으로 판단해서 바로 참수형에 처했다. 그리고 전투에서 자신의 주장(主將)을 잃은 부대는 전원 목을 베고, 기와 북을 빼앗겨도 해당 부대원 전부가 목 없는 귀신이 되어야 했다. 소속 부대원들을 잃었을 때도 살아남은 병사들은 벌을 받아야 했다. 그러나 비록 소속 부대원들을 잃거나 장수를 잃었더라도 적군의 장수를 잡으면 각각의 상벌을 상쇄해 죄를 묻지 않았다. 또 적을 격파하고 나서 노략질을 하거나, 밤에 돌아다니다가 암호를 잊거나, 다른 막사에 들어가 잠을 자도 바로 목이 잘렸다.

이렇듯 군법은 상보다는 벌을 강조하였는데, 이는 군법의 핵심 목표가 전체 병사들의 경각심을 고취해 결사항전의 전투태세를 갖추는 데 있었기 때문이다. 그래서 병사들은 전장에서뿐만 아니라 일반 생활에서도 엄격하게 다스려졌다. 직무상 불공평한 짓을 하거나, 완력으로 약한 자를 짓누르거나, 노름하다가 홧김에 싸우거나, 술주정으로 난장판을 벌이거나, 고약한 욕설로 무례하게 구는 자들도 전부 목을 베는 것으로 죄를 물었다.

## 개미도 진을 치고 싸운다

앞서 살펴본 바와 같이 진법의 핵심은 병사들을 얼마나 효과적으로 배치하는가이다. 인간들이 전쟁에서 단체로 진을 짜고 싸우듯 곤충들의 세계에서도 엄청난 대군들이 함께 전투를 펼치기도 한다. 그 대표적인 곤충이 바로 개미와 벌이다. 그래서 여러 가지 병법서와 시문집에는 개미와 벌들의 움직임을 진의 움직임으로 상징한 글이 남아 있다.

조선 인조 때의 명신이자 문인인 계곡 장유 선생은 자신의 시문집에 개미들의 전투에 대한 이야기를 잘 담아놓았다. 특히 이 시문에는 전쟁의 직접적인 동기인 '왜 전쟁을 하는가'와 '어떤 진법들이 펼쳐지는가' 그리고 '왜 전쟁을 멈출 수 없는가'에 대한 답이 고스란히 녹아 있다. 특히 개미 대군이 펼치는 어려진(魚麗陣, 물고기 비늘처럼 촘촘히 구성한 밀집대형)이 눈에 띈다. 어려진은 고대로부터 내려오는 전통적인 진법으로, 전차를 전면에 배치해 선제공격을 준비하고 그 뒤로 보병이 밀집 방어선을 구축하여 강력한 종심(縱深, 얇은 방어선을 여러 겹으로 깔아서 적의 공격을 둔화시키고 소모시키는 과정을 통해 전선을 유지하는 전술. 특히 현대전에서도 거점 종심방어전술이 핵심이다)을 만들어 적이 아군의 진을 뚫지 못하게 하는 진법이다. 끝으로 개미들의 전투를 지켜보며 인간의 전투 본능을 읽으려 했던 계곡 선생의 마음을 살펴본다.

### 개미 싸움 십 운[蟻戰十韻]

| | |
|---|---|
| 꿈틀꿈틀 벌레들도 생기(生氣)를 부여받았나니 | 蠢動均函氣 |
| 현구(개미의 별칭) 역시 천지간에 생을 영위하는구나 | 玄駒亦攝生 |
| 누린내 좋아하니 먹고살기 쉬울 것인데 | 慕羶求易足 |
| 알갱이 이고 다니다니 목숨을 가벼이 여기는구나 | 戴粒命偏輕 |
| 군신간의 의리를 대략 갖고 있을 터이니 | 略有君臣義 |

| | |
|---|---|
| 이해관계 쟁탈전이 어떻게 없을 손가 | 能無利害爭 |
| 봉토(封土)를 나눠 받고 전권(專權)을 행사하며 | 分封專國土 |
| 약자를 기만하고 서로 집어삼키나니 | 欺弱互兼幷 |
| 소가 싸우듯 함성 소리는 천지를 진동하고 | 牛鬪軍聲振 |
| 물고기 비늘처럼 군진(軍陣)을 횡으로 펼치는구나 | 魚麗陣勢橫 |
| | |
| 티끌 날려 돌쇠뇌를 계속 쏘아대고 | 吹塵騰急礮 |
| 지푸라기 보루(堡壘) 삼아 만리장성을 이뤘는데 | 壘芥作長城 |
| 삽시간에 승자와 패자가 나뉘지고 | 欻爾分成敗 |
| 강하고 약한 형세 금방 눈에 들어오네 | 居然見脆勁 |
| 서로 버틴 것은 광무(대치국면)와 같고 | 相持同廣武 |
| 살육전 벌인 것은 장평(전국시대 유명한 전쟁터)과 비슷하니 | 鏖戰等長平 |
| 만과 촉의 전쟁이 결코 허전(虛傳) 아니요 | 蠻觸傳非妄 |
| 괴안국(槐安國)의 고사 가히 놀랄 만한 것이구나 | 槐安事可驚 |
| 예나 지금이나 바람 불고 비 오는 것이 매한가지라 | 古今風雨地 |
| 어딘들 전쟁을 그만둘 수 있으리오 | 何處可休兵 |

## 진법, 그 비밀을 풀다 ◆ 조선 후기

陳法

 조선왕조 500년 역사상 가장 큰 충격이라면 단연 임진왜란을 꼽을 수 있을 것이다. 7년 동안 처절한 전쟁을 치르면서 조선은 크나큰 변화를 겪는데, 군사체제는 그중 가장 많은 변화를 보인 것 가운데 하나이다. 전쟁 초기 왜의 침략에 적절하게 대응하지 못한 조선은 개전 20일이 채 안 돼 수도 한양을 적에게 내주는 치욕을 겪어야 했다. 게다가 조선 최대의 병참기지인 평양성도 제대로 방어하지 못하고 왜군에게 넘겨야 했다.

부산에 상륙한 왜군과의 첫 전투를 그린 〈부산진순절도(釜山鎭殉節圖)〉. 1592년(선조 25)년 4월 13일, 700여 척의 배와 1만 8700여 명의 병사를 이끌고 오후 5시 무렵 부산포에 상륙한 사령관 고니시 유키나가가 이끄는 왜군은 14일 새벽 부산진을 완전히 포위했다.

이 때문에 조선의 국왕인 선조가 명나라에 몸을 의탁해야 할 만큼 당시 상황은 절박했다. 만약 이때 선조가 명나라로 넘어 갔다면 조선은 공식적으로 명의 속국으로 전락했을지도 모른다. 다행히 몇몇 대신들의 간청으로 이런 최악의 상황까지 이르지는 않았지만, 개전 초기 조선군은 이미 왜군의 상대가 되지 못했으며, 병사들의 사기 또한 최악의 상태였다.

이와는 반대로 왜군은 조선군의 저항이 거셀 것으로 판단하고 전국시대 일본 열도를 뒤흔들던 정예 전투 병력을 전면에 내세워 진격했다. 그러나 전쟁이 벌어지자 왜군은 별다른 큰 저항 없이 손쉽게 한양을 점령했다. 이에 왜군은 조선 전체를 곧장 집어삼킬 수 있겠다는 생각을 굳혔다. 하지만 왜군의 계획은 뜻대로 되지 않았다. 곳곳에서 의병들이 일어나 일종의 게릴라 전술을 펼치며 군사행동을 감행했다.

이 때문에 부산부터 평양까지 이어지는 왜군의 긴 보급선이 흔들리게 되었다. 게다가 왜의 수군과 수송선이 남해에서 이순신 장군에게 철저하게 봉쇄당하는 등 의외의 변수들이 발생하자 왜군은 더 진격할 수 없는 상황에 이르렀다. 여기에 명나라의 원군이 조선에 파병되면서 전세가 역전됐다. 이로써 한반도는 조·명·일 동양 삼국의 군사 전략전술들이 첨예하게 대립하며 황폐한 전쟁터가 되고 말았다.

## 임진왜란 초기 조선군은 왜 패배했을까

　나라를 새로 세우고 약 200여 년 동안 조선은 대외적으로 큰 전란 없이 평화로운 나날을 보냈다. 다만 여진족을 비롯한 북방 세력들의 침략으로 국경에서 소규모 전투가 이따금 벌어지는 것이 전부였다. 이에 따라 조선 전기 군사 전략과 전술들은 북방 방어를 중심으로 편성되었다. 여진족들은 100명이 안 되는 소수의 기병을 중심으로 치고 빠지는 일종의 속도전 방식의 공격 형태를 주로 구사했다. 이에 대항하기 위해 조선군은 보병과 기병의 수를 대등하게 하고 대규모 부대뿐만 아니라 단독적인 소규모 부대로도 적을 제압할 수 있는 전략을 쓰게 되었다. 이런 전술에 관한 내용은 조선 전기에 만들어진 병법서인 『진법』에 잘 담겨 있다. 물론 이후 세종과 문종을 거치면서 대구경 화포의 개발과 배치가 이뤄지지만 병사들의 진법 자체는 큰 변화 없이 임진왜란을 맞게 된다. 조선군은 최대 장기였던 궁시(弓矢, 활과 화살)의 사격거리가 월등하게 광범위하고 충분히 훈련된 사수들이 많았기에 적을 방어하는 데 큰 문제가 없을 것으로 생각했다.

　그러나 막상 전쟁이 발발하자 상황은 조선군의 예상과는 완전히 달랐다. 왜군은 궁시와 사격거리가 비슷하고 조선에는 아직 보급되지 않은 조총이라는 신무기를 앞세워 부산포에 상륙했던 것이다. 그들은 원거리 무기인 조총뿐만 아니라 근접 무기인 칼과 창을 이용하는 전문 살수(殺手) 부대가 짝을 이뤄 전술을 펼쳤다. 당시 왜군의 무기 배치를 살펴보면 조총병이 전체 병력의 약 10퍼센트 내외였으며, 칼과 창으로 무장한 보병은 반이 넘었다. 왜군은 살수들이 조총의 일제 사격 뒤 돌격하는 방식으로 공격해왔다. 왜군의 이런 무기 배치와 전술을 모른 채 궁시만을 믿었던 조선군은 조총보다는 칼과 창에 더 많은 희생을 당했다. 당시 왜군의 진법 형태를 유성룡(柳成龍, 1542~1607)의 『서애집(西厓集)』에는 다음과 같이 기록하고 있다.

현재 있는 군인을 셋으로 나누어 편성해서 삼첩진(三疊陳)을 만들고 행렬을 이루었는데, 앞에 선 한 행렬은 기치를 가졌고 가운데 행렬은 조총을 갖게 하고 뒤의 행렬은 짧은 병기를 가졌다. 적을 만나면 앞 행렬의 기치를 잡은 자들이 양변으로 나누어 벌려 서서 포위한 형태를 만들고, 중앙 행렬의 조총을 가진 자들이 일시에 총을 발사하여 적진을 공격하니 적군이 조총에 총상을 많이 입어 적진이 요동한다. 게다가 좌우에는 이미 포위하는 병사가 있음을 보고는 반드시 도망하여 달아난다. 그러자 후군 행렬의 창검을 가진 자들이 뒤에서 추격하여 마음대로 그들의 목을 베어 죽인다는 것이다.

앞에서 보듯 왜군은 조선군을 만나면 맨 앞 열이 작은 깃발을 이용해 시선을 빼앗고서 조총수들이 일제히 사격을 가해 진이 허물어지면 창검을 가진 살수들이 돌격하는 방식을 취했다. 특히 왜군 조총수들은 3열 횡대로 대열을 갖추고 차례로 조총을 사격해 재장전 시간을 효과적으로 보완했다. 왜군의 이런 전술은 일종의 연발사격과 같은 충격을 가할 수 있었기에 조선의 빠른 기병들도 이를 쉽게 통과하지 못했다. 당시의 전투에서는 정면 격돌이 일어나서 죽는 수보다 한쪽 진영이 무너지고 추격해오는 적으로부터 배후를 공격당해 발생하는 사상자가 훨씬 많았다. 패잔병은 전투의지가 없는 상태에서 적의 공격에 무방비로 노출되기 때문이다. 이때 가장 위력적인 것이 단병접전(가까운 거리에서 싸움) 무기인 칼과 창이다. 그래서 임진왜란 초기 대열이 흐트러진 조선군은 조총보다는 창검에 더 많은 희생을 당해야 했다. 보통 전투가 시작되면 장수들은 모든 것을 전투에 걸고 물러서지 않고 싸우는 것을 기본으로 했다. 여기에는 단순히 이기는 것뿐만 아니라 등을 돌리는 순간 사랑하는 부하들이 단 한 사람도 남김없이 전장의 이슬로 사라질 수도 있다는 강박관념이 반영된 것이기도 하다.

임진왜란 당시 조선은 제승방략(制勝方略)이라는 방어체제로 왜군을 상대했다. 제승방략의 핵심은 소규모 지역 전투보다는 대규모 병력을 한데 모아 일전을 치르는 방식이었다. 그러나 문제는 현장의 지휘관이 아닌 서울에서 파견된 지휘관이 전체 병력을 통솔해야 하는 데 있었다. 지휘관이 파견되어 오는 데는 시간이 필요했고, 또 파견된 지휘관과 현장 장교들과의 이질감이 크면 지휘체계 문제 때문에 병사들을 효율적으로 모을 수 없어 제대로 된 전투를 치를 수 없었다. 이런 두 가지 문제가 노출된 것이 바로 임진왜란 초기 조선군의 모습이었다. 병사 개개인의 전투 방식뿐만 아니라 국가 단위의 방어 전략까지 한꺼번에 결정적인 약점을 노출하면서 조선군은 말 그대로 초전박살 나게 된 것이다.

## 왜군을 제압하기 위해 도입한 명나라 전술체제

일본군의 파죽지세에 선조는 수도 한양을 버리고 쉴 틈도 없이 북으로 걸음을 옮겨야 했다. 임진왜란이 시작되고 약 한 달이라는 시간이 흐른 1592년 5월, 조선은 명나라에 구원군 파병을 요청하기에 이르렀다. 물론 이 과정에서도 쉼 없는 갈등이 있었지만 워낙 상황이 좋지 않았기에 명나라에 사신을 보낼 수밖에 없었다. 조선의 요청을 받은 명나라는 사태의 심각성을 제대로 인식하지 못하고 급한 김에 가장 가까운 곳에 배치된 요동 부총병 조승훈(祖承訓) 장군이 이끄는 북방의 기병 5000기를 조선에 원군으로 보냈다. 그러나 압록강을 건너 조선에 온 조승훈의 기병은 그해 7월 19일 제1차 평양성 전투에서 왜의 전술에 휘말려 철저하게 괴멸당했다. 패전한 조승훈은 살아남은 몇 안 되는 부하들을 이끌고 요동으로 돌아가 버렸다. 이후 정확한 사태 파악에 나선 명나라는 병부상서 석성(石星)의 보고를 바탕으로 대규모 파병군을 조선에 보냈다. 이때 2차로 조선에 파견된 명나라의 장수는 이여송(李如松, 1549~1598)으로, 그는 약 5만여 명의 기보병을 이끌고 얼어붙은 압록강을 건너 1592년 12월 25일 조선으로 건너왔다.

다음해 1월 7일 평양성을 포위하던 조명 연합군은 드디어 평양성 탈환 전투를 치르게 된다. 이 전투에서 가장 혁혁한 전공을 세웠던 부대는 낙상지(駱尙志)가 이끄는 명나라의 남병(南兵)이었다. 이들은 16세기 후반 척계광(戚繼光, 1528~1588)이 고안한 새로운 무기와 전투대형으로 가장 먼저 평양성에 올라 명나라의 깃발을 꽂았다. 전투현장에 나간 이여송은 전의를 높이고자 물러나는 병사의 목을 직접 베고, 가장 먼저 평양성에 진입한 병사와 지휘관에게는 포상금과 특진을 약속했기에 병사들 또한 죽을힘을 다해 전투에 임했다. 조선 후기 병서인 『병학지남연의(兵學指南演義)』에서는 당시의 전투현장에 대해 이렇게 기록하고 있다.

절강병(남병)이 압록강을 건너왔을 때 이들이 사용하는 방패와 낭선, 장창과 당파의 기예는 우리나라에서 처음 보는 것이었으므로 우리나라 사람들은 모두 명군이 이것을 제대로 운용하지 못할 것으로 의심했다. …… 명군은 곧 장창과 당파를 사용하는 병사들을 동원하여 각기 운용 방식에 따라 사용하였는데, 만약 적이 먼저 돌진해 들어오면 낭선 부대를 집중시켜 대기하고 만약 적이 머뭇거리며 움직이지 않으면 방패수들이 전진하니 적은 크게 패했다.

이 전투를 통해 조선의 군사체제는 대대적인 변혁을 맞게 된다. 임진왜란이 터지고 패배를 연속했던 조선군들에게 이상하게 생긴 무기를 들고 싸우는 명나라 남병의 전투 모습은 그 자체로 충격이었다. 연이은 패배에 선조 또한 큰 위기감을 느끼고, 남병의 전투훈련 서적인 『기효신서』를 비밀리에 구해 병사들에게 보급하기로 했다. 이러한 군사적 충격 덕분에 훈련도감은 포수(砲手, 화약 무기를 다루는 군사)·사수(射手, 활을 다루는 군사)·살수(殺手, 창검을 다루는 군사)의 삼수병 체제로 운영하게 된다. 그러나 활과 총은 단시간 내에 훈련 성과를 거둘 수 있지만, 개인 단병무예인 살수는 좀처럼 훈련의 성과를 얻을 수 없었다. 다급해진 조선군은 왜군 가운데 조선에 투항한 항왜병을 검술 교관으로 삼아 훈련시키기도 하고, 나이가 어린 15세 정도의 아동들을 모아 검술만을 특별히 훈련시키는 아동대를 만드는 등 단병접전 능력을 키고자 온갖 수단을 동원해 병사들을 훈련시켜야만 했다.

이렇게 조선에 보급된 명나라의 진법 중 대표적인 것이 바로 원앙진(鴛鴦陣)이다. 이 진법은 대장 1명에 등패수·낭선수·당파수 각 2명, 장창수 4명, 화병(火兵, 보조병) 1명으로 총 12명이 한 부대로 움직이며 각개 전투를 치렀다. 이 대형을 기본으로 몇 개의 원앙대가 함께 모여 큰 규모의 방진(사각진)을 이루는 등 다양한 단병접전 전술을 구사했다. 종대형의 단독 원앙진은 전투 상황에 따라 두 날개를 펼치듯 움직이는 양의진(兩儀陣), 대장의 엄호 상태를 높이는 삼재진(三才陣)으로의 진법 변형이 가능했다. 원앙진과 그 변형 진법은 전장에서 소수의 인원으로도 전투를 펼칠 수 있어 왜군의 날카로운 창검수들을 제압했다. 원앙진의 기본적인 움직임은, 선두의 등패수를 따라 앞뒤에서 서로 보호하고 방어하며 전진하는 것이다. 교전 시에는 낭선은 등패를 구원하고, 장창으로 낭선을 구원하며, 단병으로 장창을 구하는 방식이었다. 만약 진이 무너지면 해당 오(伍)의 나머지 병사의 목을 모두 잘라버렸는데, 원앙진은 원앙처럼 사이좋게 서로 보호하라는 의미가 담긴 진법이었다.

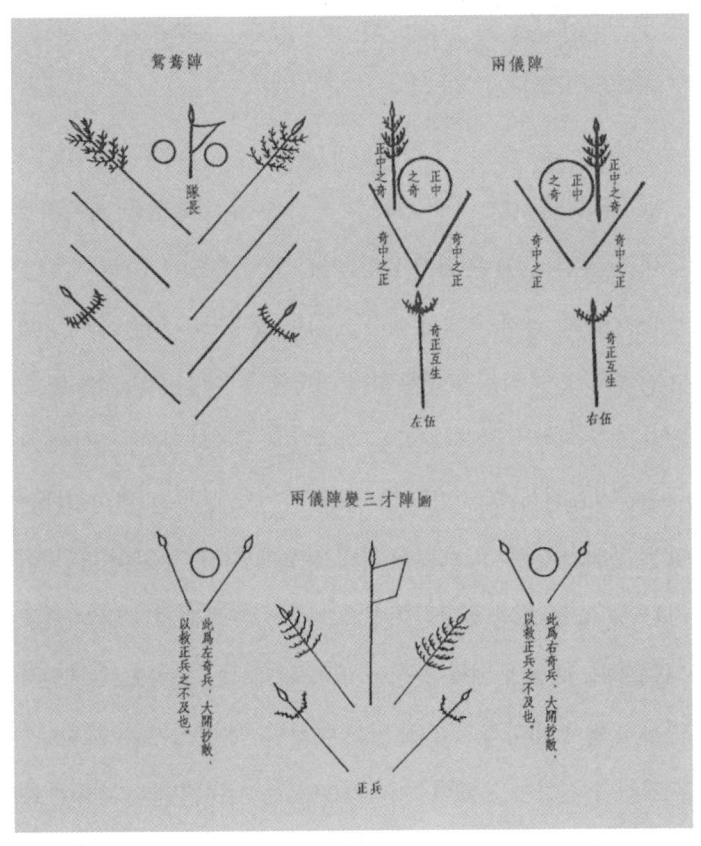

명나라 척계광이 왜구와 전투를 치른 경험으로 지은 『기효신서』에 실린 원앙진 모습. 원앙진과 그 변형 진법은 임진왜란에서 왜군을 물리치는데 효과적이었다. 그림에서 삼각형 깃발은 대장을 상징하고, 원은 둥근 방패, 대나무처럼 뻗은 것은 낭선, 창머리 없이 긴 것은 장창, 창머리에 두 개의 가지가 달린 것은 당파를 나타낸다.

## 급변하는 정세에 맞춘 전술체제의 변화

임진왜란을 거치며 조선은 단병 무예의 중요성을 뼈저리게 느끼고 창검 무예 훈련에 많은 시간을 할애했다. 그러나 급변하는 동북아 정세 속에서 왜라는 적이 물러가자 또다시 북방의 여진족이 조선 국경을 괴롭히기 시작했다. 여진족은 기병을 중심으로 움직이는 공격 전략을 취했기에 임진왜란 때 조선에 보급된 『기효신서』의 보병 체제만을 가지고 전투를 펼치기에는 많은 무리가 따랐다. 이런 혼란의 와중에 역시 '구관이 명관'이라는 듯 조선 초기에 만들어진 『진법』의 훈련체계가 다시 거론되었으며, 보병 무예를 완성한 명의 척계광이 북방으로 부임하면서 기병에 대항하기 위해 만든 서적인 『연병실기(練兵實紀)』를 도입해 훈련하기도 했다. 이 체제에서는 기병뿐만 아니라 수레에 대구경 포를 싣고 다니며 쏘는 전거(戰車)가 전진 배치됐다.

그런데 부족 단위인 여진족의 위협도 잠시일 뿐이었다. 광해군에 이르러 누르하치(Nurhachi, 1559~1626, 재위 1616~1626)가 여진족들을 통합하여 후금(後金, 이후 청)이라는 대제국을 형성하기 시작했다. 조선의 진법 체제는 또다시 혼돈의 나락으로 빠졌다. 보통 여진족은 100명이 안 되는 소수의 기병부대로 편성돼 있었지만, 후금은 적게는 수천에서 많게는 수십만의 기병이 한꺼번에 공격해올 가능성이 충분했기 때문이다. 시대 상황이 변하게 되자 조선은 야전(野戰, 산이나 들 따위의 야외에서 치르는 전투)을 치르는 방식 대신 성을 중심으로 방어하는 수성(守城) 전술로 급선회하게 된다. 문제는 수성 전술에서는 기병과 단병접전을 치르는 살수들의 역할이 현저히 줄어든다는 것이다. 달라진 전술에 따라 기병과 살수에 대한 관심은 줄어들 수밖에 없었고, 성가퀴(성 위에 낮게 쌓은 담)에서 총이나 포를 쏘는 포수들과 사수들이 대폭 증원되면서 조선군은 또다시 전력의 불균형 상태가 되고 말았다. 군사체제는 조화라는 것이 매우 중요한데, 대외 정세에 따라 조선의 장점이었던 기병과 임진왜란을 통해 얻은 살수들까지도 버리는 우를 범하고 만 것이다. 이런 상황에서 대의명분 차원으로 후금과 전투 중인 명나라에 파병 나간 강홍립(姜弘立, 1560~1627)의 조총부대 1만 명이 거대한 평지 지형이었던 심하(深河)에서 후금군 기병의 일제 돌격에 제대로 손쓸 겨를도 없이 돌파당하는 일이 벌어졌다. 물론 당시는 광해군이 실리외교 노선을 펴던 때라 조선군은 그들의 전쟁에 깊이 참여하고자 하지는 않았지만 후금 기병의 파괴력은 조총부대를 압도하기에 충분했다. 결국 조선은 다시 살수와 기병을 훈련시키고 화포를 개량 발전시키는 등 다양한 활로를 모색해야만 했다.

이후 숙종에 이르러서는 앞선 화약 제조기술이 보급되고, 조총 또한 초기 불을 직접 붙여 쏘는 화승총에서 불은 붙이지만 방아쇠로 작동하는 조총이 만들어지는 등 다양한 군사 과학기술이 발전하면서 전장은 또다시 소용돌이치게 된다. 특히 수레에 싣고 다니며 포를 쏘는 방식인 일종의 야포라는 개념의 무기가 전장에 전진 배치되면서 기존의 조밀하게 들어서 적을 기다리고 공격하는 방식의 진법은 조금씩 전장에서 사라지게 된다. 이때 또다시 전장의 전면에 나타나는 것이 바로 돌격 기병이다. 기병은 역시 빠른 돌파력과 보병에 대한 절대적 위치 우세라는 장점을 바탕으로 전장의 또 다른 핵으로 두드러진다.

## 정조, 진법서와 무예서를 만들다

그동안 급변하는 군사적 상황에 따라 임시방편으로 만들어진 여러 가지 진법을 비롯한 군사훈련 체계는 정조에 이르러 비로소 체계화되기 시작한다. 정조는 먼저, 병력이 대규모로 움직이는 진법을 정리해 1785년(정조 9) 『병학통(兵學通)』을 간행토록 했다. 또 자신이 직접 이름을 붙인 『무예도보통지』를 편찬·보급하고, 개개인이 단병접전 무예를 익히도록 했다. 정조는 이 두 권의 병학서가 씨줄과 날줄처럼 잘 엮어진다면 최강의 병사들을 만들 수 있다는 신념을 밝히기도 했다. 이들 병학서는 조선 후기 새로 만들어진 오군영의 체제에서 각 군영 간의 훈련체계와 개인 무예 자세의 통일이라는 큰 뜻을 담고 있다고 해도 과언이 아니다. 또한 두 병학서 모두 임진왜란을 겪으면서 맞닥뜨리게 된 북방과 남방의 적 모두에 대해 효과적으로 방어·공격할 수 있는 기법을 담고 있어서 조선 병학서의 결정체라고 볼 수 있다.

『병학통』은 임진왜란을 겪으며 시급하게 조선에 보급된『기효신서』의 보병 운용체제는 물론, 이후 청과의 전쟁을 치르면서 다시금 인정받은 기병 운용기법과 과학기술의 발달로 더욱 강력해지고 이동하기 쉬워진 화포 등 세 가지를 적절하게 조합하여 조선만의 진법을 구사할 수 있도록 만들어진 것이다. 또한 개인 전투 무예에 있어서도 임진왜란 당시 명나라의 도움을 바탕으로 만든 단병무예서인『무예제보』의 여섯 가지 기예에 세손 시절 열두 가지를 더 보태어 만들어진『무예신보』를 더하고 당시 전장에서 새롭게 부각된 기병의 전투무예 훈련을 위해 여섯 가지의 마상무예를 추가해『무예도보통지』의 무예24기가 완성된 것이다. 이 두 권의 병학서를 통해 조선군들은 다양한 적과 맞서 싸울 수 있는 전투능력을 키웠으나 정조의 급작스런 죽음 이후 이를 보완해가는 병학서 편찬이 좌절되고 세도정치 시기를 거치며 조선군은 제대로 된 군사훈련조차 받지 못하게 되었다.

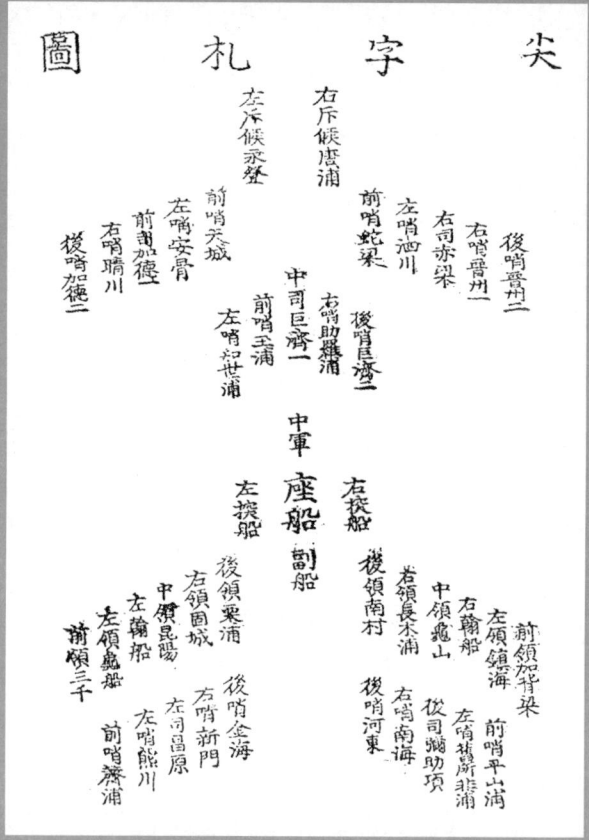

조선 후기 병서인 『병학통』에 실린 수군 진법인 첨자진 모습. 정조는 이 책의 편찬을 지시하면서 보병, 기병, 수군 등 모든 병과에 걸쳐 완벽한 조선의 진법을 만들고 통일했다. 이러한 활동이 조선 말기까지 이어졌다면 조선이 그렇게 허무하게 무너지지 않았을지도 모른다.

다산, 탄금대 전투
신립 장군의 마음을 읽다

　　임진왜란 당시 충주를 방어했던 신립의 패배는 곧 기병의 패배였으며, 조선 진법의 패배를 의미한다. 이미 발 빠르게 서양의 신무기인 조총을 받아들이고 개인의 전투력을 한껏 배가시킨 왜군에게 조선군들은 어쩌면 개국 후 200년 동안 변하지 않은 정체된 군대로 인식되었을 것이다. 비록 탄금대 전투에서 패배하고 장렬하게 최후를 마쳤지만, 신립에 대한 애증은 후세들에게 비슷했을 것이다. 정조 시대 새로운 전법으로 무장한 조선군들을 익히 보아왔던 정약용(丁若鏞, 1762~1836)은 「탄금대를 지나면서」라는 시를 한 수 지어 당시 상황을 한탄하기도 했다. 특히 그는 탄금대에 배수진을 치고 언월진(偃月陣, 초승달 모양으로 양 옆 중에서 한쪽은 조금 길고, 한쪽은 약간 짧고, 중앙은 조금 깊게 들어간 형태의 진)을 펼치지 말고, 충주성에 머물며 수성전(守城戰)을 펼쳤더라면 그토록 허무하게 죽지 않았을 것이라며, 중국 한나라의 회음후 한신(韓信, ?~BC196)이 정형(井陘)을 지략으로 빼앗은 고사를 담아 탄금대 전투에 대한 그의 의견을 시로 적어 놓았다.

## 탄금대를 지나면서 [過彈琴臺]

| | |
|---|---|
| 험준한 재 모두 지나 대지가 확 열리더니 | 嶺隘度盡地坼開 |
| 강 복판에 불쑥 탄금대가 달려 나왔네 | 江心湧出彈琴臺 |
| 신립을 일으키어 얘기나 좀 해봤으면 | 欲起申砬與論事 |
| 어찌하여 문을 열고 적을 받아들였는가 | 啓門納寇奚爲哉 |
| 회음이 만약 성안 위치에 있었던들 | 淮陰若在成安處 |
| 적치가 무슨 수로 정형을 통과했으리 | 赤幟豈過井陘來 |
| 그때 우리는 조였으면서 한이 쓰던 꾀를 썼으니 | 我方爲趙計用漢 |
| 뱃전에 표했다가 칼 찾으러 나선 바보로세 | 鍥舟索劍眞不才 |
| 대장기 휘둘러 물 가리키며 물로 뛰어들었으니 | 麾旗指水入水去 |
| 목숨 바쳐 싸운 군사들이 그 얼마나 가련한가 | 萬夫用命良可哀 |
| 지금도 밤이면 도깨비불이 푸른빛으로 일렁이니 | 至今燐火夜深碧 |
| 나그네들 간담을 섬뜩하게 만든다네 | 空使行人肝膽摧 |

◆ 『다산시문집』 제4권

## 3장

# 조선의 특수부대와
# 비밀병기

조선 최고의 특수부대로 진정 왕을 위한, 새로운 세상을 위한 군대였던 장용영은 그렇게 정조가 승하한 지 2년이 못 되어 역사 속으로 사라져버렸다. 만약 정조가 자신의 뜻을 제대로 펼치고 안정적으로 순조가 즉위했다면 장용영의 미래는 완전히 달라졌을지도 모른다. 더 나아가 이후 나약한 조선 역사 또한 완전히 다른 국면을 맞았을지도 모를 일이다.

# 조선 최고의 특수부대 장용영

텔레비전 드라마에서 인기를 끄는 소재는 단연 역사물이다. 그중에서도 고구려를 다룬 드라마는 최고의 시청률을 자랑하고 있다. 텔레비전 드라마가 고구려라는 시기에 주목했다면 서점가에서는 조선 후기 정조 시대를 중심으로 꽤 오랫동안 관심을 끌고 있다.

왜 정조일까? 정조 집권기에 펼쳐진 문예부흥 운동은 조선을 문화적으로 가장 풍요롭게 만들었다. 그래서인지 사람들의 관심이 그 시대를 이끌었던 정조는 물론이고 당대에 이름을 떨쳤던 정약용을 비롯한 실학자들이나 김홍도(金弘道, 1745~?), 신윤복(申潤福, 1758~?), 최북(崔北, 생몰년 미상)과 같은 화공들에게까지 이어지며 18세기 조선의 많은 부분이 조명을 받고 있다.

정조 시대에 대한 이러한 열풍을 보면서 무예사를 전공한 나로서 느끼는 한 가지 아쉬움이 있다면, 이러한 관심이 주로 문(文)이나 예(藝)에 치우쳐 있다는 점이다. 새가 좌우의 날개로 날듯, 문의 대칭은 바로 무(武)이다. 이런 점에서 정조 시대를 함께 살아간 무인들의 삶도 충분히 새겨볼 만한 일이다. 그중에서도 정조가 새로운 세상을 꿈꾸며 만든 조선 최고의 정예부대 '장용영(壯勇營)'은 특히 주목할 만하다. 지금의 특수부대 못지않은 실력으로 왕을 호위했던 장용영에 얽힌 이야기 또한 당대를 이해하는 좋은 통로가 될 수 있다는 것이다. 장용영은 말 그대로 '정조의 정조를 위한 정조에 의한' 국왕 친위부대이며, 더 나아가 정조의 민생개혁 의지를 뒷받침한 최강의 군사조직이었다.

## 장용영의 탄생과 정조의 삶

인간으로 태어나 가장 슬픈 일은 아마도 가까운 사람의 죽음을 지켜보는 일일 것이다. 특히 사랑하는 가족의 죽음은 그 자

정조. 요즘 정조가 사극이나 서점가에서 주목받고 있다. 정조 집권기에 펼쳐진 문예 부흥 운동은 조선을 문화적으로 가장 풍요롭게 만들었다. 당시의 문예뿐만 아니라 무예에 있어서도 주목할 만하다. 정조가 만든 국왕 친위부대인 장용영은 그가 새로운 세상을 꿈꾸며 만든 조선 최고의 정예부대이다.

체로 삶의 의미를 다시 생각하게 할 정도로 큰 사건이다. 그런데 정조는 불과 열한 살의 어린 나이에 자신의 아버지(사도세자)가 뒤주 속에 갇혀 죽는 모습을 그저 넋 놓고 지켜봐야만 했다. 게다가 자신의 아비를 죽인 원흉들인 홍인한(洪麟漢, 1722~1776)을 비롯한 노론 척신들에 의해 자신의 목숨마저도 위태로운 상황이었다. 어린 정조는 아버지를 잃은 슬픔을 제대로 드러내지도 못하고 그 모든 아픔을 속으로 삭여야만 했다.

악몽 같은 10대를 보낸 정조는 스스로 뭔가 할 수 있는 날을 숨죽여 기다렸다. 그러나 그의 나이 스물셋 되던 해에는 이른바 '동궁삼불필지설(東宮三不必知之設, 세손은 세 가지 일을 알 필요가 없다.)' 이 혈기에 찬 정조를 정면에서 찍어 누르기 시작했다. 즉, 세손이 나랏일의 핵심을 아느냐는 영조의 물음에 홍인한은 "동궁은 노론·소론에 대해서 알 필요가 없고, 병조판서와 이조판서에 대해서도 알 필요가 없습니다. 나아가 조정 일에 대해서는 더욱 알 필요가 없습니다"라고 답했던 것이다. 홍인한은 세손의 권위를 전면적으로 부정하고 더 나아가 세손의 지위를 박탈하려는 주장을 영조 앞에서 버젓이 행한 것이다.

다행히 이날의 일은 서명선(徐命善, 1728~1791)을 비롯한 정조의 친위 세력에 의해 덮어졌다. 그리고 세손에게 대리청정 의식이 행해진 지 석 달 만에 영조가 승하함으로써 정조는 드디어 왕위에 오를 수 있었다. 그러나 이미 긴 세월 동안 다져진 기득권 세력은 정조를 결코 왕으로 모실 수 없었다. 정조 또한 그들이 편안하게 생을 마감하도록 가만둘 수 없었다. 그들은 아비를 죽인 원수들이었기 때문이다. 온갖 설움을 딛고 숭정문(崇政門)에서 즉위하던 날, 정조는 대신들에게 다음과 같은 말을 가장 먼저 전했다.

아, 과인은 사도세자의 아들이다. 선대왕께서 종통(宗統)의 막중함을 위하여 나에게 효장세자(孝章世子)의 뒤를 이으라고 명하셨다.

◆『일성록(日省錄)』, 정조 즉위년 3월 10일

정조는 자신이 억울하게 뒤주에 갇혀 죽은 사도세자의 아들이라는, 엄청난 피바람을 일으킬 화두를 대신들에게 전했던 것이다. 그러나 정조가 자신의 뜻을 펼치려면 시간이 좀더 필요했다. 비록 왕위에는 올랐지만 그에게는 아무런 힘이 없었기 때문이다. 조선 후기 중앙 군영인 오군영(五軍營)의 대장들은 이미 척신들과 혼인 관계를 맺고 있었다. 이들은 강력한 세력을 유지한 채 병조판서를 무시하며 정조에게 대항하고 있었다. 특히 군영대장 자리에는 구선복(具善復, ?~1786)이 버티고 있었다. 그는 사도세자의 죽음을 지켜보며 비열한 웃음을 날렸던 인물로 정조가 그의 일기인 『존현각일기(尊賢閣日記)』에서 "찢어 죽이고 싶다"며 이를 갈았던 인물이기도 했다. 그가 군영대장으로 남아 있는 한 정조는 쉽게 움직일 수 없었다. 왜냐하면 조선 전기의 오위(五衛) 체제에서는 병조판서를 중심으로 강력한 왕권이 형성되었지만, 조선 후기의 오군영은 군영대장에게 독자적인 작전권이 있어서 병조판서의 힘은 약화될 수밖에 없었던 것이다.

정조와 척신들의 팽팽한 힘겨루기가 진행되는 가운데 직접적인 선제공격은 척신들에 의해 이뤄졌다. 그들은 임금의 처소까지 자객을 잠입시키는 '존현각(尊賢閣) 침입 사건'을 벌였다. 다행히 정조를 호위하던 무관에게 발각되어 암살은 실패했지만 정조는 이를 계기로 삼아 그동안 감춰뒀던 복수의 칼에 드디어 피를 묻힌다. 그리고 정조는 썩어버린 오군영을 버리고 진정 자신만의 군대, 참세상을 열 수 있는 정예 군사들의 필요성을 절감하게 된다.

1785년 7월, 정조는 드디어 훈련도감의 최정에 무사들을 뽑아 장용위(壯勇衛)라는 국왕 경호부대를 창설하게 된다. 정조는 처음 30명으로 이루어진 부대의 규모를 50명으로 늘려가다가, 2년 뒤엔 약 200명으로 확대하고 부대 이름도 장용영의 전신인 장용청(壯勇廳)으로 바꾸었다. 1788년 정조는 기존의 오군영을 감싸던 척신들의 불만을 뒤로하고 장용청을 확대 개편해 드디어 한 개의 단독 군영인 장용영을 탄생시켰다. 당시 장용영은 임진왜란 때 활약한 척계광의 전법을 기본으로 5사(司)에 25개 초(哨)를 두었는데 그중 핵심인 중사 5개 초는 서울에 머물게 하고 나머지는 수원, 용인, 가평, 파주 등에 분산 배치했다. 정조의 개혁이 드디어 강력한 힘을 얻게 된 것이다.

## 끊임없는 훈련, 오직 실력으로 승부한다

장용영에 뽑힌 병사들은 오직 실력으로 그곳에서 살아남아야 했다. 장용영에는 정조의 새 세상에 대한 의지와 정성이 담겨 있었기 때문이다. 장용영의 병사들은 기존의 오군영 병사들이 받았던 것보다 몇 배나 더 혹독한 훈련을 받으며 특수부대의 위용을 갖춰나갔다. 장용영 병사들이 익혔던 기본 무예는 원기(元技)라 해 화포, 조총, 활쏘기였으며 이외에 별기(別技)인 창검 무예를 따로 익혔다. 또 장용영의 정예 기병인 선기대는 좌초와 우초로 나눠 좌초는 말 위에서 재주를 부리며 적을 기만하는 마상재를 훈련하고, 우초는 별기인 기창·마상쌍검·마상월도 등 실전에서 적의 예봉을 꺾는 기예를 훈련했다. 이러한 훈련은 대부분 정조의 어명으로 편찬된 개인 전투무예서인 『무예도보통지』에 실린 무예24기를 중심으로 이뤄졌다. 특히 한자를 모르는 병사들을 위하여 언해본을 따로 만들어 보급했기에 당시엔 누구나 『무예도보통지』를 옆구리에 끼고 수련했을 정도였다.

이 중 보군(步軍)은 능기군(能技軍)과 십팔기군(十八技軍)으로 구분했는데, 일 년에 네 번 시험을 봐서 실력이 떨어지고 게으른 병사들은 십팔기군으로 강등시키고 성적이 우수한 자는 능기군으로 뽑았다. 그리고 선발된 능기군 중에서도 무예 실력이 뛰어난 병사들에게는 특별히 번직을 줄여주고, 급료를 높여주며 실력으로 승부하는 곳이 장용영이라는 인식을 심어주었다. 당시 그들의 훈련 내용을 자세히 살펴보면 거의 매일같이 훈련이 있었다는 것을 짐작할 수 있다. 예를 들면 매월 한 차례 단체 진법 훈련을 했고, 사흘마다 열두 명 단위인 대(隊)를 중심으로 돌아가며 활, 조총, 창검 무예를 익혀야 했다. 또 부대를 지휘하는 초관급 이상의 장관(將官, 조선 후기의 군직)들은 단체로 모여 한 달에 세 번씩 활쏘기 시험을 보아야 했으며, 장교인 지구관이나 교련관은 한 달에 두 번씩 진법을 강론하게 했다.

역사적 상상력을 조금 보태 무예시험을 봤던 정조 시대 어느 하루로 돌아가 보자. 1788년(정조 12) 9월 3일에도 무예시험이 펼쳐졌다. 보통 춘당대에서 보던 시험을 이날은 정조가 특별히 외국 사신들이 머무는 모화관으로 옮겨 서총대 시사라는 이름으로 시험을 보게 했다. 기록을 살펴보면 이날 최고의 성적을

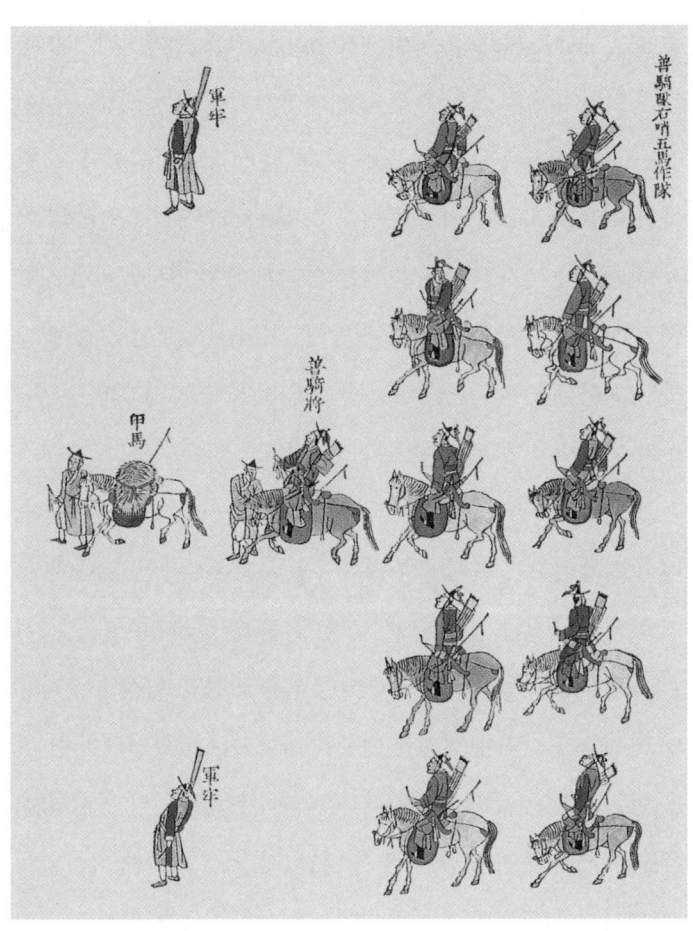

〈화성능행도〉 가운데 장용영 선기장의 모습. 뒤주에 갇혀 억울하게 죽은 아버지 사도세자를 찾아가는 길에는 친위군 장용영이 늘 함께했다. 정조 스스로도 황금갑주를 입고 능행길에 올랐기에 장용영의 사기는 높을 수밖에 없었다. 특히 장용영 선기대는 조선 최고의 기병대라 할 만하다.

올렸던 사람은 바로 장용영 선기장(선기대의 대장) 박성적이었다. 그는 이날 바람처럼 말을 달리며 마상쌍검을 펼쳐 상중(上中)이라는 성적을 받고 무명 한 필과 베 한 필을 상으로 받았다. 그날 아침 여러 장교들과 시험 준비를 하던 박성적은 '장용(將勇)'이라는 글자가 새겨진 작은 수기를 허리에 차고 병사들에게 시험에 앞서 정신무장을 시키고 있었다. 거의 매일같이 훈련에 임하느라 병사들에게 특별히 전할 것이 없었지만, 황색의 수기를 번쩍 들어 올리며 그는 이렇게 말했다.

"오늘은 특별히 우리 장관들만 서울에 시험을 보러 가지만, 너희도 열심히 수련해서 무예실력을 키워나간다면 곧 나와 함께 상께서 계시는 서총대에서 시험을 볼 수 있을 것이다."

그를 따르던 병사들은 일제히 함성을 질렀고, 박성적은 장용영 병사들의 가슴에 새겨진 이름표 하나하나를 확인하며 한 걸음 한 걸음 나아갔다. 병사들의 사열이 끝날 즈음 한 병사의 이름표가 고된 훈련에 반쯤 찢겨 나간 것을 보고 그는 가차없이 그 병사의 정강이를 걷어차며 "장용영의 병사가 되어 자신의 복장을 확인하는 것은 기본이다"라고 꾸짖었다. 그가 신었던 신발은 목화로 전투 때에 발을 보호하도록 신발 바닥이 나무로 되어 있어 그 발에 걷어차이면 고통이 요즘 군화 못지않았을 것이다. 당시 장용영의 규율은 요즘의 해병대나 공수부대를 능가할 정도로 대단했다. 근무 중에 엄한 것은 물론 근무가 끝나고서도 술을 먹고 행패를 부리거나 도적질을 할 때는 누구든지 엄한 처벌을 받아야만 했다.

그때도 요즘 군대처럼 행동강령이 있었는데, 그중 몇 가지를 살펴보면 다음과 같다. 군사기밀을 절대 노출하지 말 것, 함부로 백성들에게 곡물이나 돈을 수탈하지 말 것, 서로 간에 절대 싸우지 말 것, 남의 군장을 빌려 사용하지 말 것, 거리에서 술주정하지 말 것 등 장용영 병사로서 품위를 지키는 것을 생명으로 삼았다. 이런 상황이었으니, 선기장 박성적이 화를 내지 않을 수 없었으리라.

그러나 이내 박성적은 발로 걷어찬 병사를 일으켜 세우며, 앞으로 더욱 열심히 하라고 어깨를 다독거렸다. 이때 그 병사는 "3사(司) 5초(哨) 4기(旗) 2대(隊) 병사 김막돌, 열심히 하겠습니다. 부디 좋은 성적 거두십시오"라고 하며 그의 마음을 기쁘게 해주었다. 박성적은 이런 사기를 뒤로하고 말에 올라타 서울로 향했다. 모화관에 당도한 그는 아침에 있었던 일이 마음에 걸렸는지, 최고의 성적인 상상(上上)에서 한 개가 모자란 상중이라는 성적으로 시험을 마쳤다.

여기에 소개된 작은 일화는 실제로 있을 법한 이야기를 정조시대에 사용한 복장이나 군기 등을 소재로 삼아 전개한 것이다. 이처럼 계급이 낮은 병사들뿐만 아니라 병사들을 지도하는 장관 이상의 지휘관들도 실제 무예 훈련을 게을리하지 않았던 곳이 바로 장용영이다.

이러한 병사 개개인의 무예 훈련뿐만 아니라 단체로 펼치는 진법 훈련에서도 장용영은 최고의 실력을 보여주었다. 특히 정조는 당시 중앙 군영인 훈련도감, 어영청, 금위영 등과 장용영을 한데 모아 합동 군사훈련을 시키기도 했는데, 각 군영대장이 다른 군영을 지휘해보도록 해서 장용영 병사들의 능력을 다른 군영 대장들에게 확실히 인식시켜 줬다. 보통 진법은 넓은 공간이 필요했는데, 한강의 노량진을 비롯한 모래사장은 최고의 훈련장으로 손색이 없었다. 노량진에 모인 장용영 병사들은 장관의 수기에 맞춰 일사불란하게 움직여 예진, 곡진, 방진, 직진, 봉둔진 등 다양한 진법을 정조 앞에서 펼쳐보였다. 또한 기마병인 선기대의 경우는 특별히 학익진(鶴翼陣)과 봉둔진(蜂屯陣)을 중심으로 훈련했으며 보병과의 연합 진법인 오행진(五行陣), 현무진(玄武陣) 그리고 가장 화려한 육화진(六花陣) 등을 익혔다. 이런 대규모 연합진을 정조 시대에는 의무적으로 매월 10일마다 익혔으니 그들의 전술 감각은 당대 최고였을 것이다.

『정조실록(正祖實錄)』에 실린 장용영 병사들의 훈련 모습을 살펴보면 다음과 같다.

장용영의 기병 1초(哨)와 초군 7초를 좌우로 나누어 춘당대 아래 배치하고 장용위(壯勇衛)는 어가의 전후에 시위하고 깃대와

정조가 화성에 있는 아버지 사도세자의 능을 참배하고 배다리(舟橋)로 한강을 건너 서울로 돌아오는 모습을 그린 〈노량주교도섭도(鷺梁舟橋渡涉圖)〉의 일부분. 이때 정조는 황금갑주를 입고 친위군인 장용영 병사를 직접 이끌어 숙적인 노론에게 강력한 군주임을 과시했다. 이 그림은 장용영 기병부대인 선기대가 오마작대(五馬作隊) 대열로 배다리를 건너는 모습이다.

북을 벌여놓았다. 어가가 나아갈 때 포성을 울리고 천아성(天鵝聲)을 불며, 배치된 병사는 다 같이 세 번 탄환을 쏘았는데, 포성이 세 번 나자 요란하게 취타(吹打)를 울렸다. 어가가 작문(作門)으로 나가자 포를 쏘고 천아성을 불며 배치된 병사는 깃대를 올렸다 내렸다 하면서 고함치기를 모두 세 차례 하였다. …… 장용위(壯勇衛)와 무예청(武藝廳)의 병사가 사면에서 충돌하다가 철수한 다음, 경군(京軍) 3초는 중앙에서 육화진(六花陣)을 치고 향군(鄕軍) 2초는 좌측에서 예진(銳陣)을 치고 아병(牙兵)은 우측에서 원진(圓陣)을 쳤다. 좌측 대열 장용위는 예진을 추격하고 우측 대열 장용위는 원진을 추격하며 무예청은 육화진과 충돌하다가 철수한 다음, 병방(兵房)으로 하여금 경군(京軍) 1초를 거느리고 단 앞에 나아가 방진(方陣)을 치게 하고, 장용위와 난후군(欄後軍)으로 앞길을 막고 구원의 길을 끊었다. 무예청은 충돌하면서 단 아래에 가서 각 진의 구원병과 앞길을 막는 장용위와 서로 추격한 후 각각 본래의 위치로 돌아갔다. 군영이 철수하여 자기의 위치로 돌아간 후 훈련을 마쳤다는 인사를 하고 해산하였다. 깃발을 내렸다.

이렇듯 자신의 눈앞에서 신세계를 건설할 병사들이 정교한 훈련을 펼치는 모습을 보고 정조는 아마도 기쁨의 눈물을 흘렸을지도 모른다. 특히 수원 화성을 완성하고 아버지 사도세자의

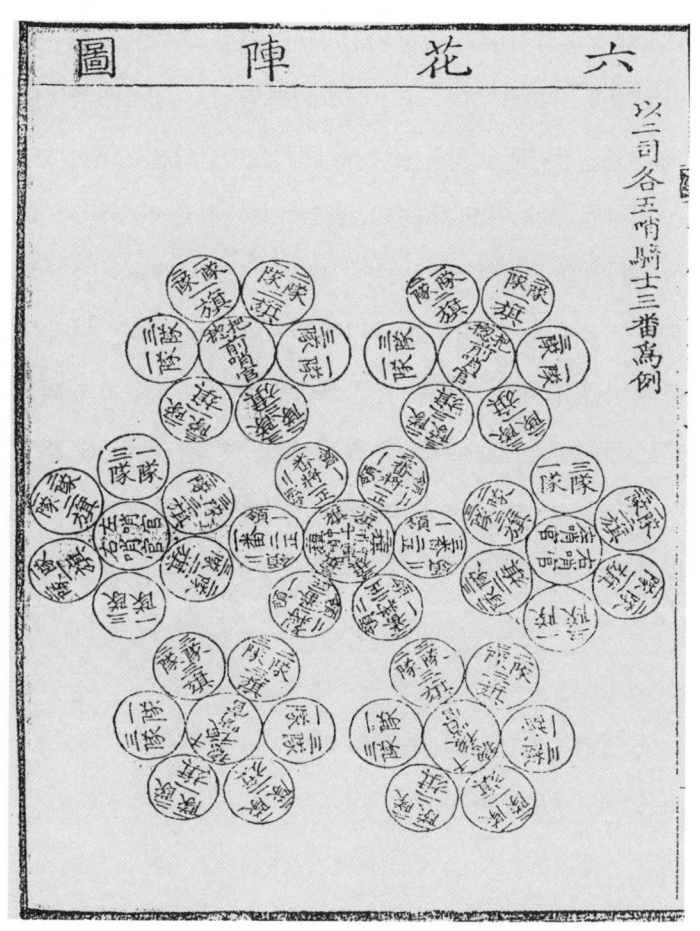

정조의 지시로 편찬한 『병학통』에 실린 육화진법. 육화진은 군영대장이 지휘하는 중앙의 병사를 중심으로 꽃잎처럼 방어선을 짜며 공격 신호에 따라 좌초 혹은 우초가 전면 돌파 공격을 하고 그 뒤 후초가 적의 후방을 기습하거나 포위하는 전략을 취한다.

묘소에 참배하러 와서 펼친 야간 군사훈련은 그 자체로 척신들의 간담을 서늘케 했다. 그러나 그 기쁨도 잠시, 정조는 1800년 5월 30일, 강력해진 장용영의 군세를 믿고 남인을 중용하겠다는 취지의 '오회연교(五晦筵敎)' 발언하고서 불과 한 달이 못 되어 급서하고 말았다. 이 발언은 '부친인 사도세자를 죽인 노론을 결코 용서할 수 없다'는 강력한 의지의 표현이었다. 이제 노론의 나라가 아닌 백성을 위한 나라를 만들겠다고 두 주먹을 불끈 쥔 정조는 제대로 뜻을 펼치지도 못한 채 그해 6월 28일 어린 순조(純祖, 1790~1834, 재위 1800~1834)만을 세상에 남기고 덧없이 떠났다.

## 정조의 죽음 그리고 장용영의 해체

열한 살의 나이에 보위에 오른 순조에게 장용영은 어린 왕을 지킬 수 있었던 유일한 힘이었다. 그러나 정순왕후(貞純王后, 1745~1805)의 수렴청정이 시작되면서 조선 최고의 정예부대 장용영은 이제 더는 존재해서는 안 될 군사조직으로 낙인찍혀 버렸다. 이때만 해도 장용영은 화성에 둔전(屯田, 군대의 식량을 마련하기 위해 설치한 토지)을 경영해서 상당한 자체 재력이 있었고, 다른 어느 군영 못지않게 조직적인 훈련을 계속하고 있었다. 그러나 정조가 없는 장용영은 끈 떨어진 허수아비 인형에 불과했다. 장용영이 아무리 스스로를 지키려고 해도, 정순왕후를 비롯한 척신들은 오직 장용영의 해체 그 한마음으로 똘똘 뭉쳐 공격했다. 그렇다고 장용영을 해체하는 일이 쉽지만은 않았다. 이미 최강의 군사력을 보유한 장용영이었기에 만약 반란을 일으키면 엄청난 일이 벌어질 수도 있었다. 정순왕후는 조심스레 장용영을 압박하기 시작했다.

정순왕후는 먼저 재정 붕괴 작전을 펼쳤다. 다시 말해 유급 병사들을 보유하지 못하도록 군영의 재정에 압박을 가했다. 정순왕후는 정조의 국장을 위해 설치한 국장도감의 경비와 호조 재정의 부족분을 장용영에 떠넘기고, 1801년의 사노비 혁파에 따른 엄청난 재정을 모조리 장용영이 부담하도록 했다. 이렇게 재정력을 상실한 장용영은 조금씩 힘을 잃어갔고, 급기야 영의정 심환지(沈煥之, 1730~1802)의 '장용영 혁파 상소'라는 결정타를 맞으며 산산조각이 나고 말았다. 장용영의 병사들은 뿔뿔이 흩어져 기존의 오군영에 배속되었으며 그나마 남은 장용영의 재정은 잘게 쪼개져 각 군영과 병조 그리고 경기도에 환수당했다.

조선 최고의 특수부대로 진정 왕을 위한, 새로운 세상을 위한 군대였던 장용영은 그렇게 정조가 승하한 지 2년이 못 되어 역사 속으로 사라져버렸다. 역사 이야기에 가정법을 쓰는 게

부질없는 일이기는 하지만, 만약 정조가 단 몇 년이라도 더 살았더라면 하는 생각을 떨쳐버릴 수가 없다. 정조가 자신의 뜻을 제대로 펼치고 안정적으로 순조가 즉위했다면 장용영의 미래는 완전히 달라졌을지도 모른다. 더 나아가 이후 나약한 조선 역사 또한 완전히 다른 국면을 맞았을지도 모를 일이다.

# 착호군
## 호랑이도 잡고 사람도 잡은

"옛날 어린이들은 호환, 마마, 전쟁 등이 가장 무서운 재앙이었으나……"로 시작되는 비디오테이프 광고를 기억하는 분들이 많을 것이다. 지금이야 마마(천연두)는 연구용으로만 남아 있고 호랑이도 동물원에서나 볼 수 있지만, 과거 사람들에게 호환(虎患, 호랑이에게 물려감)과 마마는 언제 덮칠지 모르는 엄청난 공포였다. 마마는 전염성과 사망률이 높아서 그렇다 쳐도 호랑이는 왜 공포의 대상이 되었을까? 지금은 상상도 할 수 없는 일이지만, 과거에는 깊은 산중뿐만 아니라 번화한 도성에서도 때

때로 호랑이와 마주치곤 했다. 한 마을에 '호랑이가 나타났다'는 말이 퍼지면 사람들은 아예 바깥출입도 못할 정도였다. 심지어 궁궐 안에까지 호랑이가 출몰해 국왕 시위군이 급히 출동하는 일도 일어나곤 했다. 상황이 이렇다 보니 옛 사람들에게 호랑이는 일상적인 공포의 대상이었다.

이런 호랑이로부터의 피해를 줄이고자 조선시대에는 착호갑사를 비롯한 호랑이를 전문적으로 잡는 군사들이 있었다. 그들이 바로 착호군(捉虎軍)이다. 착호군은 무사들 중에서도 무예 실력이 뛰어나고 용맹한 사람들로 구성된 일종의 특수부대였다. 그들의 호랑이 사냥 실력은 단연 최고였다. 착호군은 호랑이가 출몰했다는 소식이 들리면 '5분 대기조'처럼 바로 출동해, 호랑이의 발자국을 추적하며 끝까지 몰아붙여 사냥하고 나서 위세를 부리며 도성에 입성하곤 했다.

착호군의 이런 맹활약에도 불구하고 백성들에게는 그들이 그저 고마운 존재만은 아니었다. 고맙기는커녕 힘든 고통을 안겨줄 때가 더 많았다. 착호군은 한번 출동하면 호랑이를 잡을 때까지 며칠 동안 여기저기 추적하면서 이동했다. 착호군이 도착한 마을에서는 그들을 위해 아낌없이 지원해야 했다. 이 때문에 착호군은 호랑이 잡는 군사가 아니라 백성 잡는 군사라는 말이 나돌 정도였다.

조선시대 민화에는 깜찍하게 생긴 호랑이가 종종 등장한다. 어쩌면 조금 바보스럽고 해학적인 모습인데 진짜 호랑이가 공포의 대상이었기에 거꾸로 우스꽝스럽게 표현했는지도 모른다.

## 착호군, 그들은 누구인가

조선 전기 군역자들 중 가장 높은 신분은 갑사(甲士)였다. 당시에는 똑같은 병사들일지라도 갑사, 정병(正兵), 대졸(隊卒), 팽배(彭排)의 순으로 신분적인 차이가 존재했다. 그중 의흥위(義興衛)에 소속된 군인인 갑사는 국토방위의 핵심을 맡았다. 갑사는 궁궐을 수비하는 내갑사와 궁궐 밖을 지키는 외갑사, 평안도·함경도에서 변경 수비를 담당하는 양계갑사(兩界甲士), 그리고 호랑이를 잡는 착호갑사로 구성되었다. 이 중에서 착호갑사는 그 수가 엄격히 제한되었는데, 태종 때 임시로 만든 부대가 조금씩 확대되어 세종 때 처음으로 40명을 기준으로 하는 정규부대로 인정받았다. 이후 성종(成宗, 1457~1494) 때에는 갑사 1800명 중 착호갑사를 440명이나 뽑으며 인원을 대폭 늘려 명실 공히 조선 최고의 호랑이 전문 사냥부대로 거듭나게 되었다. 호랑이의 피해가 전국적으로 발생하자 지방에서도 착호갑사를 뽑으며 이때부터 착호갑사는 착호장(捉虎將)이 이끄는 착호군으로 불렸다.

착호군은 임금이 도성을 벗어나 원행 길에 오를 때면 반드시 동행해 어가 행렬의 중간과 앞에 나누어 배치되어 최측근 거리에서 임금을 모시기도 했다. 또한 착호군은 새로 뽑히더라도 고참들과 활쏘기나 창 겨루기를 통과해야만 정식으로 인정받았기에 그들의 자부심은 상상을 초월했다.

착호군은 그 수가 적었던 만큼 특권의식도 상당했다. 그들은 번직을 서는 날이 아닌 때에는 도성 거리를 활보하며 자신이 착호군이라는 것을 으스대거나 행패를 부리기 일쑤였다. 한량들이 자신들을 착호군이라 속이고 지방 관아에서 군마(軍馬)를 빌려 호랑이 사냥을 나선 일도 있었다. 결국 거짓말이 들통나 한량들은 곤장을 맞고 말을 빌려준 관리는 관직에서 쫓겨났다. 보통 군마를 빌려줄 때에는 그가 누구든지 병조에 문서를 보내 확인해야 했다. 그러나 이 사건은 착호군이라는 이름만으로도 그 모든 것이 일사천리로 해결되었음을 보여준다.

착호군들이 이 같은 위세를 부린 데에는 무엇보다 포상이 한몫했다. 일반 병사들은 전투에서 공을 세우거나 훈련의 모범을 보여야만 포상을 받을 수 있었다. 이 때문에 전투나 훈련이 없으면 아예 포상을 받지 못했다. 그러나 착호군은 호랑이를 몇 마리 잡고 누가 첫 번째 화살을 날렸는지를 따지는 식으로 포상 규정이 명확했기에 늘 최고의 대접을 받았다. 당시 착호군들이 받았던 포상 규정을 『만기요람(萬機要覽)』을 통해 살펴보면 다음과 같다.

(담당하는 지역 안에서) 호랑이를 잡으면 군을 영솔한 장과 범을

잡은 장은 석새삼베[三升布] 4필·무명 4필·삼베와 모시[苧]가 4필씩이며, 먼저 발사한 포수는 석새삼베와 모시가 각 2필씩이며, 두 번째 또는 세 번째로 발사한 포수는 모시 1필·삼베 2필이다. 중호(中虎)를 잡으면 군을 영솔한 장과 범을 잡은 장은 모두 석새삼베 4필·무명과 삼베가 각 2필씩이며, 먼저 발사한 포수는 석새삼베·무명·삼베·모시가 각 1필씩이며, 두 번째로 발사한 포수는 먼저 발사한 자와 같은데 삼베만 없으며, 세 번째로 발사한 포수는 삼베·모시가 각 1필씩이다. 한 번 사냥에 세 마리를 잡은 자에게는 당해 장교는 상주하여 시상을 행한다.

이처럼 호랑이를 전문적으로 사냥한 착호군들은 호랑이도 잡고, 포상도 받는 일석이조의 혜택을 누렸다. 물론 위의 내용은 총이 보편화된 조선 후기의 사료라서 총을 쏘는 기준으로 포상이 내려졌지만, 활이나 창을 이용했던 조선 전기에는 화살이나 창의 순서에 따라 포상이 달라지기도 했다. 일반 백성이 호랑이를 잡다 바칠 때도 무명과 삼베로 시상했고, 군역과 연결된 자는 한 등급을 올려주기도 했다. 특히 조선 후기 들어 신분체제가 붕괴되기 시작하면서 호랑이를 잡은 노비는 천역(賤役)을 면제해주고, 병사는 신역(身役)을 면제해줄 정도로 포상이 후해서 너도나도 호랑이를 잡으러 산으로 들어가기 일쑤였다. 그러나 호랑이 사냥은 누구나 할 수 있는 것은 결코 아니었다. 산중의 왕이라는 호랑이를 잡는 일은 그 누구보다 용맹스럽고 출중한 무예실력을 갖춰야만 가능했기에 호랑이 추적이 주임무인 착호군들의 일상은 늘 전투나 다름없었다.

## 잡으라는 호랑이는 안 잡고 백성을 잡다

조선시대 백성들에게 가장 큰 고통을 주었던 것은 역시 삼정〔三政, 전정(田政)·군정(軍政)·환곡(還穀, 양곡대여)〕의 문란이었다. 이는 단순히 돈이나 포로 그치는 것이 아니라 신역(身役)이라 하여 노동력까지 바쳐야 하는 일이었다. 여기에 호랑이가 많이 출몰하는 지역의 백성들은 착호군관(捉虎軍官)의 관보(官保)라는 명목으로 특수한 의무가 더해졌다. 다른 세금을 내기에도 허리가 휠 지경인데, 호랑이를 잡는다고 특별한 보(保)를 만들면서 역(役)이 동시에 겹치는 일이 자주 발생했기에 백성들의 원망은 하늘을 찌를 지경이었다. 예를 들면 성곽을 쌓는 일에 동원되었던 백성이 축성역을 마치자마자 호랑이몰이에 또다시 끌려가 온 산을 헤집고 다녀야 했던 것이다.

호랑이 사냥은 구렵군(驅獵軍)이라 불리는 몰이 하는 병사와 백성들이 징과 북을 치고 에워싸서 빠른 호랑이를 몰아야 했기에 일반 사냥보다 훨씬 많은 백성들이 강제 동원되었다. 더욱이 사냥 도중 호랑이가 몰이꾼 사이로 도망가면서 물리기도 하고, 빗나간 화살이나 탄환이 백성들에게 쏟아져 헛되이 목숨을 잃기도 했다. 이런 호랑이 사냥에는 백성들뿐만 아니라 집에서 기르던 개들도 동원되었다. 산속에 묶여 호랑이가 있는지 없는지 시험하는 도구가 된 개들은 졸지에 먹잇감이 되기도 했다. 호랑이 사냥은 일정한 장소에서 예상대로 이루어지기보다 돌발 상황이 많았다. 만약 호랑이가 선대 임금들이 잠들어 있는 왕릉 근처로 도망가면 금역(禁域)인 그곳에서는 추적할 수가 없었다. 착호군을 비롯한 몰이꾼 백성들은 며칠 동안 야영하며 호랑이가 나오기만을 기다려야 했다.

게다가 폭정으로 이름을 날린 연산군은 한 해에 몇 차례나 미리 지정된 사냥터인 금원(禁園)에 곰, 호랑이, 표범 등을 풀어놓고 몰이꾼을 세워 사냥을 즐겨 백성들의 원성을 사기도 했다. 당시 연산군의 엽기적인 사냥 행각을 『조선왕조실록(朝鮮王朝實錄)』은 이렇게 기록하고 있다.

왕이 사냥터에서 나무 위에 시렁을 매고 몸소 올라가 나뭇가지로 몸을 가리고서 짐승이 지나는 것을 엿보아 쏘고, 또 곰·범을 사로잡다가 금원(禁園)에 풀어놓게 하고서 친히 쏘아서 즐거움을 삼고, 또 주군(州郡)으로 하여금 잡아 바치게 하고, 조관(朝官)으로 하여금 병사를 거느리고 잡게 하여, 비록 향교의 유생이나 사찰의 중들일지라도 모두 몰이꾼으로 채우매, 혹 부인이 남복(男服)을 하고서 군오(軍伍)에 따르는 자도 있었다. 그리하여 어깨에 산 곰·범을 메고 오는 자가 길에 잇달았다. 경기·충청·황해·강원 4도가 어수선하고 백성이 고달파, 거의 다 흩어져 달아났다.

위의 내용을 보면 맹수들을 잡아다가 사냥터에 풀어놓고, 몰이꾼이 부족하면 향교의 유생이나 절의 스님들까지도 동원했다는 것을 알 수 있다. 심지어 부인이 남편 옷으로 변복하고 몰이꾼으로 나가야 하는 일도 있을 정도여서 백성들의 고통은 직업과 계급에 관계없이 극심했다. 또 백성들이 농사짓는 곳이라 할지라도 마음대로 임금의 전용 사냥터인 금원으로 지정되기도 했다. 이 때문에 봄에 씨앗을 뿌린 농경지라도 여름에 금원으로 지정되면 가을에는 그곳에 들어가지 못해 수확하지 못하는 일도 있었다.

## 호랑이 사냥으로 시작한 인조반정

임진왜란을 승리로 이끈 광해군과 대북파는 명나라와 후금 사이에서 탁월한 양면 외교정책을 구사하면서 전쟁에 찌든 조선에 작은 평화의 씨앗을 심기 시작했다. 그러나 인목대비(仁穆大妃, 1584~1632) 유폐 사건은 호시탐탐 기회를 노리던 반대파 서인들에게 반란의 명분을 심어주기에 충분했다. 특히 서인들 중 직접적인 군사력을 가지고 있던 이괄, 김자점, 김류(金瑬, 1571~1648), 이귀(李貴, 1557~1633), 최명길(崔鳴吉, 1586~1647) 등은 반정의 기치를 들고 1622년(광해군 14)부터 서서히 움직였다. 그 시작은 인조반정의 선봉장이인 이귀의 평산부사 부임이었다.

새로운 임지로 떠나는 이귀에게 광해군은 특별한 명령을 내렸다. 이귀가 부임하는 평산과 송경 사이에는 산이 깊어 호랑이가 자주 출몰했는데, 급한 전령을 전달하는 파발마까지도 호랑이의 습격을 받곤 했다. 이에 광해군은 이귀에게 부임하는 즉시 호랑이를 사냥하라는 명령을 내렸다. 이 말을 들은 이귀는 호랑이를 섬멸하겠다는 조건으로 도의 경계를 넘어 호랑이를 추적할 수 있는 권한을 달라고 요구했고, 광해군은 차마 해서는 안 될 허락을 하고야 말았다.

당시 병력을 이동하려면 반드시 병조를 거쳐 국왕의 재가를 얻고 발병부(發兵符)를 받아야만 했다. 그러나 가축이나 사람에게 극심한 피해를 줬던 호환(虎患)이 발생할 경우는 예외적으로 먼저 호랑이를 사냥하고 보고하는 방식을 취하기도 했다. 물론 이렇게 호랑이를 추적할 때에도 담당 구역을 벗어나 더 쫓을 수는 없었다. 이는 호랑이 사냥을 구실로 모반을 일으킬 수도 있기에 취해진 조치였다.

이귀는 이런 상황을 이용했다. 그는 호랑이 섬멸을 내세우며 먼저 특별 군사 작전권을 허가받은 것이다. 1622년 12월 이귀는 드디어 자신의 병력과 장단방어사 이서(李曙, 1580~1637)와 함께 호랑이 연합 섬멸 작전을 펼친다는 구실로 담당 구역을 넘어 도성 쪽으로 진군하려 했다. 그러나 이귀의 첫 번째 반란 계획은 유천기(柳天機)의 고변으로 무산되었고, 이귀는 파직을 당했다. 비록 첫 번째는 실패했지만, 그 이듬해 이천부사 이중로(李重老, 1577~1624)와 북병사 이괄이 외부 병력을 동원하고 오군영 중 훈련도감을 이끄는 훈련대장 이흥립(李興立, ?~1624)이 궁궐 안을 책임진다는 약속을 하면서 1623년 3월 13일 반란군들은 도성을 함락시키고 광해군을 권좌에서 밀어냈다. 호랑이 사냥에서 시작한 인조반정은 결국 광해군 사냥으로 끝난 셈이다.

## 그 많던 조선 호랑이는
## 다 어디로 갔을까

그런데 여기서 한 가지 궁금증이 생긴다. 도대체 호랑이가 얼마나 많았으면 그것을 잡겠다고 난리를 쳐도 쉼 없이 출몰했을까. 조선 전기만 해도 일정한 개체수를 유지하던 호랑이는 조선 후기로 접어들면서 수만 마리로 급격히 늘어났다. 그 주된 이유는 다름 아닌 전쟁과 서식지 이동 및 군기 감소였다. 대표적으로 임진왜란을 거치면서 호랑이를 사냥하는 착호군의 활동이 부실해져 호랑이가 자유롭게 번식했고, 17세기 말에는 북방의 만주 지역에서 호랑이 사냥이 극심해지자 조선으로 대규모 이동했던 것이다. 여기에 포수들이 사용하던 조총을 국가에서 전부 회수해 군기고에 봉인해버리자 더는 호랑이 사냥을 할 수도 없었다. 당시 상황은 1687년(숙종 13) 함경도로 암행감찰을 나갔던 어사 이만원(李萬元)의 상소에서 잘 드러난다.

을축년(1685년)에 산삼 채취를 금한 뒤부터 조총을 민간의 소유와 아울러 모두 거두어 모아서 그 총 구멍을 봉하여 관고 안에 간직해 두고는 절대로 내어 쓰지 못하게 하였습니다. 신이 관부(官府)에 들어가서 군기를 점열할 즈음에 사람을 시켜 총을 쏘게 하였던 바, 포수(砲手)라고 이름 하는 자도 이미 포를 쏘는

호랑이가 민가에 들어와 사람들을 물고 아이를 채가는 모습으로 일제의 강점이 시작되기 직전인 1909년 프랑스 신문에 실린 화보이다.

규정에 익숙하지 못하며 새로이 들어간 군졸은 조총이 어떤 물건인지도 알지 못합니다.

◆『증보문헌비고(增補文獻備考)』제113권, 병고5(교열)

이처럼 조선 후기에는 호랑이 사냥이 뜸했으니 호랑이들은 말 그대로 제철을 만난 듯 백두대간을 호령하며 살았다. 그러나 우리 민족의 비극인 일제의 강점이 시작되면서 조선의 호랑이들도 무사하지 못했다. 일제는 군인과 경찰, 전문 포수를 동원해서 조선 호랑이의 씨를 말렸다. 나아가 일제는 '야마모토 세이코군(山本征虎軍)'이라는 특수부대를 조직해 사냥에 나섰다. 일제는 이 부대를 이른바 '제국 청년들의 기상을 드높이기 위하여' 구성했다고 밝혔지만, 실상은 피폐해진 시대 상황과 일본의 경제 침체라는 암울한 현실을 타개하기 위해 사기 진작용으로 만든 포수부대였다. 당시 이 부대는 조선 팔도를 헤집고 다니며 마음껏 호랑이 사냥을 했는데, 조선총독부의 후원 아래 전국 어디를 가도 황송한 대접을 받았으며 늘 신문 기사의 주인공이 되기도 했다.

실제로 그들이 사냥해온 호랑이를 당시 최고의 호텔이었던 조선호텔에서 요리해 '호랑이 고기 특별 시식회'까지 열 정도로 떠들썩하게 홍보하고 다녔다. 이렇듯 일제는 조선 호랑이 사냥을 자국의 청년의식 고취라고 떠들고 다니며 식민 국가를

사냥당한 호랑이. 일제는 야마모토세이코군이라는 특수부대를 만들어 조선의 야생 호랑이 씨를 말렸다.

조롱하고 업신여기는 방식으로 풀어내어 또 한번 우리 민족에게 지울 수 없는 상처를 안겨주기도 했다. 이후 조선 호랑이의 포효는 더 이상 백두대간을 뒤흔들지 못했다.

## 다산 정약용, 호랑이 사냥을 노래하다

조선 호랑이 사냥은 우여곡절이 많은 우리 민족의 한 단면을 보여주듯 역사에 굽이굽이 기록되었다. 그중에서도 특히 시대를 날카롭게 바라보고 백성의 마음을 헤아리려 했던 다산 정약용의 시가 돋보인다. 그의 시에는 조선시대 호랑이 사냥에 얽힌 백성들의 공포와 한(恨) 그리고 썩은 관리들에 대한 비판이 오롯이 담겨 있다. 이 시를 읊어보면 다산의 눈에 비친 조선 호랑이 이야기가 들리는 듯하다.

### 호랑이 사냥 노래 [獵虎行]

| | |
|---|---|
| 오월에 산이 깊고 풀숲이 우거지면 | 五月山深暗草莽 |
| 호랑이가 새끼 치고 젖을 먹여 기르는데 | 於菟穀子須凍乳 |
| 여우 토끼 다 잡아먹고 사람까지 덮치려고 | 已空狐兎行搏人 |

## 捉虎軍

| | |
|---|---|
| 제 굴을 벗어나서 마을에서 설친 통에 | 離棄窟穴橫村塢 |
| 나뭇길도 다 끊기고 김매기도 못하고서 | 樵蘇路絶颷停 |
| 산골 백성 대낮에도 방문을 굳게 닫고 | 山氓白日深閉戶 |
| 홀어미 된 자 슬피 울며 칼 꽂을 일 생각하고 | 嫠婦悲啼思삑刃 |
| 용감한 자 분이 나서 활을 당겨 잡으려 들면 | 勇夫發憤謀張弩 |
| 그 소식을 들은 현관 불쌍한 맘이 들어 | 縣官聞之心惻然 |
| 졸개들을 동원하여 범사냥을 나서란다네 | 勅發小校催獵虎 |
| 앞몰이꾼 나타나면 온 마을이 깜짝 놀라 | 前驅鑱出一村驚 |
| 장정들은 도망가 숨고 늙은이만 붙들리는데 | 丁男走藏翁被虜 |
| 문에 당도한 졸개들 무지개 같은 기세로 | 小校臨門氣如虹 |
| 호령하며 몽둥이질 빗발치듯 하기 때문에 | 嘍囉亂棓紛似雨 |
| 닭 삶고 돼지 잡고 이웃이 떠들썩하게 | 烹雞殺猪喧四隣 |
| 방아찧고 자리 깔고 야단법석이 난다네 | 舂糧設席走百堵 |
| 꼬부라진 코가 되게 취하도록 퍼마시고 | 討醉爭傾象鼻彎 |
| 군졸들 모아놓고 계루고를 쳐대는데 | 聚軍雜撾鷄婁鼓 |
| 이정은 머리 싸매고 전정은 넘어지고 | 里正縛頭田正踣 |
| 주먹질 발길질에 붉은 피를 토한다네 | 拳飛踢落朱血吐 |
| 호랑이 가죽 들어오면 사또는 입 벌리고 | 斑皮入縣官啓齒 |
| 돈 한 푼 안 들이고 장사를 잘했단다네 | 不費一錢眞善賈 |
| 애당초 호랑이 피해 알린 자가 누구더냐 | 原初虎害誰入告 |
| 주둥이로 까불다가 뭇 사람 노여움 샀지 | 巧舌喋喋受衆怒 |

호랑이도 잡고 사람도 잡은 착호군

| | |
|---|---|
| 맹호에게 다쳐보았자 한두 사람이 고작일 텐데 | 猛虎傷人止一二 |
| 천백 명이 그 괴로움 당할 것이 뭐란 말인가 | 豈必千百罹此苦 |
| 홍농에서 물 건너간 일 듣기나 했다더냐 | 弘農渡河那得聞 |
| 태산에서 자식 곡한 일 그대는 못 보았나 | 泰山哭子君未覩 |
| 선왕들은 사냥을 해도 제각기 때가 있어 | 先王蒐獮各有時 |
| 여름철에는 모내기 하는 것이지 군사훈련 아니었네 | 夏月安苗非習武 |
| 밤에도 문짝 치는 가증스런 그 관리들 | 生憎悍吏夜打門 |
| 남은 호랑이 두었다가 그들이나 막았으면 | 願留餘虎以禦侮 |

◆『다산시문집』제5권 시(詩)

# 국왕 경호부대, 겸사복

지금 최고의 경호부대라고 하면 국가원수를 보호하는 대통령 경호실을 꼽을 수 있을 것이다. 우리나라에서는 박정희 집권기인 1963년 12월 14일 '대통령경호실법'이 공포되면서 공식적으로 대통령 경호 업무가 시작되었다. 경호원들은 그림자처럼 대통령을 경호해야 하는데, 만약 총알이 날아오면 자신의 몸을 던져서라도 대통령을 보호하는 것이 그들의 핵심 임무이다.

현대와 마찬가지로 조선시대에도 최측근에서 왕의 곁을 지키는 사람들이 있었다. 그들이 바로 겸사복(兼司僕)이다. 물론 겸사복 이외에도 텔레비전 사극에 자주 나오는 내금위(內禁衛, 1407년 태종 때 설치)나 서얼(庶孼)이 중심이 된 우림위(羽林衛, 1492년 성종 때 설치)가 있었다. 겸사복과 내금위, 우림위는 1651년(효종 3)에 금군영(禁軍營)으로 통합 관리되어 금군(禁軍, 고려와 조선시대에 궁중을 지키고 임금을 호위하던 친위병) 전체를 아우르는 내삼청(內三廳)으로 불리기도 했다.

이들 세 조직 가운데 가장 뛰어난 무예 실력을 갖춘 사람들이 모인 부대가 바로 겸사복이었다. 겸사복은 특히 마상무예에 뛰어난 사람들을 핵심으로 뽑았기에, 여러 전투에서 그들의 활약은 돋보였다. 겸사복, 내금위, 우림위 외에 왕을 보위한 직책으로 운검(雲劍)이 있었다.

운검은 큰 칼을 차고 금군들보다도 더 가까이에서 왕을 경호했다. 그러나 운검의 역할은 경호 임무보다는 왕의 권위를 상징하는 의례적인 것에 불과했다. 이 때문에 운검은 비록 무예를 모르는 문신이거나 나이가 많은 사람일지라도 행사마다 특별히 왕의 충복임을 자임하는 사람들로 교체되며 왕의 곁을 지켰다.

이렇듯 왕의 곁에서 그림자처럼 호위했던 사람들이 있었기에 조선시대 왕들은 마음 놓고 정사를 살필 수 있었다. 그러나 왕과 가까울수록 권력의 중심부에 있었기에 비리에 연루되기도 쉬웠다. 겸사복 또한 마찬가지였다. 겸사복의 말 한마디에 벌벌 떨었던 백성들은 권력의 힘만큼 그 무게에 눌려 신음했다.

## 겸사복, 그들은 누구인가?

겸사복은 조선의 개국과 동시에 임금이 타는 말인 어승마(御乘馬)를 훈련시키고 관리하기 위해, 고려시대의 상승국(尙乘局)의 일부를 변형해 탄생했다. 상승국에는 말과 관련해 내승(內乘)이라는 직책이 있었다. 이들은 임금이 타는 말을 관리하면서 궁궐을 지키는 금군의 역할을 수행했다. 내승은 왕조가 바뀌고서도 계속 그 일을 담당했는데, 조선 태종 때에 말을 관리하던 사복(司僕)의 역할에 뛰어난 무예 실력을 겸비하면서 겸사복(兼司僕)이라는 호칭을 사용하게 되었다.

문헌상으로는 『조선왕조실록』 1409년(태종 9) 5월 12일자에 최초로 겸사복이라는 직책이 등장한다. 이 책에 따르면 어마(御馬)가 길들지 않았다고 하여 겸사복 정(兼司僕 正) 문천봉(文天奉)을 비롯한 몇몇 관원들을 순금사(巡禁司)에 가뒀다가 풀어준 일이 기록되어 있다. 이로 보아 태종 초에 겸사복이 만들어졌음을 확인할 수 있다. 이후 겸사복은 세종 때에 이르러 단순히 어마를 관리하는 내사복시의 직책 이외에 겸윤(兼尹)과 겸소윤(兼

(小尹)이라는 독자적 조직을 만들어 국왕 친위병적인 모습을 갖추었다. 이러한 확대 조치로 겸사복은 국왕 직속 담당의 종2품 아문으로 승격되었고, 겸사복청(兼司僕廳)이라는 독자 기관으로 자리 잡았다.(『경국대전』)

임금을 호위하는 일의 핵심은 숙위(宿衛)였는데, 이는 궁궐 경비를 위해 궁궐 내에서 숙직하는 일을 말한다. 태종 때에는 내금위와 겸사복으로 궁궐의 당직을 맡게 해 그들의 위상을 한껏 드높였다. 겸사복은 여기에다 말을 잘 부리는 재주가 있는 특수부대였기에 왕이 타는 말을 직접 길들이고 사육하는 것까지 도맡아 처리했다. 그래서 왕이 멀리 능행차를 갈 때면 그들은 어마와 함께 왕의 길을 인도하는 역할을 수행했다.

겸사복은 말 덕에 대접을 받았지만 말 때문에 고초를 겪기도 했다. 왕이 말에서 떨어지거나 재갈을 비롯한 마방 장비를 잘못 관리했을 때에는 그들이 죄를 고스란히 덮어써야 했기 때문이다. 성종 때에는 대사헌이 임금의 낙마 사건의 책임을 물어 관찰사를 국문하고 관련 직책에 있는 겸사복을 비롯한 관련자 전원의 처벌을 주청하기도 했다. 또 진흙 구덩이에 빠진 어마 때문에 임금의 옷이 더럽혀졌다는 이유로 국문을 열자고 하는 일까지 있었으니 겸사복의 일도 결코 쉽지만은 않았다.

초기의 겸사복은 내금위와는 달리 무예 실력이 뛰어난 사람이면 반상의 구별 없이 뽑았다. 또 북방 지역인 양계(兩界) 사람

영조가 어린 세손(훗날 정조)을 거느리고 기로소에서 신하에게 궁중의 사온서에서 빚은 술을 내리던 일인 선온(宣醞)하는 모습을 담은 〈친림선온도〉. 이 그림에서 마당에 도열해 있는 병사들이 겸사복과 내금위이다.

들과 북방 오랑캐지만 조선으로 귀화한 향화인(向化人)들까지 의무적으로 뽑도록 법제화해 그들의 특수성을 높여갔다. 이는 비록 서얼이지만 무예에 뛰어난 사람도 임금 곁을 지킬 수 있다는 사회적 분위기 쇄신 효과를 거두는 것은 물론 북방 지역에 대한 배려를 통해 당시 국토방위에서 북방의 안전을 얻기 위한 목적이 있었다. 이러한 배려를 통해 겸사복은 점차 임금의 최측근 심복으로서 정예화될 수 있었다.

겸사복이 권력의 핵심에 있게 되면서, 이들은 이른바 청반(淸班)이라 하여 지위와 봉록은 높지 않으나 뒷날 높이 될 자리로 양반 관료들에게 선망의 대상이 되기도 했다. 이 과정에서 서얼 중심의 우림위가 새롭게 탄생했고, 무예가 뛰어난 서얼들이 우림위를 거쳐 겸사복으로 승진하는 것이 잠시 법문화되기도 했다. 이후 선조 때에 이르러 승정원에서 "사족(士族)은 내금위와 겸사복이 있고 서얼은 우림위가 담당한다"는 전교를 내려 겸사복과 우림위를 확실히 구분하기도 했다. 물론 이후 우림위가 연산군 때에 혁파되어 서얼들이 겸사복으로 자리를 옮기는 일도 있었으나 중종 때에 우림위가 복원되면서 서얼들은 다시 우림위로 쫓겨나기도 했다. 권력이 생사여탈권을 쥐고 있던 우림위와는 달리 겸사복은 권력관계 속에서도 임금 곁을 지키는 권력의 핵심으로, 엘리트 청반부대(淸班部隊)로 거듭나게 되었다.

## 권력의 중심에
## 다가설수록 썩는다

『경국대전』의 기록을 보면 조선 초기에는 겸사복을 50명 뽑았다고 하는데, 그만큼 수가 한정적이었다는 것을 알 수 있다. 이후 필요에 따라 약 20명 내외의 증원과 감원 정도만 거치면서 인원을 한정했으나 임진왜란을 거치면서 그 인원이 대폭 늘어나 400명에 이르는 대부대로 변신했다. 그러나 규모가 커지면서 운영비용이 눈덩이처럼 불어나자 조선 후기에는 약 150~200명 정도로 조직을 다시 줄일 수밖에 없었다.

겸사복은 적은 인원에 늘 임금 곁을 지키는 특수 임무를 담당했기에, 직권을 남용하거나 부정부패에 연루되는 일이 잦았다. 특히 임금의 어마를 관리하는 겸사복의 위치 탓에 말과 관련된 사건의 핵심에는 꼭 그들이 있었다.

예를 들면, 세종 때 환관이지만 무예가 출중해 겸사복이 된 유실(兪實)이란 사람이 무사 12명과 함께 해주의 목장에서 관리하고 있는 어마 60필을 교육시키기 위해 파견근무를 나갔다가 뇌물로 음식을 받아먹고 어마에 기생들을 태우고 다니다가 발각되었다. 그는 그 벌로 곤장 90대를 맞고 군역에 끌려갔다. 겸사복은 임금의 총애를 받는 자리였기에 큰 사건이 아니면 처벌을 받지 않고 그냥 넘어가는 것이 보통이었다. 그러나 유실은 사건 발생 2년 전에도 사복시에 속한 어량(魚梁, 물고기를 잡는 도구)을 빼앗아 무단 점유하다가 사헌부에서 탄핵해 곤장 80대를 맞은 경력이 있었다. 특히 유실이 해주로 어마를 교육시키러 간 기간이 아비의 삼년상 기간이었기에 세종의 노여움은 더 컸다. 세종은 유실의 나쁜 행실을 더는 두고 볼 수 없어 곤장 90대를 내리고 군역에 복무하도록 처벌을 내렸다. 이 사건은 모두 조용히 입을 다물고 있었지만 함께 갔던 겸사복 홍유근(洪有勤)이 자신이 천인(賤人) 출신이라는 이유로 계속 무시를 당하자 먼저 와서 세종에게 고자질해 알려지게 되었다.

또 다른 사건을 보자. 겸사복 호군 홍의(洪義)와 홍윤(洪淪)은 풀이 좋아 임금의 전용 목장으로 삼던 살꽂이 어마 목장에 자신들의 개인 말을 함께 풀어놓았다. 이들의 불법 행위를 눈치챈 백정 조인부(趙仁富)와 근위 병정 박성우(朴成雨) 등은 홍의와 홍윤의 말을 몰래 훔쳐서 도살하고서 고기로 팔아먹으려고 했으나 발각되고 말았다. 이 사건을 맡은 형조에서는 비록 개인 말이지만 임금이 타는 말인 어마를 키우는 곳에서 도적질한 죄를 물어 도내부승여율(盜內府乘輿律)이라는 일종의 '어마 특별법'에 따라 참수형에 처하려고 했다. 다행히 참수형이 과하다는 세종의 말에 따라 형조에서는 한 등급을 낮춰 처벌했다.

이렇듯 말과 관련된 수많은 사건에는 겸사복이 연루되어 있곤 했다. 겸사복들 중에는 녹봉을 더 받으려고 자신의 근무 관련

서류를 위조했다가 발각되어 관직을 잃는 일도 있었는데 그들의 부패 실력은 결코 만만치 않았다. 백성들도 점마관이라는 직책으로 전국의 목장을 돌며 말을 고른다는 핑계로 온갖 노역을 강제 징집하는 겸사복을 결코 고운 시선으로 바라보지 않았다.

그러나 이렇게 역사에 기록될 정도로 죄를 진 겸사복들이라 할지라도 늘 임금 곁에서 함께 호흡하는 사람들이라는 믿음 때문에 비록 사헌부를 비롯한 감찰기관에서 죄를 엄히 물어 탄핵하라고 요청하더라도 임금은 대개 한 등급 낮은 벌을 주어 겸사복들을 감싸 안으려 했다.

## 이시애의 반란을 선봉에서 막아내다

앞서 살펴본 바와 같이 겸사복의 주된 임무는 숙위와 어마를 길들이고 관리하는 것이었다. 그런데 특수한 상황이 발생할 때는 겸사복이 전투에 파견 나가는 일도 있었다. 특히 양계 지방에 고향을 둔 겸사복들은 임금의 특명을 받고 국경 지역까지 파견 나가기도 했다. 또 내란을 비롯해 전쟁이 발발했을 때는 그 지역의 지리를 잘 알고, 토착 세력과 긴밀한 관계에 있는 양계 지역 겸사복들이 선봉에 서서 전투를 이끌기도 했다. 그 대표적인 사건이 1467년(세조 13)에 일어난 함경도의 호족(豪族) 이시애(李施愛, ?~1467)의 반란을 겸사복 약 20여 명이 급히 파견되어 잠재운 일이었다.

당시 이시애는 회령부사로 발령받았다가 모친상을 당해 관직에서 물러난 함길도의 대표적인 호족 세력이었다. 그의 반란은 정변에 의해 권력을 장악한 세조가 과도하게 추진한 중앙집권 강화책이 발단이 되었다. 세조는 역쿠데타를 방지하기 위해 대대로 무인을 중시한 함길도 지방을 비롯 북방 지역의 수령을 지역 호족이 아닌 중앙에서 낙하산식으로 발령하는 정책을 취했는데, 파견된 수령 대부분이 지역 호족을 누르기 위해 무력을 과도하게 사용해 극심한 반발을 샀다.

이런 정치적 상황에서 이시애는 아우 이시합(李施合)과 매부 이명효(李明孝)와 함께 역모를 꾸몄다. 이시애는 함길도의 절도사가 여러 진의 장수들과 함께 반역을 음모하고 있다고 거짓 선동하며 절도사 강효문(康孝文, ?~1467)과 길주목사 설징신(薛澄新) 등을 살해했다. 이후 그는 "방금 남도의 군대가 바다와 육지로 쳐들어와 함길도 군민을 다 죽이려 한다"고 선동했다. 흥분한 함길도의 군인과 민간인들이 다른 지역 출신 수령들을 살해하면서 함길도는 대혼란에 빠지고 말았다. 이시애는 이런 유언비어를 퍼뜨려 사람들을 끌어모으는 한편 조정에 사람을 보내 "강효문이 한명회(韓明澮, 1415~1487), 신숙주(申叔舟, 1417~1475)

등 중신들과 모반을 꾀하려 했으므로 목을 베었다"라고 하는 등의 이간책을 썼다. 반란 초반 머뭇거리던 세조는 고심 끝에 신숙주, 한명회 등 중신을 풀어주고 직접 반란을 진압하기 위해 관군을 이끌고 전장으로 나섰다. 이때 선봉을 담당했던 기병부대의 핵심에 바로 겸사복들이 전진 배치되었다.

반란군과 전투가 벌어지자 회령 출신 겸사복 차운혁(車云革)은 말을 타고 달려 적의 예봉을 뚫고 들어가 이시합과 교전 중에 전사했으며, 함께 돌격했던 종성 출신 겸사복 정휴명(鄭休明)과 부령 출신 겸사복 조주(曺紂) 등도 전투 중에 반란군의 창칼에 찔려 죽고 말았다. 또한 길주 출신 겸사복 양근생(楊根生)과 갑사 양근수(楊根秀) 등은 이시애를 잡으려고 적의 이동경로를 미리 파악하고 적진 깊숙이 침투했다가 발각돼 죽음을 당했다. 그러나 최정예 겸사복을 비롯한 관군들의 압박에 반란군은 과반수가 도망가고, 내부 반란으로 이시애는 부하들에게 사로잡혀 국문을 당하고 참수되었다. 이렇게 북방 지역을 휩쓸던 이시애의 난은 62일 만에 역사 속으로 사라져갔다.

## 헌칠한 외모에 탁월한 무예 실력

조선 초기의 겸사복은 무예 실력이 출중하면 신분적 제약을 뛰어넘어 특채되기도 했다. 그러나 어느 정도 조직이 갖춰지고 청반직으로 인식이 변화되면서 중종 때 이후부터는 사족 출신의 8척(1척은 약 23센티미터, 1902년 일제에 의해 척도가 바뀐 뒤부터는 30.3센티미터) 이상 되는 기골이 장대하고 용모가 수려한 사람을 가려서 뽑았다. 또한 기본적인 학식과 품성을 갖추고 4대조의 내력을 훑어봤을 때 문제가 없는 사람으로 선정했기에 말 위에 올라 갑주를 착용하고 임금을 호위하는 겸사복의 모습은 위풍당당하기만 했다.

이러한 겸사복의 뛰어난 풍모와 실력은 『속대전』에 실린 겸사복의 선발 방법을 살펴보면 쉽게 연상할 수 있을 것이다. 먼저, 기본적인 활쏘기와 기사(騎射, 말을 타고 달리면서 활을 쏘는 무예) 및 기창(騎槍, 말을 타고 달리면서 창을 쓰는 무예) 시험을 보았다. 이들 중 정원의 20퍼센트에 해당하는 영안·평안도 사람들을 선발해 신장 8척 이상, 젊은 나이, 4대조 이상의 결격사유 여부, 기예 점수 등으로 1차 시험을 치러야 했다. 이후 병조에서 내금위를 뽑는 규칙에 따른 무과시험의 과목이었던 보사(步射, 걷거나 달리면서 활이나 총을 쏨), 철전(鐵箭, 무쇠로 만든 화살), 목전(木箭, 나무

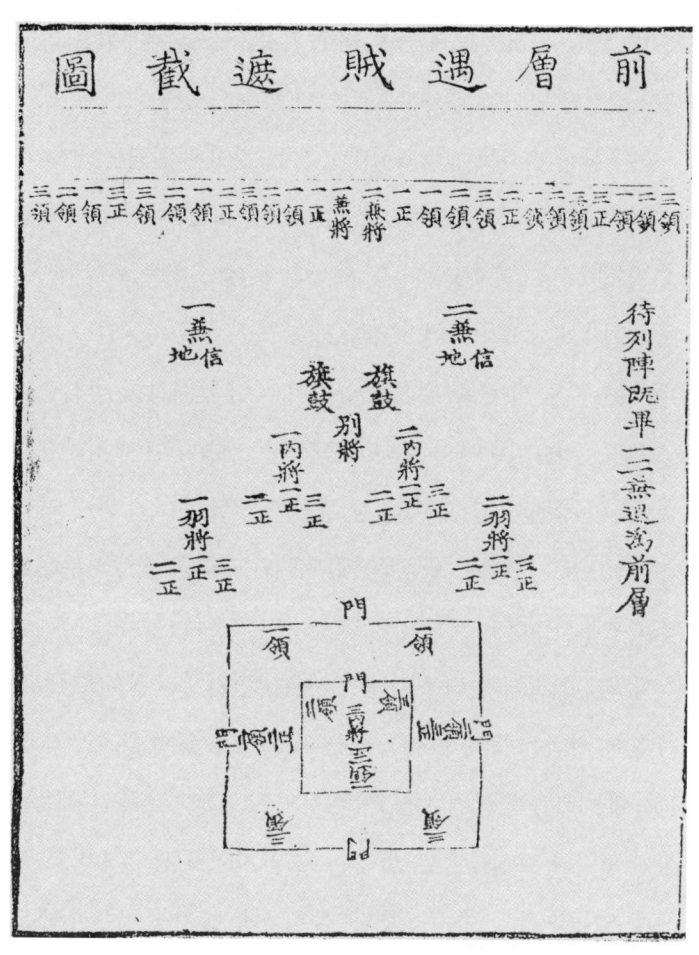

행군하는 중에 갑자기 적을 만났을 때 기병부대가 어떻게 진법을 구사하는지를 보여주는 『병학통』의 전층우적차절도(前層遇賊遮截圖). 이때에는 그림에서 상단에 위치하는 일겹(겹사복 1부대)과 이겹(겹사복 2부대)이 일렬로 적을 막아서고 그대로 앞 열이 되어 대오를 보호하게 된다. 이후 내금위와 우림위가 가운데와 뒤를 맡아 대장을 보호한다. 이처럼 겹사복은 전시에 최전방에서 아군을 보호하는 역할을 담당했다.

로 만든 화살), 편전(片箭, 애기살), 기사, 기창 등으로 재시험을 치르고 합격점을 받아야 겸사복으로 임명될 수 있었다.

물론 한번 겸사복에 합격했다고 모든 것이 해결되는 것은 아니었다. 그 자리를 지키려면 쉼 없이 훈련하고, 매년 봄·가을에 정기적으로 연재(練才)라는 이름의 무예 시험을 봐야 했다. 만약 연재에서 떨어지면 자리를 내놓고 가차없이 궁궐을 떠나야만 했다. 특히 중종 때에는 일종의 예비 겸사복의 형식으로 정로위(定虜衛) 1000명을 뽑아 겸사복장(兼司僕將)이 관리하다가 겸사복의 정원이 빌 때 이들 중 겸사복 시험을 다시 봐서 정식 겸사복으로 임명하는 방식을 채택해 최고의 국왕 호위부대로 거듭나게 되었다.

이렇게 최고의 실력을 갖춘 겸사복이었기에 국왕도 그에 맞는 많은 혜택을 주었다. 예를 들면, 국가에 공을 세울 경우는 공신첩에 이름을 올리거나 정3품 이상의 당상관으로 특진됨과 동시에 노비와 토지를 하사받고 이후 그 자식도 관직에 바로 오를 수 있는 자격을 주기도 했다. 특히 신분이 가장 낮은 천민은 오랫동안 겸사복에 근무하면 특별히 면천(免賤)을 시켜주기도 해서 겸사복은 천민들에게는 선망의 대상이기도 했다.

## 겸사복 박효공
## 신부가 바뀌다

　이처럼 겸사복이 좋은 관직으로 이름을 날리니 겸사복과 관련된 작은 이야기들도 많이 전해진다. 이야기가 주제에서 벗어나긴 하지만 조선 초기의 문신인 청파(靑坡) 이륙(李陸, 1438~1498)이 지은 『청파극담(靑坡劇談)』에 실린 겸사복 박효공(朴孝恭)의 일화를 살펴보며 이야기를 마칠까 한다.

　공주에 사는 박효공은 말 타는 기술이 능해 벼슬이 정3품 당하관(堂下官)인 어모장군(禦侮將軍)에 오를 정도였다. 사건은 그가 혼례식을 치르고 나서 일어났다. 신랑과 신부가 첫날밤의 운우지정을 나누려는 찰나 갑자기 밖에서 '신부가 바뀌었소'라는 소리가 들려왔다. 깜짝 놀란 그는 옷도 제대로 갖추지 못하고 후다닥 뛰어나왔다. 정신을 차리고 상황을 파악해보니, 신부집의 어이없는 실수 때문에 신랑을 잘못 받아들인 것이었다. 하필 그가 장가가는 날 이웃 마을에 다른 혼례가 있었던 것이다. 갈림길에서 헤매던 신랑 박효공은 자신의 신부가 아닌 다른 집 처자와 혼례를 올리고 첫날밤을 보내려 했던 것이다. 다행히 친척 중에 서달성(徐達城)이라는 사람이 이 사실을 뒤늦게 알고 바람처럼 말을 달려 첫날밤 촛불이 꺼지려는 찰나 신부집에 당도해서 황망한 사건은 일단락되었다. 다행히 다른 신랑이었던 충의위(忠義衛) 민(閔) 모라는 사람도 아직 잠에 들지 않아 황급히 두 신랑 모두 걸어서 각각의 처가로 돌아갈 수 있었으니 이 얼마나 천우신조였겠는가! 만약 그대로 일이 진행되었다면 영화 속의 한 장면처럼 아침에 일어나 신부를 보고 화들짝 놀란 채 '대체, 댁은 뉘시오' 하며 머릿속이 아주 하얘지는 풍경이 연출되었을 것이다. 마치 요즘에 화장발, 조명발에 취한 모습만 보다가 첫날밤 맨얼굴의 신부를 보고는 '내 신부를 돌려달라'고 외쳐대는 가련한 신랑의 모습이 연상되기도 한다.

# 조선의 비밀병기, 편전

 지난 1993년 '사막의 폭풍'이라는 작전명으로 시작된 걸프전은 미래의 전쟁이 어떤 모습으로 전개될지 조금은 엿볼 수 있었다. 그중에서 레이더에 잡히지 않아 '꿈의 전투기'로 불리는 스텔스기(F-117A 전폭기)의 출현과 위용은 전 세계인들에게 가장 인상적으로 각인되었다. 전시에 레이더는 빠르게 움직이는 적의 전투기나 함정의 움직임을 포착할 수 있기에 '전쟁의 눈'으로 불린다. 그래서 레이더에도 보이지 않는 전투기의 출현은 상대로 하여금 엄청난 공포를 일으키기에 충분했다.

그런데 조선시대에도 이렇듯 스텔스기처럼 적의 눈에 보이지 않는 조선만의 비밀 병기가 있었다. 더구나 그 비밀 병기의 위력에 중국과 일본의 군사들이 긴장하지 않을 수 없었다면 믿겠는가!

## 조선의 힘을 보여준 편전

조선시대 거의 모든 전투에서 아낌없이 조선의 힘을 보여줬던 병기는 다름 아닌 편전이었다. 조선시대 대표적인 고증학자 이덕무가 쓴 『청장관전서(青莊館全書)』를 살펴보면 편전에 대해 "중경유수(中京留守) 김강신(金强伸)이 원병(元兵)에게 포위되어 병기가 다 떨어졌을 때 엽전으로 화살촉을 만들어 사용하다가 원병의 화살 하나를 얻으면 넷으로 잘라서 통편(筒鞭)으로써 쏘았으니, 이것이 편전의 시초이다"라고 했다. 쉽게 말해 편전은 일반 화살을 몇 개로 나눠서(片) 쏘았던 화살인데, 화살의 크기가 하도 작아서 속칭 '애기살(童箭)'이라고도 불렀다.

그런데 문제는 화살의 길이가 너무 짧아서 보통 활처럼 활줄에 걸어서 시위를 잡아당길 수 없다는 것이다. 이러한 문제를 해결하고 편전의 강력한 파괴력을 만들어내기 위해 '통아'라

화성행궁에서 벌어진 전통무예 시범 가운데 조선의 비밀병기인 편전을 저자가 직접 시연하고 있다. 편전은 길이가 짧아 그 자체로는 활시위에 걸 수 없어 통아라는 화살 받침을 이용해 쐈다.

는 일종의 화살 받침을 만들어 쏘았다. 편전은 동양 삼국 중 오직 조선만이 그 기술을 보유하고 있었는데, 전투마다 편전을 쏘는 궁시병은 조선의 최정예 부대로 인정받았다.

편전의 특징은 일반 화살(長箭)에 비해 최대 사거리가 2~3배에 달하는 1000보에 육박했고, 길이가 짧고 작아서 날아가는 모습이 보이지 않아 적에게는 치명적인 무기로 인식되었다. 특히 편전은 통아를 이용해 발사하는데, 적은 편전을 수중에 넣어도 쏘는 방법을 몰라 사용할 수 없었다.

심지어 화약무기가 발명되고 대량으로 전장에 배치되었던 세종 때에 왕이 화포를 개량하자는 의견을 제시했는데, 중신들이 화포의 사거리와 파괴력을 비교해볼 때 편전만 못하니 아예 화포를 없애자고 이야기한 적도 있었다. 편전에 대한 믿음이 얼마나 컸는지 쉽게 이해할 수 있다. 이처럼 조선군의 장기로 인식되었던 편전의 위력이 유감없이 발휘된 전투가 있었으니 한번 살펴보기로 하자.

## 편전은 당할 수가 없더라

1555년(명종 10) 5월 30일 당시 전라도 방어사 김경석이 군관

남정을 보내 사정전에서 임금을 알현하고 왜적과 싸웠던 일을 보고하는 중에 편전의 위력이 어떠했는지를 설명하는 장면이 등장한다. 당시 전투 내용을 세밀히 살펴보면 다음과 같다.

왜적들이 영암 지역에 침입해 향교를 차지하고 방어선을 구축하고 있을 때였다. 적장은 오만불손하게도 성현들의 위패를 모셔둔 자리에 앉아 명령을 내리고 있었다. 그들은 마치 우리 병사들의 군사신호를 흉내 내듯이 누런 빛깔의 깃발을 들어 위아래로 흔들며 명령했고, 또 칼과 창을 휘두르고 손뼉을 치며 소리를 질렀는데 그 소리는 천지를 진동시켰다. 이때 백성들은 모두 성안에 모여들어 한양에서 순찰사와 방어사가 군사들을 이끌고 이곳으로 온다고 믿고 안심하고 있다가 왜적들의 떠드는 소리를 듣고서는 기가 꺾였다.

상황이 이렇게 급속도로 변하니 조선군의 장수가 군관들을 시켜 백성들을 안정시키고, 군중에 전령을 띄워 군의 사기를 높이고자 했다. 당시 전령의 일부를 살펴보면, "나아가 싸우는 사람은 살고 물러나는 사람은 죽을 것이다. 너희가 나라를 위하는 마음이 없겠는가. 각자가 마음과 힘을 한결같게 가져야 한다. 물러서다 죽는 것이 어찌 나아가 싸워 살게 되는 것만 하겠는가"라고 하니, 한참 만에 사람들의 마음이 저절로 안정되었다.

그 이튿날, 왜적들이 모두 성의 동쪽 문 앞에 모여 칼을 빼들고 날뛰며 위세를 보이므로 조선군은 용맹스럽고 건장한, 활 잘 쏘는 사람 15명을 뽑아 적의 기세를 꺾으려 했다. 그러나 왜 적들은 뒤돌아서서 엉덩이를 흔드는 등 희롱하는 모습만 보일 뿐 전혀 두려워하는 기색이 없었다. 더욱이 조선군이 성 위에 서 장전을 쏘면 그 날아오는 모습을 유심히 보았다가 화살을 칼로 쳐내며 조선군을 비웃기 시작했다. 실제로 장전은 화살이 길고 커서 날아오는 모습이 보여 200보 정도에서는 화살을 피할 수도 있었다. 이때 화가 난 조선군이 뽑아든 것이 다름 아닌 편전이었다. 통아에 애기살을 걸어 왜적에게 쏘자 조금 전 희롱하던 모습은 어디로 가고 서로 숨기에 바빴다.

이후 전투가 잠시 소강상태에 빠지자 조선군 장수가 부하 6 명을 이끌고 몰래 적진을 염탐하러 나가 보니, 왜군 장수가 아직도 성현들의 위패를 모신 곳에 걸터앉아 잡담을 나누는 것이 목격되었다. 이를 본 조선군 장수는 저격병처럼 조용히 통아에 편전을 걸어 왜군 장수를 향해 애기살을 날렸는데 그만 실수로 옆의 기둥을 맞췄다. 다행히 동시에 부하들이 함께 편전을 쏘아 그의 왼쪽 다리를 맞추자 왜장이 비명을 지르면서 칼을 들고 날뛰다가 실수로 자기 부하들을 몇 명 베어버리고 말았다.

이렇게 적장이 반쯤 맛이 간 상태가 되니 왜적들은 크게 동요하여 향교의 이곳저곳으로 숨어들어 갔다. 때마침 향교에 숨은 왜적들에게는 불리한 서풍이 불어, 조선군은 불화살을 쏘아 왜적들을 통구이로 만들어 버렸다. 이후 조선군들이 대오를 갖춰 비를 뿌리듯 화살을 날려 보내자 왜적들은 기세를 잃고 무너져 도망갔는데, 이때 적의 머리 104급을 베었고 또 패주하는 적을 쫓아가 6급을 더 베었다.

## 기술 유출을 막아라!

조선의 편전 위력이 주변국들에는 치명적인 무기로 인식되었기에 국가적으로 편전 쏘는 기술과 장비에 대한 보안의식도 철저했다. 『세종실록(世宗實錄)』 1437년(세종 19) 3월 19일의 기록을 살펴보면 왕이 함길도 도절제사에게 편전 쏘는 연습을 비밀리에 하도록 교시했는데, 그 내용이 얼마나 간절한지 세종의 국방의식을 조금이나마 엿볼 수 있다.

편전은 적을 제어하는 이로운 무기이니, 군사 된 자가 익히지 않을 수 없는 것이다. 일찍이 오랑캐들이 중국의 기예를 훔쳐 배워서 중국을 해하였으니, 진나라의 오호(五胡) 같은 것이 그 것이다. 편전을 연습할 때에 야인으로 하여금 익혀 볼 수 없게 하여, 개와 쥐처럼 도둑질하려는 꾀를 예방하는 것이 상책이

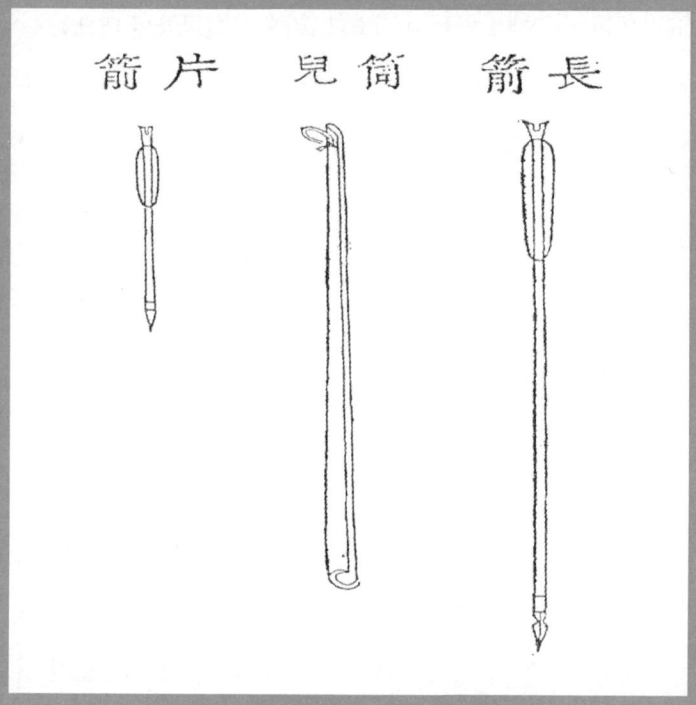

조선 후기의 병서인 『융원필비』에 기록된 편전과 통아 그리고 일반 화살인 장전의 모습. 초기에는 통아를 손목에 걸었고, 후기에는 중지에 걸어 사용했다. 편전은 통아가 없으면 무용지물이다.

다. 혹시라도 그 기술을 습득하여 본토에 전한다면 해가 됨이 적지 않을 것이다. 특히, 길주 이북은 주민들이 야인의 여러 종족과 섞여 산 지가 오래이니, 억지로 저들로 하여금 보지 못하게 한다면, 저들이 반드시 의심을 내어 엿보아서 그 기술을 배우게 될 것이다. 경이 관찰사와 익히 의논하여 항상 사졸로 하여금 야인들이 보는 곳에서 편전을 연습하지 말게 하여, 야인이 보고 익히지 못하게 하고, 또 숨기고 비밀히 하는 뜻을 알지 못하게 하라.

세종은 또한 북쪽의 오랑캐뿐만 아니라 남쪽의 왜적들에게도 편전 쏘는 기술이 유출되지 않도록 특히 주의했다. 같은 해 3월 6일, 예조에서 의정부로 올라온 보고서 내용을 살펴보면 다음과 같다.

한 왜객(倭客)이 싸리나무로 활을 만들고, 소나무로 통아를 만들고, 큰 바늘로 화살촉을 만들고, 대나무를 2촌쯤 깎아서 편전을 만들어 장난삼아 쏘기에, 관인이 그 배운 곳을 힐난하여 물으니, 대답하기를 '전에 부산포에 왔을 때 그 포구의 군인에게서 배웠다' 고 하였답니다. 이것으로 본다면 차츰 전습(傳習)할 염려가 있사오니, 금후로는 각포의 군인으로 하여금 객인과 함께 있는 곳에서는 편전을 쏘는 것을 익히지 말게 하소서.

이렇게 편전을 쏘는 기술이 왜적들에게 유출되는 것을 염려했음을 알 수 있다.

　이후 임진왜란 때에도 편전은 북진하는 왜군의 속도를 늦출 수 있었던 가장 좋은 병기였다. 선조가 평양을 떠나 영변으로 향하던 때에 펼쳐진 전투의 한 장면에서도 편전은 왜군의 간담을 서늘케 했던 무기였다. 당시 대동강 방어 전투를 보면, 먼저 평양성에 병력이 적어 성곽 소나무 사이에 의복을 걸어 거짓 병사(疑兵)로 꾸미고 왜적과 맞닥뜨린 상황이었다.

　왜군들은 대동강 동대원 언덕 위에 일자진을 치며 붉은색과 흰색 기를 펄럭이며 조금씩 평양성을 향해 진격해 왔다. 먼저 그중 10여 명의 왜군 기병이 말의 배까지 물이 차는 강을 건너려고 할 때 군관 강사익이 방패 안에서 몰래 편전을 쏘아 그들을 저지했다. 또한 도원수가 활을 잘 쏘고 날랜 병사들을 배에 태워 강의 중류쯤에서 왜군의 배에 편전 공격을 가하여 그들의 도강 의지를 꺾었다. 여기에 현자총통에 서까래만 한 대장군전을 함께 쏘아 적진으로 날려 보내니, 왜군들은 모두 소리치며 흩어졌다가 그 엄청난 화살의 크기에 놀라 조심스레 모여들어 그것을 구경까지 하였다. 때로는 보이지 않는 편전으로 혼을 빼앗고, 때로는 사람 키만 한 장군전을 쏘아 왜군의 공격 의지를 상실시켰다.

　편전의 위력이 이렇게 대단하다 보니 청나라에서는 공식적으로 사신을 파견해 조선의 편전을 수입하려고 했다. 현종(顯宗, 1641~1674) 때에 파견 나온 청나라 사신이 요구한 군수품을 살펴보면, 왜의 조총 2자루, 조선의 각궁 2장, 통아 2개, 편전 10부를 요구했는데, 조선은 어쩔 수 없이 이 요청을 들어줄 수밖에 없었다.

심지어 숙종 때에는 북경에 사신으로 간 조선 무인들에게 청의 황제가 직접 편전 쏘는 것을 보여달라고 요구까지 할 정도였다. 청나라 황제는 통역관을 시켜 "그대들은 편전을 쏠 수 있는가?"라고 물었고, 이에 대해 "편전은 사람마다 쏠 수 있는 것이 아니며, 또 화살이 부적합하기 때문에 더욱 쏘기 어렵습니다"라고 살짝 꼬리를 감추었다. 그러자 청의 황제는 주변 신하들에게 명령하여 조선에서 구해온 통아와 편전을 조선 무인들에게 주며 쏘도록 명령했다. 처음에는 그냥 공중을 향해서 쏘게 했는데, 그 날아가는 모습이 보이지 않아 이번에는 청나라에서 사용하는 과녁에 대고 편전을 쏘게 했다. 그들의 과녁은 높이가 4척쯤 되고, 너비는 2척쯤 되는 사각형 모양의 가죽으로 된 표적이었다. 표적 위에는 다섯 가지 색깔의 깃발을 달아 놓았고, 그 곁에는 네 명의 호인들이 북을 갖고 있다가 관중 여부에 따라 북을 울려주었다.

이처럼 조선의 편전 위력이 동양 삼국에 알려지자, 중국의 장기(長技)는 창, 조선은 편전, 그리고 왜는 조총이 으뜸이라고 평가했다. 역사상 가장 오랫동안 전장에서 소리 없는 암살자로 이름을 날린 활과 화살, 그중에서도 조선의 편전은 전쟁의 역사상 가장 무서운 병기로 기록될 것이다.

# 4장

# 조선을 지킨 무기와 성곽 그리고 전함

동양 삼국의 장기가 무엇인지 말할 때 '중국은 창, 일본은 도, 조선은 활'이라는 평가받을 만큼 조선시대의 활쏘기 실력은 최고였다. 별것 아닌 것으로 보이지만 우리나라의 전통적인 활쏘기는 상당히 어려운 과정을 거쳐야만 배울 수 있었던 무예였다. 흔들리는 배 위에서 적의 머리를 맞출 정도이면 어느 정도인지 굳이 상상하지 않아도 될 것이다.

# 활쏘기, 상상을 초월하다

　얼마 전 온 나라가 사극 열풍에 빠져 누구는 주몽(朱蒙, 동명성왕(東明聖王), BC58~BC19)이 좋더라 하고 누구는 연개소문(淵蓋蘇文, ?~666)이 좋더라 하며 연일 이야기꽃을 피우기 바빴다. 그중에서 고구려 건국신화에 얽힌 이야기를 다룬 드라마 〈주몽〉에서 훤칠한 인물의 배우인 송일국이 주몽 역을 맡아 대한민국 아줌마들의 애간장을 녹였다. 드라마에서도 종종 등장하지만 주몽의 장기는 활쏘기이다. 그것도 두 눈을 모두 가리고 화살을 쏘거나, 독한 화주 한 동이를 먹어 치운 상태에서도 백발백

고구려 무용총 수렵도. 말을 타고 활로 사냥하는 모습을 그리고 있다. 동양 삼국의 장기를 말할 때 '중국은 창, 일본은 도, 조선은 활'이라는 평가할 만큼 조선시대 활쏘기 실력은 최고였다.

중의 정확도를 자랑하는 그의 실력은 가히 신궁의 경지라 해도 손색없다.

이러한 주몽의 환상적인 활쏘기는 피에서 피로 전해져 고려와 조선시대에도 국가를 지켜낸 최고의 무예로 각인될 수 있었다. 심지어 동양 삼국의 장기가 무엇인지 살펴볼 때 '중국은 창, 일본은 도, 조선은 활'이라는 평가받을 만큼 조선시대의 활쏘기 실력은 최고였다.

특히 조선을 개국한 이성계의 활쏘기 솜씨는 가히 환상적이었다. 『고려사절요(高麗史節要)』를 찾아보면 그의 활쏘기 실력을 가늠해볼 수 있는 이야기가 실려 있는데, 그 상황이 무척 재미있다.

## 활쏘기 실력에 혼쭐난 왜구

1377년 어느 날, 여느 때처럼 칼을 어깨에 들쳐 멘 왜구들은 아무런 의심 없이 남해안의 한 마을을 습격해왔다. 이때 북방에서 급히 파견된 우인열(禹仁烈, 1337~1403) 장군이 정예 기병 500명을 보내어 왜구들과 치열한 전투를 벌인다. 관군들의 조직적인 공격에 왜구들은 대열이 흐트러지고 이내 도망하기에 이른다. 이렇게 도망간 왜구들 중 몇몇은 배를 타려고 다투다가 물에 빠져 죽고 혹은 관군들에게 쫓기다 고슴도치가 되도록 화살을 맞았다. 그리고 살아남은 왜구들은 급기야 지리산 부근으로 도망을 쳐 관군들과 대치하게 되었다. 이때 이성계 장군이 급히 그쪽으로 달려가 왜구들과 대적하게 되었다. 바로 그때 왜구 가운데 한 명이 만화영화 〈짱구는 못 말려〉에서 짱구처럼 엉덩이를 쭉 빼고 살랑살랑 흔들며 관군들을 희롱했다. 보통 왜구들은 바지도 입지 않은 채 기저귀 비슷한 것을 입고 있었으니 그 상황은 굳이 상상하지 않아도 이해가 될 것이다. 거기에 손으로 엉덩이를 툭툭 치면서 희롱했으니 그 모습을 본 이성계는 아마도 머리 꼭대기까지 화가 났을 것이다. 적과 거리는 약 200보 정도였는데 이성계는 냉큼 화살을 하나 꺼내 활에 걸고 회심의 미소와 함께 화살을 날렸다. 그렇게 날아간 화살은 정확히 그 '짱구'의 엉덩이에 박혔다. 그 모습을 보던 왜구들은 모두 혼비백산해 도망치기가 바빴는데, 이후 몇 차례의 전투를 거쳐 왜구들은 전부 섬멸된다.

이렇게 상상을 초월한 활쏘기 실력은 이후 조선을 개국하는 데 상당한 도움을 주게 된다. 그리고 이러한 전통을 이어받아 조선시대에 치러진 무과의 상당 부분은 활쏘기에 집중되었다. 이미 군역을 담당하던 병사들 또한 활을 잘 쏘면 빨리 진급할 수 있었기에 너도나도 활쏘기에 여념이 없었다. 일종의 특별

무과의 일종인 관무재(觀武才)를 비롯한 다양한 시취(試取, 시험으로 인재를 뽑음)에서 입상한 병사들에게 가장 많은 상품으로 나갔던 무기 또한 바로 활이었다.

늘 활쏘기와 함께했던 조선 병사들의 실력은 날아가는 새의 왼쪽 날개를 맞출 건지 오른쪽 날개를 맞출 건지 내기를 걸 정도로 뛰어났다. 이처럼 뛰어난 활쏘기 실력은 흔들리는 배 위에서 유감없이 발휘되었는데 그 실력을 엿볼 수 있는 전투가 있었다.

## 왜구, 방패 사이로 엿보다 화살을 맞다

1523년 중종(中宗, 1488~1544, 재위 1506~1544) 18년 6월, 아직도 정신을 못 차린 왜구들이 또다시 전라도 해안을 기웃거리기 시작했다. 전라도 병마절도사인 군관 나사항(羅士恒)은 왜구들과 치열한 전투를 치르게 된다. 당시 왜구들과 접전한 기록을 살펴보면 대강 이렇다.

먼저 조선 수군은 왜구들을 대비해 투석전에 사용할 반질반질하게 잘 다듬어진 조약돌과 화공에 사용할 마른풀로 이엉을 잇듯 둘둘 말은 초거를 싣고 왜구들을 찾아 나섰다. 얼마 지나지 않아 10여 척의 왜선들이 해안에 출몰하기 시작했다. 마침 해가 질 무렵이라 어렴풋한 그림자를 뒤쫓아보니 부안현감 신종(申鍾)이 왜선 1척을 추격하다가 공격을 받고 후퇴하는 중이었다. 다행히 사상자는 없었으나 날이 저물어 그대로 왜선을 포위한 채 날을 지새우게 되었다.

이윽고 날이 밝자마자, 먼저 화전을 쏴 왜선의 돛대를 부숴버리고 화살을 날려 갑판에 있는 왜구들을 공격했다. 화살이 비 오듯 쏟아지니 왜구들은 전부 방패 뒤로 숨거나 갑판 아래로 숨어들었다. 키를 돌려 남쪽 바다를 향해 도망치기 시작했다. 그리고는 방패 위에 살짝 솟아 있는 방패 귀 사이로 눈만 살짝 내다보고 조선군을 염탐하게 된다. 바로 이때 조선 수군은 최고의 장기인 활쏘기로 도망가는 왜선의 방패 위에 살짝 고개를 내민 왜구의 머리를 정확히 맞춰버린다. 맨땅도 아니고 흔들리는 배 위에서 그것을 맞출 정도의 실력이면 어느 정도인지 굳이 상상하지 않아도 될 것이다.

이후 계속적인 전투 상황을 보자면, 당시 최고의 과학기술의 결정체였던 조선 수군의 총통이 불을 뿜기 시작했다. 그런데 문제는 왜구들의 배가 워낙 빨리 도망을 치고 배의 규모가 크고 높아서 총통을 쏘아도 꿈쩍하지 않았다는 것이다. 왜선은 비록 돛대가 부러졌지만 배의 밑바닥이 뾰족한 첨저선이었던 것에 반해 조선 수군이 타고 있던 판옥선은 평저선이어서 왜선의 순간 가속도는 조선 수군을 능가했다. 더군다나 왜구들의 배는 튼튼한 방패가 겹겹이 보호하고 있던 터라 조선 수군의 공격이 쉽게 먹혀들지 않았다.

상황이 이렇게 되자, 왜선을 나포하는 것이 아니라 아예 바다 위에서 불태워버리는 전술로 바꾸게 된다. 그리하여 왜선에 배를 가까이 붙인 다음, 미리 준비해온 초거에 불을 붙여 왜선에 던져 화공을 가하고 나서 왜구들이 갑판 위로 올라오면 조약돌과 화살로 공격하여 적을 섬멸할 계획을 실행하게 된다.

먼저, 쇠갈고리를 이용해 왜선 갑판을 방어하고 있던 방패에 걸어 잡아당겼다. 이렇게 거리를 좁히고 불이 붙은 횃대를 던져 왜선에 화공을 가했다. 이윽고 불길이 왜선을 가득 메우자 여기저기서 왜구들이 뛰쳐나오기 시작했다. 그때 사로잡은 왜구의 수는 총 14명이었다. 불길이 어느 정도 정리되고 나서 조선 수군은 왜선에 직접 올라가 상태를 살폈다. 배 밑바닥에는 미처 빠져나오지 못하고 불길에 휩싸인 왜구들의 시체가 약 30여 구 정도 나뒹굴었다. 이렇게 전과를 확인하고 본선으로 돌아가려고 할 때 혹시 숨어 있는 자가 있을까 의심스러워서 타다 남은 왜선에 다시 한번 불을 놓아 태웠다. 아니나 다를까 시체 속에 엎드려 있던 왜구 하나가 기어 나오며 살려달라고 빌기 시작했다. 조선 수군은 그 왜구를 무장해제 시키고 사로잡았다. 사로잡은 왜구들은 심문하기 위해 서울로 압송해 영의정이 직접 추국을 열어 죄인을 심문하기에 이른다.

이렇게 활쏘기가 성행하게 되니 민간에서도 활을 배우려고 너도나도 달려들게 된다. 민간에서의 활쏘기를 살펴볼 수 있는 가장 좋은 자료는 김홍도가 그린 풍속화 가운데 하나인 〈활쏘기〉이다.

이 그림을 보면 당시 활 쏘는 수련이 어떻게 이뤄졌는지 알 수 있다. 먼저, 화살을 보면 그 끝이 날카로운 것이 아니라 뭉뚝한 목전의 일종인 박두로 보인다. 그리고 오른편 위쪽 사람은 화살이 곧은지 살펴보고 있고, 아래쪽 사람은 각궁에 시위를 얹고 난 뒤 이리저리 배율을 맞춰 각궁이 비틀리지 않도록 조정하고 있다. 다음으로 이 그림에서 핵심이 되는 활을 처음 배우는 사람과 그를 가르치는 한량의 모습이 무척이나 재미있다. 활쏘기를 배우는 사람은 활시위를 얼마 당기지도 않았는데 인상이 잔뜩 찌푸릴 정도로 어금니를 꽉 깨물고 있고, 그것을 바로잡아주는 한량은 이리저리 손을 옮겨가며 그의 자세를 수정해주고 있다. 신참은 활장갑을 끼고 시위가 팔 부분의 옷에 걸리지 않도록 습을 착용하고 엄지손가락에는 깍지를 걸어 시위를 잡아당기고 있다. 아마도 몇 번 활시위가 뺨을 때려 볼이 불그스레하게 변한 것인지도 모른다. 한번 한량의 입장에서 저 사람의 자세를 바로잡아준다면 대강 이러할 것이다.

김홍도가 그린 풍속화 가운데 하나인 〈활쏘기〉. 우리나라 활쏘기는 별 것 아닌 것 같지만 상당히 어려운 과정을 거쳐야 배울 수 있는 무예의 하나이다.

먼저, 정(丁) 자도 아니고 팔(八) 자도 아니게 두 발을 벌리고, 물동이를 들어 올리듯이 활을 들어 올렸다가 천천히 내려놓으며 잡아당기세요. 자! 이때 앞의 손은 태산을 밀듯이 밀어내고, 뒤의 손은 호랑이 꼬리를 잡아당기듯이 지긋이 잡아당깁니다. 잡아당길 때에는 (어깨를 툭툭 치며) 어깨에 힘이 들어가면 안 됩니다. 배꼽 아래에 힘을 주고, 턱을 들어 어깨에 묻습니다. 만약 턱을 어깨에 묻지 않으면 방금 전처럼 활시위가 뺨을 사정없이 때립니다. 활을 밀어낼 때에는 (팔꿈치에 손을 올려놓으며) 중구미를 뒤집어줘야 시위가 거침없이 화살을 밀어냅니다. 만약 중구미가 뒤집히지 않으면 시위가 뺨을 때리듯 팔을 때리겠지요. 그렇게 화살을 입가에 붙일 정도로 잡아당겼다가 잠시 숨을 멈추고 조준점을 재확인한 다음 화살 잡은 손을 학이 날갯짓하듯이 툭 털어냅니다.

이처럼 별것 아닌 것으로 보이지만 우리나라의 전통적인 활쏘기는 상당히 어려운 과정을 거쳐야만 배울 수 있었던 무예였다. 심지어 보통 사람들은 엄지손가락만으로 활시위를 당긴다는 것을 이해할 수 없을뿐더러 배우지 않는다면 풍속화의 주인공만큼도 당길 수 없을 것이다.

여기서 텔레비전 드라마에서 범하는 대표적인 오류를 보면 바로 엄지 깍지걸이 방식이다. 보통은 양궁에서 화살을 걸듯이

1743년(영조 19) 임금이 종친 및 문무대신들과 함께한 활쏘기 의식을 보여주는 〈대사례도(大射禮圖)〉.

검지와 중지를 걸어 사용하고 있지만 이는 서양 사법이다. 우리나라의 전통 사법은 엄지손가락에 깍지라는 보조기구를 끼워 시위를 당기는 방식이다. 심지어 조선시대 이름난 장군들은 잠을 잘 때도 깍지를 빼지 않아 깍지가 신체 일부분이 될 만큼 활쏘기 수련을 게을리하지 않았다고 한다. 이렇게 쉼 없는 수련이 있었기에 동양 최고의 기예로 추앙받는 조선의 활쏘기 실력이 오늘날까지도 이어져 각종 세계대회에서 우리나라의 남녀 궁사들이 메달 싹쓸이를 하지 않나 싶다. 그리고 깍지 없이 엄지손가락만으로 활을 쏘는 경우도 종종 보이는데, 만약 깍지 없이 화살을 쏘면 시위에 엄지손가락의 피부가 터지는 불상사를 당할 수도 있다. 우리 전통문화 중 무예문화의 핵심인 활쏘기가 사극에서 잘못 표현되는 것 또한 중국의 동국공정에 못지않은 역사 왜곡임을 명심해야 할 것이다.

# 성곽, 한반도의 숨결을 지켜주다

 '전쟁의 역사는 곧 성곽의 역사'라고 이야기할 정도로 성곽은 우리 역사에서 중요한 위치를 차지한다. 성곽은 그 자체로 눈물과 땀으로 만들어진 호국 의지의 결과물이며, 수많은 사연이 담겨 있는 역사의 무대이기도 하다. 눈을 돌려 가까운 산을 바라보면 허리 긴 산성이 있고, 지리상 요충지에 가까운 마을 어귀 작은 구릉에는 어김없이 토성(土城)이 쌓여 있다. 여기에 두 팔을 벌려 넉넉하게 평지를 감싸 안은 읍성(邑城)까지 더하면 한반도 어디에서든 성곽을 볼 수 있다 해도 과언이 아니다.

특히 전체 국토 면적에서 산지가 차지하는 비율이 70퍼센트에 육박하는 한반도에서, 산성은 그 존재만으로도 우리에게는 안심을 주고, 적에게는 두려움을 안겨줬음이 틀림없다. 일찍이 삼국시대에 "고구려 사람들은 성을 잘 쌓고 방어를 잘하므로 쳐들어갈 수 없다"라고 이야기하면서도 막상 쳐들어왔을 때는 번번이 패배의 쓰린 고배를 마셔야 했던 중국에는 한반도의 성곽이란 두려운 존재일 수밖에 없다. 조선 초기 세조가 항상 곁에 두고 '나의 제갈량'이라며 중용했던 양성지(梁誠之, 1415~1482)는 "우리나라는 성곽의 나라"라고 하며 독특한 관방론(關防論)을 제시하기도 했다. 또 조선 후기 수원 쌓은 화성은 실사구시의 학문인 실학의 결정판으로, 정약용을 비롯하여 다양한 실학자들이 직접 성 쌓는 일에 함께하기도 했다.

이처럼 우리의 역사에서 변하지 않는 화석처럼 반만년의 역사를 지탱해준 성곽에는 어떤 비밀이 있는 것일까. 이제 그 안에 담겨 있는 전장의 역사를 살펴보기로 하자.

## 고구려를 보면 우리나라 산성이 보인다

한반도 역사에서 가장 광대한 영토를 경영했던 고구려의 힘은 바로 산성에서 시작한다. 우리의 산맥들은 주로 가로로 겹쳐 있기 때문에 그 자체만으로 어느 정도의 방어선이 되기에 충분했다. 그리고 산맥과 산맥 사이에 흐르는 큰 강들은 두꺼운 얼음이 어는 한겨울이 아니면 쉽게 도강할 수 없어서 천연의 방어물이었다. 여기에 군사 방어 목적으로 세워진 견고한 산성마저 가세한 한반도는 누구도 쉽게 지나갈 수 없는 훌륭한 요새였다고 할 수 있다.

산성의 장점으로는 다음과 같은 점을 들 수 있다. 첫째, 방어할 면적이 좁아서 적은 인원으로 많은 수의 적을 상대하기 쉽다. 둘째, 단독 작전을 수행함으로써 원거리 이동으로 피로가 쌓이고 보급이 원활치 않은 적들에게 지연작전을 펼칠 수 있다. 셋째, 산성 하나를 빼앗긴다고 해도 주변에 또 다른 산성이 있기 때문에 적들이 쉽게 주변을 장악·통제하기가 어렵다. 이 때문에 하나의 산성을 빼앗으려고 매달리다 보면 인근의 다른 산성에서 지원군이 도착해 협공을 당하는 때도 있다. 넷째, 산성 방어 작전은 청야(淸野) 작전과 동시에 진행되는데, 이는 인근의 모든 곡식과 가축들을 성안으로 이동시키고 나머지는 전부 불을 질러 적의 현지 물자조달을 불가능하게 하는 것이다. 이러한 산성의 장점 때문에 고구려는 약 200여 개의 산성을 중국과의 접경 지대는 물론 전국에 분산 배치하며 국토 전체를 요새화해 강력한 국가 체제를 유지할 수 있었다.

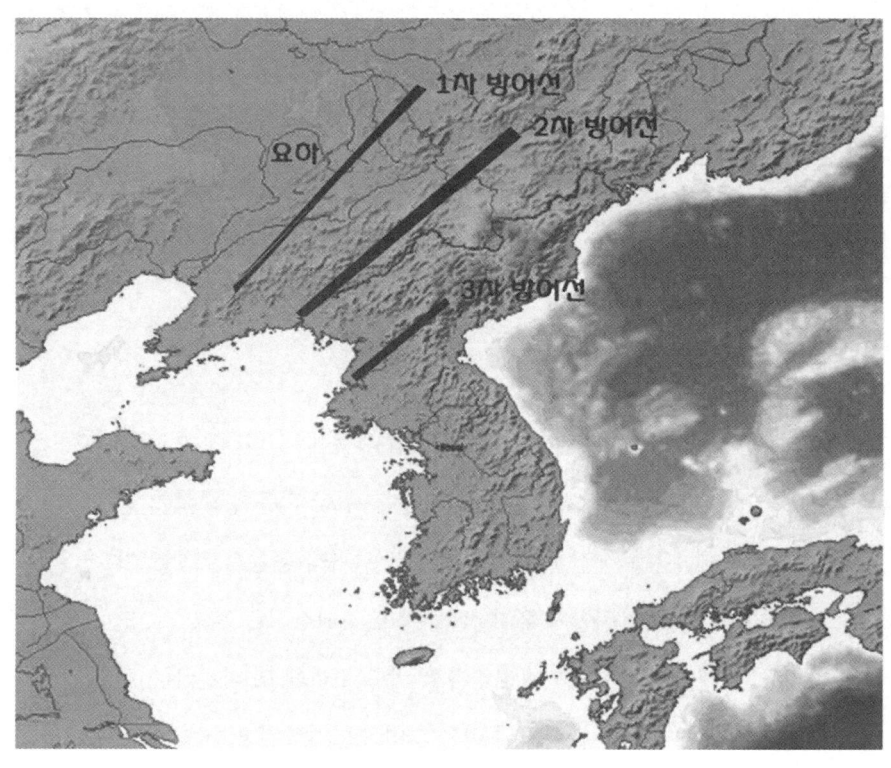

고구려의 중국 방어선. 한반도 역사에서 가장 넓은 영토를 경영한 고구려의 힘은 바로 산성에서 시작됐다. 산맥과 강이 천연의 방어물에 산성까지 겹겹이 막아 한반도는 누구도 쉽게 지나갈 수 없는 훌륭한 요새였다.

특히 고구려의 산성은 수도인 평양성을 중심으로 배치되어 있어 적의 진격 속도를 늦추고 중간에서 보급선을 차단하는 일을 담당했다. 여기에 각 지역의 지방 행정체제가 산성을 중심으로 마련되고, 장기간의 전쟁에 대비한 식량 및 군수물자가 산성에 비축되면서, 산성은 전시에는 단독 작전을 펼칠 수 있을 정도로 뛰어난 자치 방어 능력을 갖추게 되었다.

좀더 구체적으로 고구려 산성의 위치를 살펴보면, 먼저 요하와 요동반도 남단에서 동북쪽으로 뻗은 천산산맥을 중심으로 1차 방어선을 구축했는데 요동성(평지성) · 신성 · 안시성 · 건안성 · 요서 10성 등이 대표적이다. 당시 중국의 수나라 당나라로부터 가장 먼저 공격받는 곳이 이곳들이었기 때문에 신성과 안시성을 비롯한 1차 방어선은 곧 전초기지 역할을 담당해야만 했다.

다음으로 제2차 방어선은 압록강을 중심으로 강 위아래의 지리적 요충지에 건설된 산성들이다. 여기에는 오골성, 오녀산성, 박작성, 백마산성, 국내성 등이 핵심 방어 작전을 수행했는데, 요하 방어선이 무너지면 이곳에서 후방의 지원군을 모아 공세를 펼칠 수 있도록 하는 일종의 중간 보급선이기도 했다.

마지막으로 제3차 방어선은 수도 방위선으로 당시 수도였던 평양의 대성산성을 중심으로 삼중의 방어벽을 쌓아 최후 방어선으로 삼았다. 당시 주변국인 백제나 신라도 이렇게 산맥과 강을 중심으로 산성을 쌓아 방어력을 높였다.

## 산성 전투, 그 역사의 현장을 보다

일반적으로 성곽 전투의 기본은 파성추(破城鎚, 성을 깨뜨리기 위한 무기)와 충거(衝車, 큰 나무로 성에 충격을 주는 무기)를 비롯한 다양한 공성(攻城) 기구를 이용해 성벽과 성문을 공격하거나 성벽에 사다리를 놓고 넘어가는 방식이었다. 또 성의 지반이 약하면 땅굴을 파서 여기에 물을 대어 성벽을 무너뜨리는 방식이 동서양을 막론하고 보편적으로 이용되었다. 그러나 산성은 지형으로 접근이 쉽지 않아 아무리 많은 수의 적이 오더라도 성을 공격하는 수는 한정될 수밖에 없었다. 게다가 절벽이나 암벽 등을 이용해 세워진 산성은 땅굴을 팔 수가 없었기 때문에 더욱 공격하기 어려운 요새였다.

특히 고구려 이후 우리나라에 지어진 산성을 보면 그 구조가 복잡해진다. 치(雉, 성벽에 기어오르는 적을 공격하기 위해 성벽 밖으로 군데군데 내밀어 쌓은 돌출부)와 옹성(甕城, 성문을 보호하고 성을 튼튼히 지키기 위하여 큰 성문 밖에 쌓은 작은 성)을 비롯해 다양한 복합 방어 시설물이 더해졌던 것이다. 멀리서 보면 그저 원형의 모습을 이룬 산성이라고 할지라도 적군이 성벽에 기어오르면 정면뿐만 아니라 좌우의 돌출된 치에서 공격해 방어했고, 성문을 이중으로 방어하는 옹성은 적군이 성문에 쉽게 접근할 수 없을 정도로 강력한 방어력을 유지했다.

좀더 구체적으로 산성 전투의 모습을 엿보도록 645년 6월에 있었던 고구려와 당나라의 안시성 전투를 살펴보자. 이미 요동성을 점령하여 기세가 오른 당나라 군대는 파죽지세로 안시성까지 공격해 들어왔다. 그러나 안시성은 지형이 험하고 정예의 군사들이 지키고 있었고 특히 지휘관은 모략이 뛰어나기로 정평이 난 양만춘(楊萬春, 생몰년 미상) 장군이었다. 먼저, 당군(唐軍)은 앞서 요동성을 공격했듯이 다양한 공성 기구를 이용해 성문과 성벽을 부수고 수많은 운제(雲梯, 높은 사다리)를 동원해 집요한 공격을 펼쳤다. 그러나 적이 성문을 공격하면 고구려 군사들은 좌우의 적대(敵臺, 성문 양옆에 외부로 돌출시켜 옹성과 성문을 적으로부터 지키는 네모꼴의 대(臺))에서 뜨거운 기름을 붓거나 활을 이용한 교차 사격을 했고, 적이 주변 성 담장을 넘으려고 하면 돌출된 치에서 장창수(長槍手, 긴 창을 쓰는 군사)들과 궁수들이 합동으로 공격했다. 산성을 효과적으로 활용한 고구려군의 뛰어난 방어작전 앞에서 당나라 군대의 피해는 계속 늘어만 갔다. 특히 안시성은 험준한 고지에 있었기에 아래서 위를 바라보며 펼쳤던 당군의 공세는 쉽게 성과를 얻기가 어려웠다. 게다가 안시성이 있던 산은 바위산이었다. 땅굴 공격은 상상할 수도 없었다. 이에 당군은 그것을 역이용해 안시성과 같은 높이로 토산(土山)을 쌓아 하향 공격의 거점으로 삼으려 했다.

당군은 60여 일 동안 연인원 50만 명을 동원해 신속하게 토산을 쌓았다. 그러나 너무 빨리 토산을 쌓는 바람에 하부에 지지력이 약해져 무너지기 일쑤였다. 인공 토산이 완성되었을 때도 갑자기 무너져 안시성의 성벽을 덮쳤으나 고구려군 수백 명이 토산을 기습 점거하고 방어력을 갖추는 바람에 당군의 전의는 땅바닥에 떨어지고 말았다. 이후 당군은 약 3일에 걸쳐 토산 탈환 작전을 펼쳤으나 불완전한 인공 토산이라 공격하기가 더욱 까다로워 마침내 공격을 포기했다. 여기에 매서운 겨울 추위가 몰려오면서 당 태종은 전투 시에 다친 한쪽 눈을 어루만지며 피눈물을 머금고 철군하기에 이른다. 이처럼 산성 전투는 방어자에게 극히 유리한 지형지물이어서 공격자들에게는 악몽과도 같은 전투의 연속일 수밖에 없었다.

## 남한산성, 그 처절한 역사의 현장

앞서 살펴본 것처럼 산성은 그 자체로 충분히 단독 방어 작전이 가능하고 주변의 인근 성에서 지원군이 나와 돕는다면 쉽게 넘어설 수 없는 요새 같은 곳이었다. 그러나 산성 방어 전략이 꼭 장점만 있는 것은 아니었다. 구체적으로 산성의 가장 큰 단점은 바로 '물'이었다. 사람이든 동물이든 물은 생존에 꼭 필요한 것인데, 산성은 우물이 마르거나 적이 독약을 풀면 큰 문제가 발생했다. 우물이 없는 산성의 경우에는 주변 계곡의 물을 인위적으로 이동시키거나 물을 길어 사용했는데, 계곡까지 성벽을 쌓은 포곡식(包谷式) 산성이 대표적이라고 할 수 있다. 물과 함께 식량 또한 중요한 요건인데, 만약 적의 화공(火攻)으로 식량창고에 불이 붙으면 속절없이 성을 내줘야만 했다.

우리나라 역사에서 병자호란 중에 벌어진 남한산성 전투를 최악의 산성 전투라고 할 수 있는데 이를 살펴보면 산성 전투의 한계점을 짚어볼 수 있다. 1636년 12월 2일, 청나라는 청나라군 7만 8000명, 한나라군 2만 명, 몽골군 3만 명으로 이루어진 대규모 원정군을 조선에 보낸다. 특히 이때는 약 6000기의 청 기병이 선봉부대로 투입되었는데, 산성을 빼앗는 전투를 하지 않고 신속하게 남하해 조선의 산성 방어 전략을 무너뜨린다. 불과 일주일 만에 한양 근교의 양철리(현재의 서울 은평구 불광동 부근)까지 쾌속 진군해 주변의 군사시설물을 장악한 청 기병들은 강화도로 이어지는 교통로까지 봉쇄함으로써 조선에 결정적인 타격을 입힌다. 왕자와 종실, 백관의 가족들은 봉쇄 전

남한산성. 우리나라 역사에서 최악의 산성 전투는 병자호란 중에 벌어진 남한산성 전투라고 할 수 있다. 산성은 방어하기에 더없이 좋은 공간이지만, 외부에서 적이 포위하고 공격하는 압력에 자체적으로 견딜 수 있는 자생력이 없으면 적의 고사 작전에 휘말려 어쩔 수 없이 성문을 열어줄 수밖에 없는 상황에 직면하게 된다.

에 강화도에 입성하였지만, 인조를 비롯한 백관들은 피신할 길을 잃고 다시 도성으로 귀환하게 된다. 이후 청의 후속 부대들 역시 무리하게 산성을 공격하지 않고 소부대로 산성을 압박하는 공략을 취했고, 본진(本陣)은 그대로 남하해 개전 20일 뒤에는 후속 부대들까지 한양에 근접하게 된다.

어쩔 수 없이 남한산성에 최후의 보루를 마련한 인조는 결사항전의 결의를 다져야만 했다. 남한산성은 성곽의 길이가 약 6297보, 옹성 31개소, 대문 4개소, 암문(暗門, 적의 눈에 띄지 않는 곳에 만든 출입구) 16개를 갖추고, 성안에는 국왕의 임시 거처인 200여 칸의 행궁과 약간의 군사시설이 있을 정도로 대규모 산성 가운데 하나였다. 당시 성내의 인원은 군사 1만 3800여 명에 문무백관을 비롯한 그들의 시종들을 포함하여 전체 1만 4300여 명이었다. 그러나 결정적으로 당시 산성에는 1만 명의 군사들이 1개월 정도를 버틸 수 있는 식량이 전부여서 장기전을 수행하기에는 상당한 어려움이 따랐다. 인조는 명에 원병을 요청하는 한편, 근왕병들을 소집해 남한산성의 전투를 돕도록 군령을 내렸다.

이윽고 인조가 남한산성에 갇힌 지 일주일이 되던 12월 22일, 청나라군은 5000여 명의 병력을 동원해 구릉지에서 남한산성에 화포 사격을 가하며 공격을 시작했다. 이후 청군은 긴 사다리차와 문을 부수는 충차를 움직여 맹렬히 공성전을 펼쳤다.

그러나 조선군도 청군의 맹렬한 공격에 맞서 화포를 쏘고 화살을 날려 청의 공격을 막아냈다. 이후 청군은 몇 차례 후속 공격을 감행했으나 소득이 없자 남한산성을 중심으로 주변 약 1킬로미터에 거마목(拒馬木, 말이 지나가지 못하게 걸쳐놓은 나무)을 비롯한 목책(木柵, 통나무 울타리)을 설치하고 외부와의 소통을 완전히 차단하는 일종의 '조이기' 작전에 들어간다.

인조가 남한산성에 고립되자, 여러 도의 근왕병들은 남한산성을 향해 진군하기 시작했다. 그러나 임진왜란을 치르고 얼마 되지 않은 시점에서 군비와 훈련이 충분치 않은 병사들이 강력한 화포와 빠른 기병으로 구성된 청군을 상대하기에는 역부족이었다. 그리고 12월 29일 도체찰사 김류가 남한산성의 북문을 열고 무모하게 청군에 돌격했다가 적의 매복 공격에 걸려 약 300여 명의 병사들이 순식간에 도륙되자 남한산성의 방어군은 완전히 전의를 상실하게 된다. 이는 남한산성의 식량 상태가 좋지 않은 상황에서 발생한 일이어서 매서운 겨울 추위와 배고픔에 시달린 병사들에게는 치명적인 타격이었다. 결정적으로 청군 우익군이 1월 22일 강화도를 함락하고 비빈, 왕자, 종실, 백관의 가족들을 모두 포로로 잡았다는 소식이 전해왔다. 여기에 남한산성 바로 아래까지 포위망이 좁혀지고 산성 전체에 걸쳐 총공격할 태세가 갖춰지자 더 이상의 항쟁 의지는 사라지게 되었다. 이로써 인조는 45일 동안의 처절한 항쟁을 마치고 1월

30일 남한산성에서 나와 삼전도 나루터에서 청 태종에게 무릎을 꿇는 치욕을 감내해야만 했다.

이처럼 산성은 방어하기에 더없이 효과적인 공간이기는 하지만, 그만큼 외부의 압력에 스스로 견딜 수 있는 자생력이 없으면 적의 고사 작전에 휘말려 성문을 열어줄 수밖에 없는 상황에 직면하게 된다.

## 산성의 진화, 수원 화성

임진왜란과 병자호란을 거치면서 화약무기의 위력은 더욱 두드러졌다. 이에 따라 기존의 산성 방어 전략 또한 많은 수정을 하게 된다. 기본적으로 산성 방어 병력은 성의 담장, 즉 여장(타)을 따라 배치되는데 1타(1타는 타구와 타구 사이)당 8명의 병사가 방어했다. 1타에는 보통 3개의 총안(총을 쏘는 작은 구멍)이 있는데, 여기에 조총수, 궁수, 장창수 및 도검수들이 섞여 배치되었다. 그리고 총통과 불랑기(佛狼機, 대포)를 비롯한 대구경 화포는 5타당 1기가 배치되어 화력을 높였다.

조선 후기 최고의 성곽 건축물로 평가받아 세계문화유산에도 등재된 수원 화성은 산성과 읍성이 혼합된 성곽으로 전체 길이 5743미터(4600보), 총 913개의 타로 외곽 방어선이 구축되어 있다. 다시 말해 수원 화성을 지키려면 약 7300여 명의 병사가 있어야만 효과적인 방어를 할 수 있다는 것이다. 당시 화성을 방어했던 장용영 외영(外營)의 경우 훈련도감의 인원보다 많은 약 1만 5000명 정도가 주둔했던 곳이기에 충분한 방어력이 유지되었다. 특히 남한산성 전투에서 적이 구릉에 올라가 화포를 쏘아 타격이 컸던 점을 고려해 성곽 주위에 높은 구릉이나 산이 있으면 공심돈(空心墩, 내벽과 외벽을 원형 또는 방형(方形)으로 2~3층 쌓아 올리고 위에는 누정을 세워, 벽에 총구를 내어 내·외벽을 돌면서 적을 사격할 수 있게 만든 건축물)이라는 특수한 방어 시설물을 세워 방어력을 보강했다. 그리고 성벽 전체를 포격에 안정적으로 보호하기 위해 기존 산성은 10미터 이상의 높은 성벽이지만 화성은 전체 높이를 약 5미터 정도로 낮게 쌓고 직사각형의 긴 성돌을 성벽 안 흙 언덕에 기대 세워 포격의 충격파로부터 성벽을 보호했다. 또한 적의 포격으로부터 집중적으로 공격받을 만한 곳은 일반 돌이 아닌 구운 벽돌을 이용해 적의 포격에 일순간 건물이 무너지는 것을 방지했다. 여기에 포루(砲樓)와 치성(雉城)을 효과적으로 배치해 교차 지원 사격을 가능케 했고, 성문 주변에는 옹성을 쌓아 이중 방어벽을 설치했다. 또 중심 성문에는 적대를 쌓아 홍이포(紅夷砲)를 비롯한 대구경 화포로 원거리의 적을 포격할 수 있도록 했다. 방어군으로서 화성에 올라 성

화성의 서문인 화서문. 고구려 산성과 중국 성제의 장점을 모아 조선 후기 최고의 성곽으로 탄생한 화성은 성문 앞으로 둥근 옹성을 설치하고 옆으로 공심돈이 있어 효과적인 방어가 가능했다.

밖을 바라보면 성벽 바로 아래까지 사각지대 없이 완전 교차 사격이 가능한 철옹성으로 자리 매김 할 수 있었던 것이다.

## 반만년의 역사와 성곽

앞서 살펴본 것처럼, 우리의 역사 속에서 성곽은 반만년의 역사를 지탱해준 귀중한 울타리와 같은 것이다. 지금도 남한산성을 비롯한 수많은 산성은 산을 찾는 사람들에게 또 다른 즐거움을 주고, 동래 읍성이나 수원 화성은 도시에 사는 사람들에게 과거와의 색다른 만남을 주선해주고 있다. 이처럼 잠시 눈을 돌리면 수많은 문화유산이 우리의 눈을 기다리고 있다. 조금만 더 여유로운 눈길로 그것들을 바라보고 후세에 전해주려면 국토개발이라는 핑계로 문화재가 파괴당하고 고통당하는 일은 더는 없을 것이다. 역사는 관심을 두는 만큼 보이는 것이고, 그 보이는 만큼 문화재에 대한 사랑이 생길 것이다.

# 조선의 무기들

## 단병무기

많은 사람은 텔레비전 사극이나 영화 속 전쟁 장면을 보면서 과거의 전투를 연상하곤 한다. 또 박물관에 진열된 활이나 창 칼 등 다양한 고대 무기들을 볼 때도 시각화된 화면에서 얻은 정보를 토대로 그 무기들의 위력이나 쓰임새를 짐작한다. 그만큼 이 사극이나 영화에서 그려진 모습들이 우리에게 미치는 영향은 크다 하겠다. 그렇다면 과연 이 전투 장면들은 얼마나 정확할까?

결론부터 말하자면, 사극이나 영화에서 그려지는 전투 장면은 우려될 정도로 왜곡이 심하다. 전투가 있었던 시대에는 사용되지도 않았던 무기들이 버젓이 등장하는가 하면, 기병들이 사용하는 무기를 보병들이 들고 싸우는 등 잘못된 장면들이 너무나 많다.

예를 들어 날렵하게 생긴 양날의 검(劍)은 조선시대 전투 현장에서는 볼 수 없는 것이었다. 이때에는 양날의 검보다 훨씬 내구력이 좋고 사용하기 편리한 외날의 도(刀)가 쓰였다. 장군들은 물론 병사들도 도 형태의 칼을 사용했다. 반면 양날인 검은 주술적인 상징성이 더해지면서 북두칠성이 새겨진 칠성검을 비롯해 의례적 목적에 사용하는 도구로 쓰였다. 검과 도는 사용하는 방법도 다르다. 양날의 검은 찌르기 공격이 핵심이고, 외날인 도는 베는 것이 중요한 특징이다. 그런데 대부분 드라마나 영화에서는 무기들의 특징을 살리지 못하고 마구잡이식으로 휘두르는 모습이 자주 목격된다. 대규모 전투뿐만 아니라 장수와 장수가 싸우는 장면에서도 종종 양날 검이 등장해 시대를 왜곡하는 모습들이 연출되곤 한다. 문제는 고증이 제대로 이루어지지 않은 이런 사극들을 보면서 사람들은 그것이 마치 진짜 전투의 모습인 것처럼 오해한다는 것이다.

물론 급박한 전쟁 상황에서 어떤 무기를 쓰느냐가 그렇게 중요한 문제냐고 항변할 수도 있다. 그러나 전쟁과 전투는 '반드시 승리해야 한다'는 절체절명의 과제가 있기에 가장 과학적이고 체계적으로 다가가야만 올바르게 이해할 수 있다. 병사들이 목숨을 걸고 싸우는 전투 현장에서 무기의 선택은 승패를 결정짓는다고 해도 과언이 아닐 것이다.

그렇다면 조선시대에는 과연 어떤 무기들이 사용되었을까? 얼굴과 얼굴을 맞대고 싸우는 단병접전에서 어떤 무기들이 사용되었고 병사들은 어떻게 훈련하고 싸웠는지를 살펴보자.

## 칼이라고 다 같은 칼이 아니다

조선시대에는 대표적으로 환도(環刀), 쌍수도(雙手刀), 언월도(偃月刀), 협도(挾刀) 등 다양한 크기와 형태의 칼이 사용되었다. 이외에도 왕실 의례에 사용되던 운검(雲劒)이나 벽사(辟邪, 나쁜 귀신을 물리침)의 의미를 담은 참사검(斬邪劍) 등이 있지만 이러한 칼은 전투 현장에서는 그 효용성의 문제로 거의 사용되지 않았다. 그중 환도는 조선을 대표하는 칼이라고 할 수 있는데, 조선 후기에 이르러서는 칼 모양의 모든 것을 환도라 통칭해서 부를 만큼 널리 알려졌다.

몇 사료를 통해 볼 때 환도라는 이름이 붙여진 데는 두 가지의 유래가 있다. 첫째, 고려 중기 이후부터 사용되던 것으로 칼의 손잡이 부분을 방어하는 칼방패(검막)가 둥근 형태라서 붙여졌다는 설이 있다. 둘째, 칼을 몸에 휴대할 때 칼집에 빙글빙글 도는 고리가 달려 있어 환도라는 이름으로 불렸다는 설이 있다. 조선시대 기록화에서 병사들이 칼을 패용하고 있는 모습을 보면 대부분 환도의 고리 쪽을 허리 부분에 매단 것을 쉽게 확인할 수 있다. 기록화에 따르면 조선시대에는 궁궐을 지키는 수비병부터 왕의 능행차를 호위하는 군관들까지 칼의 손잡이를 등 뒤로한 채 사선으로 칼을 늘어뜨려 휴대했다.

환도는 몸에 늘 차고 다녀야 했기에 왜검(일본도)에 비해 그 길이가 상당히 짧았다. 그리고 환도의 손잡이에는 장식 매듭인 홍조수아(紅條穗兒)를 거는가 하면, 값비싼 어피(魚皮, 물고기 가죽)로 칼집까지 둘러싸는 등 신분에 따라 칼의 외형도 다양했다.

특히 조선 초기에는 길이가 통일되지 않자 병사들이 환도를 짧게 변형시켜 사용했기에 실전성의 문제로 문종이 직접 나서서 이를 규격화하려 했다. 그러나 병사들은 휴대가 편리하다는 이유로 다양한 크기의 환도를 사용했다. 환도는 대부분 공물의 형태로 지방에서 환도장이 만들어 군기시를 비롯한 군영에 납품했는데, 규격대로 납품받았더라도 환도를 받은 병사가 이를 변조해 가능한 한 짧게 만들어 찬 것이다. 이렇게 환도의 길이가 짧아지다 보니 환도는 적을 살상하는 무기가 아니라 자신의 몸을 방어하는 호신용 칼로 전락하고 말았다. 이 때문에 임진

조선 후기 기록화인 〈안릉신영도(安陵新迎圖)〉의 일부분이다. 그림에서처럼 활과 화살집인 동개일습을 차고 거기에 환도를 손잡이가 뒤로 가게 돌려 차고 있는 모습은 대표적인 군장체계였다. 기병뿐만 아니라 보병 또한 이와 유사한 방식으로 환도를 찼다.

왜란 발발 초기에 조선군은 1미터가 넘는 왜검을 휘두르며 돌격해오는 왜군에게 속절없이 무너지고 말았다. 보통 전투에서 사용하는 무기의 길이는 곧 목숨의 길이와도 비교되는데, 자신의 무기가 통제할 수 있는 범위 안에서 크면 클수록 적에게 치명적 공격을 가하기가 유리했기 때문이었다.

　이렇게 환도의 길이가 짧아지다 보니 그 사용법 또한 길이가 긴 왜검과는 상당히 달랐다. 왜검은 크게 한 번 내려 베어 상대를 단칼에 제압하는 방식의 수련이 주를 이루는 데 반해, 환도는 섬세하게 적을 파고들어 찌르거나 신체의 약한 부분을 교묘하게 베는 기법이 발달하게 된다. 따라서 전투에서 환도를 제대로 사용하려면 상당히 오랜 기간 수련을 거쳐야 했다. 환도를 사용하는 병사들은 일반적인 군사훈련에 개인적인 수련을 더해야만 했는데, 훈련이 충분치 못하면 그 길이의 한계 때문에 왜검에 눌릴 수밖에 없었다. 이후 임진왜란을 거치면서 환도의 한계를 보완하기 위해 쌍수도라는 왜검보다 더 큰 크기의 칼을 사용하는 법이 군영에 보급되었으나 오래가지 못했다.

　이렇게 크기의 다양한 변화가 있었던 환도는 조선 말기에 이르러서는 완전히 의장적인 성격으로 변했다. 심지어 전장 길이가 30~40센티미터 정도로 짧게 줄어들어 그 효용성을 완전히 상실하게 되었다. 물론 당시는 화약무기가 급속하게 발달한 상황이었고, 구식 군대가 신식 군대로 대체되는 전환기였기에 환도의 효용성이 떨어질 수밖에 없는 점도 있었다. 하지만 병사들에게 칼은 곧 자신과 국가를 방어하는 상징체로 이후 조선의 국권 상실과도 상당 부분 그 맥을 함께한다고 볼 수 있다.

이렇게 짧은 환도의 한계를 극복하기 위해 탄생한 것이 언월도(偃月刀, 초승달 모양의 칼)와 협도(挾刀, 칼날 폭이 좁고 긴 칼) 등 자루가 긴 칼이다. 언월도는 『삼국지』의 관운장이 사용했다고 하는 청룡언월도가 대표적인데, 임진왜란 때 왜검을 가장 효과적으로 방어했던 단병무기가 바로 언월도였다. 병사들은 환도와 마찬가지로 언월도도 자신의 몸에 맞게 크기를 변형해 중월도(中月刀)나 반월도의 형태로 사용했다. 기병들은 돌격 작전 때 언월도를 치켜들고 전투를 하기도 했다. 언월도는 주로 찍어베는 기법이 주를 이루지만, 협도는 협도곤(挾刀棍)이라는 긴 봉에 짧은 칼날을 붙인 형태에서 출발했기에 그 쓰임새가 주로 찌르기가 중심이 되고 이후 짧게 베는 기법이 추가되었다.

## 쓰임새에 따라 다른 창의 길이

고대부터 사용한 무기 중 칼보다 먼저 전투 현장에 등장한 것은 바로 창이었다. 창은 곧은 나무를 뾰족하게 다듬어 찌르는 방식으로 적을 제압했는데, 금속 무기가 나오기 전부터 효과적인 전투 무기로 인식되었다. 조선시대에는 그 형태와 길이에 따라 장창(長槍), 죽장창(竹長槍), 기창(旗槍), 표창(鏢槍) 등 다양한 창이 사용되었다.

  이 중 장창과 죽장창은 주로 여러 겹으로 층을 이룬 밀집대형을 짜서 적 기병들의 돌격을 저지하는 역할을 담당했다. 특히 장창과 죽장창은 길이가 3~4미터가 넘는 대형 무기로 창을 머리 위로 치켜들면 숲이 움직이는 듯해 멀리서도 적의 군마를 희롱할 정도로 위력이 있었다. 죽장창은 태산압란세(太山壓卵勢)라는 자세로 공격을 시작했는데, 이 자세는 두 손으로 창 허리를 잡고 곧게 세워 마치 맷돌을 갈듯이 창을 흔들며 소리를 지르는 것이다. 죽장창은 길이가 긴 만큼 통제하기가 어려워 주로 큰 자세보다는 적의 눈을 향해 창을 겨누고 위아래로 움직이며 전진, 후진을 하는 방식으로 수련했다. 이러한 공격의 흐름은 대적, 기만, 방어, 공격의 순으로 이뤄졌으며 상대에게 일격을 가하고 나서 재빨리 몸을 뒤집으며 물러나 적의 돌격을 방어했다. 그리고 적의 기병이 일시에 돌격해올 때는 10~20명 정도가 사각형의 방진을 짜서 서로 등을 맞대고 앉으며 창날을 흔들어 적 군마의 목을 찌르는 방식으로 방어 작전을 펼쳤다. 이때에는 주로 2인 1조가 되어, 한 명은 창의 끝 부분을 땅에 누르고 나머지 한 명은 적을 겨누는 역할을 담당해 긴 장창을 효과적으로 운용했다.

장창에는 혈조(血漕)라 하여 창날 중간에 길게 판 일종의 피홈이 있었다. 이것은 적을 찔렀을 때 쉽게 빠지지 않을 경우를 고려해 만든 독특한 구조이다. 물론 이 혈조는 일본도에서도 나타나는데, 이 혈조를 통해 피가 흘러나와 경직된 근육에 박힌 칼이 쉽게 빠지도록 한 것이다.

기창(旗槍)은 깃발이 달린 짧은 창을 말하며 단창(短槍)이라고도 했다. 기창은 전장 길이가 약 2미터 남짓 되는 비교적 짧은 창에 붉은색 혹은 황색의 깃발을 달아 군사신호용으로도 사용했다. 기창을 휘두르면 펄럭이는 소리와 함께 적의 시야를 가리는데, 이 때문에 기창은 야간 기습공격 시에는 아군의 수가 많게 보이도록 하는 효과가 있었고 적의 군마 앞에서 휘둘러 말을 놀라게 하려는 목적으로도 쓰였다. 특히 조선 후기에 사용된 기창은 창날 하단의 'ㄴ'자 형태로 된 작은 구조물에 등불을 매달아 야간 군사훈련에 사용하기도 했다. 이 구조물은 적의 칼날을 막거나 찔렀을 때 일정 부분 이상 들어가지 않게 하는 역할도 했다.

마지막으로 표창(鏢槍)은 방패를 든 팽배수가 보조 무기로 사용하던 것으로, 적이 멀리 떨어져 있을 때 표창을 던져 적을 살상하는 무기였다. 보통 표창이라고 하면 일본의 닌자들이 사용하는 별 모양이나 단도 모양의 아주 작은 무기를 연상하는데,

전투에서 사용하는 표창은 길이 1.5미터 내외의 투창이었다. 전투에서 표창의 쓰임새를 보면, 방패 뒤에 숨어 있다가 적이 일정한 거리 이내로 달려 들어오면 방패 너머로 표창을 던지고, 이후 환도를 들고 근접전투를 치르는 방식이었다.

표창을 쓰는 병사들은 방패를 가지고 재빨리 일어나고 앉는 것을 반복해야 했기에 하체 힘이 튼튼한 사람을 골라서 배치했다. 이는 로마의 팔랑크스(Phalanx)라 불리는 밀집대형 전투 방식과도 유사하다. 로마의 전투병들은 필룸(Pilum)이라는 독특한 모양의 창을 적에게 던져 적의 방어막을 무너뜨렸다.

## 특별하고 위력적인 단병무기

조선시대 단병무기 중 가장 특이하게 생겨 보는 이들로 하여금 많은 궁금증을 자아내게 하는 무기는 바로 낭선(狼筅)이다. 제거하지 않은 긴 대나무의 수많은 가지 끝에 뾰족한 철 조각을 단 낭선은, 그 크기와 모양에서 다른 단병무기와는 많이 다른 모습을 하고 있다. 이것은 전체 길이가 약 3미터가 넘었고, 무게는 약 4.5킬로그램에 육박하는 대형 무기였다. 특히 가지 끝에 달린 철 조각에는 독약을 발라 조금 스치기만 해도 죽을

낭선은 워낙 무겁고 큰 무기라서 일반적인 칼이나 창과는 다르게 두 팔을 넓게 벌려야만 움직일 수 있었다. 손잡는 모양 또한 특이해서 뒷손은 검지와 중지 사이에 끼고 움직여 배우기도 쉽지 않은 무기였다. 이 낭선 가지 끝에 독을 발라 휘두르며 적의 접근을 막는 방어용 무기로 손색이 없었다.

수 있었기에 적에게는 치명적인 무기였다. 낭선은 중국 남부 지방에 왜구들이 창궐하자 그에 대응하기 위해 중국의 명장수인 척계광이 농민군들이 쉽게 사용할 수 있도록 고안해낸 무기였다. 물론 당시엔 지방군의 재정이 극도로 취약했기에 주변에서 쉽게 구할 수 있는 대나무를 활용해야만 했던 이유도 있다. 적은 비용을 들여 제작된 낭선은 일종의 빈곤형(?) 무기인 셈이다.

낭선은 그 크기와 무게 탓에 다루기가 어려웠다. 그래서 낭선을 다룰 체격이 좋고 허릿심이 센 병사를 특별히 선발했다. 낭선은 일반적인 무기를 드는 방식과는 다르게 두 팔을 좌우로 크게 벌려 마치 줄을 설 때 좌우로 나란히 하는 것처럼 넓게 잡아 움직였다. 그러나 죽기 살기로 달려드는 왜구는 이를 돌파하는 일도 있어 보통 등패수(藤牌手, 등패를 사용하는 병사)들과 함께 짝을 이뤄 전투에 임했다. 낭선의 핵심적인 공격 흐름은 큰 낭선을 빠르게 시계방향으로 돌렸다가 반시계방향으로 연이어 돌리는 압하·가상의 자세가 있고, 구개세(鉤開勢)라 하여 낭선을 좌우로 크게 흔들어 적을 쓸어버리고 그 사이로 등패수들이 공격할 수 있도록 길을 터주는 것이다. 낭선도 장창의 전술과 같이 밀집대형을 취하기도 하였는데, 열을 지어 서 있는 낭선은 현대 참호전의 주력 방호물인 철조망과 같은 역할을 해 돌격하는 적들을 저지하는 데에 효과적으로 사용된 방어형 무기였다.

낭선을 방어형 무기로 본다면 공격형 무기 중 가장 특이하게 생긴 것은 편곤(鞭棍)이다. 편곤은 그 모양이 벼나 보리를 타작할 때 쓰는 도리깨와 형태가 유사한데, 긴 봉에 짧은 봉을 이어 붙여 마치 쌍절곤의 한쪽 봉이 아주 긴 형태라고 보면 이해가 쉬울 것이다. 낭선과 마찬가지로 편곤 또한 임진왜란 때 명나라에서 도입했다. 편곤은 그 독특한 형태와 사용법 때문에 처음에는 잘 사용되지 않다가 기병의 돌격작전에서 창이나 칼보다 월등한 타격력을 보이면서 군영에 보급되었다. 창이나 칼은 적이 갑옷을 입었으면 공격하기가 어렵고, 설사 제대로 찔렀다 해도 쉽게 뽑히지 않아 종종 애를 먹었다.

반면 편곤은 무조건 때려 부수는 방식의 타격 무기여서 적이 갑옷을 입었든 벗고 있든 상관없이 전장에서 가장 효과적으로 사용되었다. 이 때문에 조선 후기의 기병은 반드시 편곤을 휴대했고, 말안장에 고리를 만들어 편곤을 걸 수 있도록 해 휴대의 편리성을 높이기도 했다. 조선 후기 들어 화약무기가 급속도로 발전했지만 편곤은 여전히 위력을 발휘했다. 당시에는 조총이나 화포의 재장전 시간이 여전히 길었기 때문이다. 적이 재장전하는 사이에 기병은 상대 진열을 뚫고 들어가 편곤을 휘두르며 적의 진영을 쑥대밭으로 만들었다. 편곤은 독특하게 360도 회전할 수 있는 무기였기에 성안에서 성벽을 기어오르는 적에게도 효과적인 공격을 할 수 있었다. 포졸들은 육모방망이와 함께 편곤을 40~50센티미터의 작은 형태로 변형해 사용하기도 했다.

다음으로 특이하게 생긴 단병무기로는 갈고리 모양의 구창(鉤槍)이 있다. 이 무기는 창날의 좌우에 사선으로 갈고리를 이어 붙여 만든 무기로 주로 말 위에 탄 기병을 갈고리로 걸어서 끌어내리고 찔러 죽일 때 사용한 무기였다. 이 갈고리의 역할을 확대하여 만들어진 무기로 겸창(鎌槍)이 있는데, 이는 봉 끝에 낫의 형태를 단 모습을 하고 있다. 이 겸창은 육지에서 기병을 상대할 때도 사용되었지만, 특히 해전에서 적의 배를 끌어당겨 접근전을 시도할 때나 헤엄을 쳐서 접근하는 적군을 막아내는 데 효과적으로 사용되었다.

물론 이 밖에도 가지가 세 개 달려 흔히들 삼지창이라 불리는 당파(鐺鈀)나 쇳덩이에 줄을 달아 휘돌리며 사용했던 유성추 등 독특한 형태의 단병무기들이 전투에 사용되었다. 특히 당파는 가지를 이용하여 적의 긴 창을 찍어 누르는 방식의 방어용으로 사용되는가 하면 가지 끝에 화전(火箭, 불이나 화약을 장치한 화살)을 매달아 적이 가까이 오면 불을 붙여 쏘는 일종의 화염방사기 같은 역할을 담당하기도 했다. 유성추는 편곤과 마찬가지로 수성전(守城戰)에 효과적이었는데, 성 밖으로 유성추를 휘둘러 사용할 수 있어서 성을 지키는 데 많은 도움을 주었다.

## 전투는
## 혼자 하는 것이 아니다

전쟁에는 이렇게 다양한 창과 칼을 비롯한 여러 단병무기들이 사용되었다. 아무리 좋은 무기라고 하더라도 한 가지 무기만으로는 승리를 얻기가 어려웠다. 그래서 실제 전투에서는 여러 가지 무기들이 적절히 조합돼 사용되었다. 무기들의 효과적인 배치는 전략과 전술, 나아가 진법(陣法)이라는 대규모 전투 방식을 구현하는 바탕이 되는 것이다. 진법은 예상되는 적 병력의 규모와 주된 병종(兵種)의 특징에 따라 아군의 선봉에 어떤 부대를 배치하고 좌우의 날개에 어떤 무기를 든 병사를 배치할 것인가를 결정하는 것이다. 만약 전투 지휘관이 이를 확실히 깨닫지 못한다면 그 전투는 백전백패가 될 것이며, 전투에 나간 병사들도 다시는 고향땅을 밟지 못하고 전장의 이슬로 사라지게 될 것이다.

과거의 전투 현장을 복원하는 텔레비전이나 영화의 전쟁 장면이 기본적인 무기에 대한 특징과 전법의 흐름을 읽어내고 표현한다면 훨씬 흥미로운 장면을 연출할 수 있을 것이다. 담당 연출가나 감독이 직접 수많은 병사를 이끌고 전투에 나간다는 심정으로, 어떤 병종을 어떻게 배치할 것인가, 어떤 느낌의 전투 장면을 연출할 것인가에 대해 좀더 고민하고, 고증을 참고

해 연출한다면 그간 억지로 '만들어진 역사'는 더 빨리 제자리를 찾아갈지도 모른다. 그리고 그 장면을 지켜보는 관객들 또한 단순히 현란한 카메라 앵글에 속지 말고 '과연 저 시대에 저런 전투 장면이 연출될 수 있을까'라는 의문과 궁금증을 가지고 지켜본다면 우리나라의 전쟁사 고증 실력은 한층 진일보할 수 있을 것이다.

# 조선의 무기들

## 화약무기

 인류의 전쟁사에서 가장 큰 전환점이라면 화약무기의 탄생을 꼽을 수 있을 것이다. 화약무기, 즉 온병기(溫兵器)의 탄생은 바로 대량살상 무기의 탄생을 뜻하기 때문이다. 화약무기 이전의 차가운 금속성 무기들은 오랫동안 일대일 또는 다대다(多對多) 전투의 핵심을 이루었다. 그러나 화약무기가 등장하면서 전쟁은 많은 사람의 목숨을 동시에 앗아가는 대량살상의 양상으로 변해갔다. 초기의 화약무기는 살상 능력이 그리 뛰어나지는 않았지만, 엄청난 폭음과 함께 거대한 화살이나 돌덩이를 날리는 것만으로도 적에게는 커다란 위협이었다.

역사상 가장 먼저 사용된 화약무기는 화약과 재래식 냉병기(冷兵器)를 조합해 만든 중국 송나라의 화창(火槍)이다. 화창은 말 그대로 불을 뿜는 창인데, 창끝에 작은 작약(포탄, 폭탄 따위를 작렬시키는 작용을 하는 화약)통을 붙여 화약의 기체 압력으로 화염과 함께 작은 불순물들을 뿜어내는 무기이다. 화창은 지금처럼 우리가 흔히 아는 모양의 탄환 대신, 석면 부스러기나 쇳조각이 작약통 앞에 있었다. 이러한 화창은 화염과 함께 쇳조각 등을 날려 적의 시야를 가린 뒤 창을 이용해서 찔러 죽이는 방식으로 사용되었기에 냉병기와 온병기의 성격이 공존했다고 볼 수 있다.

한반도에 화약무기가 처음 들어온 것은 고려시대인 14세기 무렵이었다. 당시 고려는 원의 군사적 압력에 시달리는 한편 해안가를 중심으로 출몰하는 왜구들의 약탈에 시달리고 있었다. 이런 상황을 극복하기 위해 새로운 무기체계를 고민하던 선조들은 화약무기에 관심을 집중했다. 고려는 14세기 중엽부터 최초로 화약무기 시험했고, 최무선(崔茂宣, ?~1395)이라는 뛰어난 인재의 활약으로 약 20여 종의 다양한 신무기들을 전장에 배치했다.

그러나 조선 초기에 이르러 화약무기는 더 발전하지 못했다. 왜구나 북방 이민족들이 엄청난 위력을 지닌 화약무기의 비밀을 알지 못하도록 이에 대한 금비책(禁祕策)을 펼쳤기 때문이다. 그럼에도 불구하고 임진왜란 때 이순신과 권율(權慄, 1537~1599) 장군 등은 화약무기를 이용해 크게 승리하기도 했다. 조선은 임진왜란과 병자호란이라는 초유의 전쟁을 치르면서 화약무기를 본격적으로 사용하게 되었고, 서양식 대포인 불랑기(佛狼機, 'Frank'라는 말로 당시 중국인들이 유럽인을 부르던 말에서 유래)포를 비롯한 여러 화약무기들도 도입했다. 이후 조선 후기의 전투에서는 상상하지 못했던 화력을 가진 화약무기들이 전장을 주름잡게 되었다. 이렇듯 전장의 혁명적 진화를 이끌어냈던 화약무기의 변천사를 살펴보자.

## 조선시대 화약 만들기

조선시대의 화약 만드는 방법은 크게 세 단계로 나뉘는데, 첫 번째는 화약의 원료가 되는 초석(질산칼륨)을 추출할 원재료를 구하는 단계, 두 번째는 원재료에서 초석을 추출하는 단계, 마지막으로 뽑아낸 초석에 유황과 목탄을 비율에 맞게 섞는 단계이다. 여기서 가장 문제가 되었던 것은 첫 번째 단계인 원재료를 구하는 것으로, 이것을 취토법(取土法)이라고 한다. 화약에 사용되는 초석이 포함된 흙은 주로 사람들이 사는 집의 화장실 근처나 부엌, 마루 아래 등 조금은 애매모호한 곳에 있었다. 왜냐하면 흙에도 맛이 있는데, 초석이 되는 것은 그냥 맹맹한 흙이 아니라 짠 흙(일명 함토)과 매운 흙(일명 엄토)이라서 주로 사람들의 일상생활에서 흙이 일종의 숙성과정을 거쳐야 했기 때문이다.

　흙을 구하러 다니는 취토군(取土軍)들은 좋은 초석을 얻고자 삽과 곡괭이로 온 집안을 뒤집어놓았다. 취토 대상이 된 집주인들은 취토 작업을 보는 것만으로도 충분히 짜증났을 것이다. 만약 비라도 오게 되면 화장실도 제대로 못 갈 지경으로 집 마당이 진흙탕으로 변하니 누군들 좋아했겠는가. 그러나 당시는 화약에 사용될 흙을 퍼 가는 것을 거부하거나 방해하면 군법으로 지위고하를 막론하고 삭탈관직 및 중벌에 처하도록 했다. 이 때문에 보통 사람들은 넋 놓고 그 꼴을 지켜봐야만 했다. 물론 당시에도 법망을 피하고자 하는 사람들은 있었다. 권세 있는 집안에서는 자신의 집이 두더지 굴처럼 파헤쳐지는 것이 싫어서 초석을 채취할 곳을 미리 점검하고 다니는 염초장인(焰硝匠人)을 두들겨 패고, 그들이 흙을 팔 때 사용하는 기구들을 모두 빼앗기도 했다. 또 일반 사람들은 초석을 파낼 때가 가까워지면 집안 전체에 모래를 두툼이 깔아 아예 작업을 못하도록 하기도 했다. 그러나 화약 제조는 국가 방위에 직접적인 영향을 주는 것이라, 염초장인을 괴롭히는 등 거부의사를 보이면 곧바로 국왕에게 보고되어 일벌백계로 다스려지기도 했다.

상황이 이러다 보니 화약 제조와 관련한 특별한 조치도 마련되었다. 광해군 때에는 훈련도감에서 직접 나서서, 각부(各部)·각리(各里)에 귀천에 상관없이 호수(戶數)를 계산해 기본적인 채취량을 결정하고, 이를 집의 크기와 비교해, 해당 집에서 얻어야 할 초석의 양을 책자로 만들어 매월 말마다 훈련도감에 보고하도록 지시하기도 했다. 만약 해당 관리가 호수를 누락시키거나 특별히 세도가의 집을 제외했을 때는 죄를 무겁게 다스렸고, 파내도록 허락하지 않은 집주인에게는 더욱 무거운 벌이 내려졌다. 이렇게 모든 집에서 초석에 들어갈 흙을 채취해도 부족할 때는, 궁궐의 흙을 파내기도 했다.

화약 제조의 두 번째 단계는 구해온 흙과 곱게 태운 재를 섞어서 물에 녹이는 과정으로 이것을 '사수'라고 부른다. 사수를 통해서 초석과 재가 잘 녹은 특별한 물을 만드는데 이것을 가마솥에 부어 끓였다가 식히면 고운 침전물들이 생긴다. 이 침전물을 따로 모아 끓이다가 끈적끈적한 아교와 섞기를 반복하면 화약의 기본 재료인 순수한 초석이 만들어진다. 그러나 이 과정은 오랜 시간이 걸리는 일이라 좋은 초석 재료를 힘들게 구해 놓고도 허사가 되는 일이 잦았다. 이는 수십 칸의 임시 건물을 지어도 모두 수용할 수 없을 만큼 원재료의 양이 너무 많아서 생기는 문제였다. 건물 안에 들이지 못하는 원재료는 뜰에 거적을 씌워 보관했는데, 눈비라도 맞게 되면 대부분 흙의 성질이 바뀌어 좋은 초석을 얻지 못했다. 한 줌의 화약 재료를 위해 몇 수레의 흙이 필요했으니 그 쌓아올린 흙의 양은 상상을 초월했다.

보통 화약을 만드는 염초청(焰硝廳)은 각 군영에 하나씩 있었는데, 훈련도감은 서울 동부 마전교(馬廛橋) 개울의 남변에 있었다. 그곳에 소속된 염초장인들은 행여나 눈비가 오면 초석의 성질이 바뀔까 노심초사하며 흙더미 곁을 떠나지 못했는데, 흙의 양이 워낙 많으니 그들로서도 어쩔 수 없었을 것이다. 물론 특별 조치로 역적으로 몰린 사람들의 가산을 모두 거둬 이곳에 쏟아 붓기도 했는데, 늘 일정 정도 이상의 화약을 전국에 보급해야 하는 상황이라 이런 조치도 임시방편에 지나지 않았다.

화약 제조의 마지막 단계는 순수한 초석인 정초를 터지는 성질로 전환하기 위해 유황과 재를 섞어 화약으로 만드는 과정이다. 이것을 '도침'이라고 부르는데, 이 과정에서 비율을 어떻게 하느냐에 따라 화약의 성능이 좌우되었다. 이 과정 또한 지루한 작업의 연속이었다. 정초에다 유황, 숯, 쌀뜨물을 부어 밀가루 반죽처럼 만들고서 절구에 넣고 종일 찧어야 했기 때문이다. 이 과정에는 신중함이 절대적으로 필요했다. 만약 심한 충격을 받으면 자체 발화하거나 폭발할 위험이 있었기에 중간마다 물을 조금씩 부어 사고를 예방했다. 이렇게 곱게 찧어 말 그대로 밀가루 반죽처럼 부드러워지면 그것이 바로 화약이 되는 것이다. 이렇게 화약이 만들어지면 사각형으로 낱개 포장을 해서 그 위에 만든 장인의 이름을 쓰게 했다. 만약 만들고서 5년 안에 화약이 맹렬하게 터지지 않을 때 이를 만든 장인은 100근(약 40~60킬로그램) 이하는 곤장 30대, 200근 이상은 50대를 친 뒤에 그 장인이 다시 만들도록 했다. 그러나 가장 큰 훈련도감의 염초청이라 하더라도 1년에 생산하는 화약의 양은 2000근을 넘지 못했다. 그래서 화포 훈련이 많은 해에는 어쩔 수 없이 사사로이 제조한 화약을 사서 사용했는데, 이 때문에 불벼락을 맞는 경우도 많았다. 화약은 국가에서 관장하는 일이므로 사사로이 화약을 제조하고 사용하는 것은 사주전예(私鑄錢例, 위조 화폐범을 처벌하는 예)와 똑같은 벌로 다스렸기 때문이다.

## 대량살상
## 전쟁의 시작, 조총

조총(鳥銃)이라는 이름을 말 그대로 해석하면 '새총'이다. 조총이라는 이름이 붙게 된 이유는 날아가는 새가 숲 속에 있더라도 모두 쏘아서 떨어뜨릴 수 있기 때문이었다. 임진왜란에서 조선을 가장 놀라게 한 것은 다름 아닌 조총이었다. 물론 당시 왜군이 사용한 조총은 구식 총인 화승총(火繩銃, Matchlock)이라 연발 사격은 어려웠다. 하지만 왜군은 이중 삼중의 대열을 지어 재장전의 시간을 보강했고 창검으로 무장한 보병이 우세했기에, 조선군은 전시 초 큰 어려움을 겪었다. 임진왜란을 겪으면서 조선에 보급된 조총은 끊임없는 진화를 거듭하며 마침내 화승(불을 붙게 하는 데 쓰는 노끈)에 불을 직접 붙이지 않아도 되는 방식으로까지 진화했다.

가장 먼저 탄생한 화승총은 조총이라는 이름으로 우리에게 더 많이 알려져 있는데, 화약과 탄자를 총구로 집어넣고 점화장치인 계두(鷄頭, 닭의 머리처럼 생겨서 붙여진 이름)에 연결된 화선에 불을 붙여놓고 방아쇠를 당기면 화약에 불씨가 점화되는 방식으로 작동되었다. 흔히들 조총하면 방아쇠가 필요 없이 화승이 모두 타들어갈 때까지 기다렸다가 발사되는 것을 상상하는데, 이런 초기 화약무기 방식은 조총과 개인용 조선식 소화기인 승자총의 절충 형태인 소승자총 방식으로 임진왜란 이후에는 거의 사용되지 않았다. 화승총은 이후 한말(韓末)까지 조선군의 기본 병기로 채택되어 오랫동안 사용되었다. 그런데 화승총의 결정적인 한계는 비가 오는 날이면 불씨를 간직하기 어렵다는 것과 관련 부속품을 모두 소지하고 있어야 하는 번거로움이었다. 이러한 한계를 극복하기 위해 화승총의 타들어가는 심

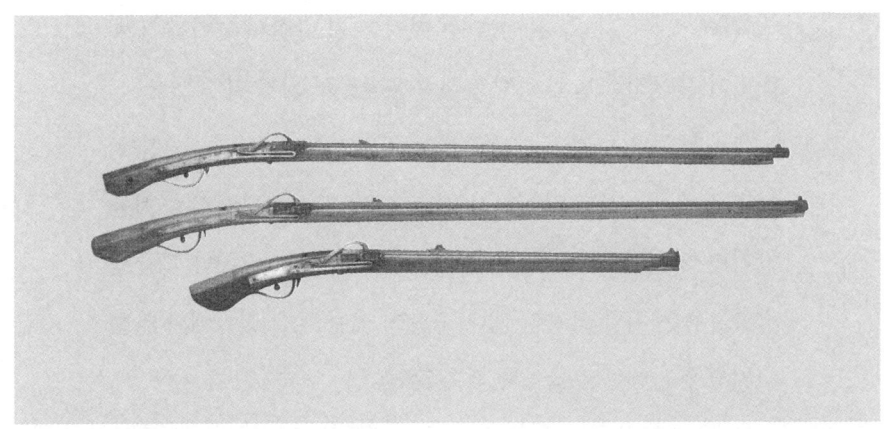

조총. 임진왜란에서 조선을 가장 놀라게 한 것은 다름 아닌 조총이다. 당시 왜군이 사용한 것은 구식인 화승총이라 연발 사격은 안 됐지만 아래 그림과 같이 이중 삼중의 대열을 지어 재장전 시간을 확보했다.

지 위에 작은 우산을 붙이는 등 여러 가지 방법이 고안됐지만, 대기가 불안정한 날의 화승총은 무용지물이 되기 일쑤였다.

그래서 등장한 것이 차륜식 방아틀총(車輪式銃, Wheellock)인데, 이것은 요즘 1회용 라이터가 불꽃을 튀기는 것처럼 방아쇠를 당기면 회전력으로 불씨가 화약에 점화되었다. 그러나 차륜식 방아틀총은 워낙 고가인 데다 고장이 잦아, 이탈리아에서 만들어지고 조선에는 보급조차 되지 않았다.

그 이후 17세기 초에 등장한 것이 수석총(燧石銃, Flintlock)인데, 이는 두 개의 부싯돌을 장착해 충격 마찰로 생기는 불꽃을 점화에 사용했다. 이 방식이 나오면서 총알을 총구에 직접 넣는 전장식이 아니라, 총구 뒤쪽에서 넣는 후장식 총이 탄생하게 된다. 이 수석총은 돌격 작전을 주로 하는 기병들에게 아주 효과적으로 사용되었다.

마지막으로 현재 사용하는 충격식 총(衝擊式 銃, Percussion cap)을 보면, 총신과 화구(火口) 사이에 화약을 넣고 이것을 노리쇠로 때려 발화시켰다. 이 총은 1800년대 초반 뇌관이 발명되면서 탄환 형태로 진화함에 따라 만들어졌다. 이후 총알이 발사될 때의 반탄력을 이용해 빈 탄피가 자동으로 빠져나오는 방식이 가미되어 분당 발사 속도가 수백 발이 넘는 다연발총이 탄생했고, 이로써 전장은 대량 살육의 현장으로 바뀌었다.

## 총통, 그 크기만큼 위력적이었을까

고려 말에 시작된 화약무기 개발은 조선시대로 접어들면서 점차 대형 총통(화약무기를 통틀어 이르는 말)으로 발전했다. 이는 당시 화약의 폭발력을 쉽게 제어할 수 없었기에 작은 총통보다는 두껍고 덩치가 큰 총통이 안정적이고 사용에 유리했기 때문이다. 그러나 초기에 개발된 총통은 탄환을 적에게 직접 쏘는 것이 아니라 주로 화살에 불을 붙여 사용하는 화전(火箭)을 날리는 것이었다. 이후 포의 구경을 정교하게 만들고 화약의 폭발력을 강화시키면서 총통은 철환이나 철 조각들을 날려 보내 적을 살상하는 방식으로 변화되었다. 특히 태종 때에 바다에 좌초된 명나라 난파선을 수색하던 중 '완구(碗口)'라는 화약무기를 얻게 되어 이를 모방해 조선식의 철환을 쏘는 포로 발전시켰다. 세종 때에 이르러서는 화약무기의 급진적인 발전을 바탕으로 천자총통(天字銃筒), 지자총통(地字銃筒), 현자총통(玄字銃筒), 황자총통(黃字銃筒), 세화포(細火砲) 등 다양한 크기의 총통이 실전에 배치되었다.

보통 박물관에 진열된 화포 등 조선시대의 화기를 보면 포신이나 총신 중간 중간에 있는 대나무 마디처럼 굵은 띠를 발견할 수 있다. 이는 죽절(竹節)이라고 해 포신이 충격에 터지지 않게 하려고 만들어진 것이다. 이 죽절은 너무 많으면 무게가 늘어나 이동하기에 불편했기에 터지지 않을 정도로 최소화해 만들어졌다. 당시의 화포는 대부분 주조 방식으로 틀에 부어 제작돼 구경이 제각각이고, 철의 밀도 또한 균일하지 않아 전투 도중에 포를 쏘다가 부서지는 일도 자주 발생했다.

이렇게 배치된 총통들이 가장 빛을 보게 된 것은 임진왜란 때 조선 수군이 판옥선에서 왜 수군을 맞아 원거리 전투를 치르면서다. 물론 이때 총통은 대부분 대장군전이나 장군전 등 대형 화살을 쏘아 적의 전선을 파괴하는 식으로 쓰였으며, 가끔 근거리 전투 때 작은 쇳조각이나 철환을 진흙으로 뭉친 산탄 방식의 조란탄(鳥卵彈)을 쏘기도 했다. 당기 기록을 보면 집을 짓는 데 사용하는 서까래만 한 화살들이 하늘로 날아다녔다고 하니 그것을 본 왜군의 심정은 가히 짐작할 만하다. 임진왜란 때에 가장 주목받았던 화약무기는 명나라에서 도입된 호준포(虎蹲砲, 호랑이가 앉아 있는 모습에서 유래)와 불랑기포인데, 이 무기들은 모두 조선식 총통보다 운반하기가 편리하고 포신을 빠르게 움직일 수 있어 야전과 수성전 때 효과적으로 사용되었다.

이후 병자호란 때에는 청나라의 초대형 장거리포인 홍이포(紅夷砲, 네덜란드의 대포를 모방하여 만든 중국식 대포)가 남한산성의 성벽을 무너뜨리면서 전장의 범위가 대대적으로 넓어졌다. 홍이포의 사정거리는 대략 700미터 정도였으나, 고지를 점령하고 위에서 아래로 쏘면 훨씬 길어진다. 결사항전을 외치던 인조는 남한산성의 성벽을 넘어 쏟아지는 청나라 홍이포의 공격에 결국 무릎을 꿇을 수밖에 없었다.

## 조선에 정말 이런 무기가 있었을까

우리가 지금까지 보아온 사극이나 영화 장면 속의 조선시대 화약무기는 화승에 불을 붙이는 화승총이나 남해에서 이순신 장군이 독전고를 울리며 판옥선에서 쏟았던 총통 정도가 전부일 것이다. 그러나 조선시대에는 이외에도 창조적인 생각이 담긴 신무기들이 두루 사용되었다.

대표적인 무기가 바로 비진천뢰(飛震天雷)이다. 비진천뢰라는 이름은, 발사할 때 연기가 자욱하고 불이 날며 소리가 우레 같아서 숲의 나무가 모두 진동하기 때문에 붙여졌다고 한다. 이 무기는 원형의 철통 안에 날카로운 쇳조각을 넣어 발사하는 것이 특징인데, 적진에 떨어진 포탄이 일정 시간 후 폭발해 포탄 안의 내용물이 쏟아져 나오면서 적을 살상했다. 그래서 비진천뢰는 '적을 속이는 화기'라 해 임진왜란 뒤에도 조금씩 성능을 개선하며 전장에 배치되었다. 임진왜란 과정에서 조선 장수인 박진(朴晉)이 경주성 수복전투를 벌일 때 효과적으로 사용했던 무기가 바로 비진천뢰이다. 당시 이 무기를 몰랐던 왜군들은 날아온 둥근 쇠공을 신기한 듯 이리저리 굴려 보며 구경하다가 천지가 진동하는 소리와 함께 포탄이 터져 20여 명이 즉사하는 봉변을 당했다. 처음 보는 해괴한 무기에 당하며 공포에 떨었던 왜군들은 이튿날 성을 버리고 서생포(西生浦)로 도망가고 말았다. 비진천뢰는 빨리 폭파시키려면 포탄 안의 대나무 통 속 나선형 부속에 10줄을 파고, 조금 느리게 폭파시키려면 15줄을 파는 식으로 폭발 시간도 자유롭게 조절할 수 있었다. 조선 전기에 쓰였던 무기 중에는 비진천뢰와 유사한 질려포통이라는 것이 있었는데, 이 무기는 크기가 작아 요즘의 수류탄처럼 손으로 집어던지는 폭탄이었다.

　그다음 주목할 만한 무기로는 비몽포(飛礞砲)가 있는데, 이 무기는 요즘의 생화학탄과 비슷하다고 생각하면 이해가 쉬울 것이다. 비몽포는 긴 자루 끝에 항아리 모양의 모포(母砲)를 달고 그 안에 화약을 채우고 독약과 화약을 가득 채운 자포(子砲)를 넣는 형태였다. 비몽포를 발사하면 자포가 적에게 날아가다 공중에서 자체 폭발하며 맹독들이 분산되어 적의 호흡기나 눈을 공격했다. 이때 사용되었던 독은 주로 식물에서 추출한 것과 수은이나 유황처럼 광물에서 추출한 것을 섞어 만들었기에 특별한 해독약이 없었다. 그래서 비몽포에 맞으면 그 자리에서

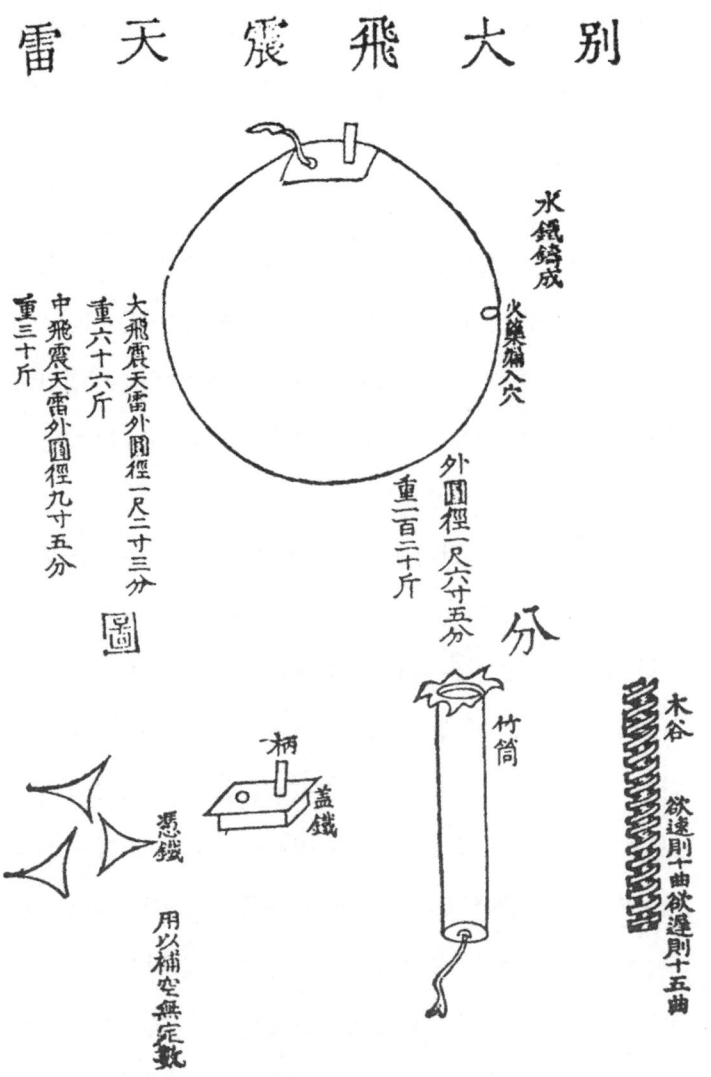

조선 후기 병서인 『융원필비』에 실린 별대비진천뢰. 그림의 둥근 철환 안에 지연 신관인 대나무 통을 넣고 주위에 철 조각을 채워 넣어 살상력을 높였다.

즉사하기 십상이었다. 요즘도 전장에서 생화학무기는 소리 없이 사람을 죽이는 비밀 병기로 두려움의 대상인데, 조선시대에는 거대한 폭음과 함께 이 생화학탄이 터졌기에 모든 병사가 두려움을 느꼈다.

근거리는 찬혈비사신무통(鑽穴飛砂神霧筒)이라는 무기를 사용했는데, 이 무기는 주로 석회가루를 비롯한 여러 가지 독을 불에 붙여 적의 호흡기를 공격하는 것으로, 바람이 불어 확산이 빠를 때는 멀게는 10리(약 4킬로미터)까지 냄새가 미쳐 적의 사기를 꺾어놓는 데 효과적이었다.

그 외 조선시대의 것이라고 믿기지 않을 정도로 뛰어난 무기로 목통(木筒)이 있는데, 이는 요즘의 지뢰와 비슷하다. 목통은 수십 개의 나무로 만든 폭탄을 연결해 거대한 진법을 그리듯이 설치할 수 있어서 방어작전에 효과적이었다. 목통은 평지에서만이 아니라 물을 건너고 산을 넘어서까지도 설치하고 폭발시킬 수 있어서 적을 궁지에 몰아넣고 포위 섬멸할 수 있는 효과적인 무기였다. 목통의 설치 방법은 특별히 매화법(埋火法)이라 부른다. 매화법을 보면, 먼저 구리선 두 가닥을 장대에 묶고서 한쪽은 장대 끝에 묶으며, 나머지 한쪽은 기둥 중간에 묶고 기둥 옆은 흙을 쌓아 놓게 하고 그 위에 화약통을 배치하는 방식이었다. 이것을 계속 연결하면 수십 개의 목통이 연결된 거대한 지뢰 지대가 만들어진다. 적이 이 목통 지대를 통과할 때 심

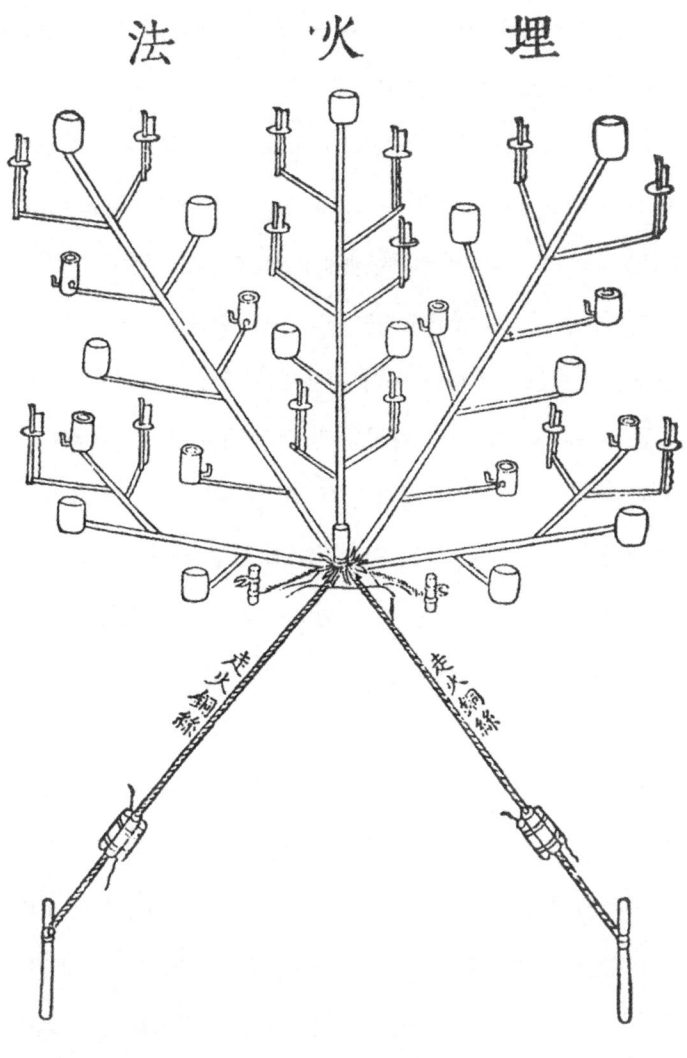

조선시대 지뢰인 목통을 이용한 매화법을 나타내는 그림이다. 그림처럼 목통을 방사선 모양으로 땅속에 묻어놓았다가 적이 위를 지나갈 때 멀리서 불을 붙여 순차적으로 폭발하도록 한 것이다. 목통을 이용한 매화법은 조선시대 무기라고 믿기지 않을 정도로 위력이 대단하다.

지인 주화에 불을 붙이면 이것이 구리선을 타고 번져나가 연쇄적인 폭발을 일으키는 것이다.

마지막으로 살펴볼 무기는 공선수뢰(攻船水雷)이다. 전쟁영화를 보면 잠수함이 전함을 잡으려고 둥근 모양의 기뢰(機雷, 적의 함선을 파괴하기 위해 물속이나 물 위에 설치한 폭탄)를 방출하는 장면이 자주 나오는데, 공선수뢰는 이와 유사한 무기이다. 그런데 문제는 요즘처럼 폭탄을 바다 위에 띄워 놓는 것이 아니라 잠수병이 바다 속으로 들어가서 직접 적의 배 아래에 장착해야만 쓸 수 있었다는 것이다. 게다가 이 무기는 위의 뚜껑에 물이 가득 차야 터지는 것이라, 잠수병이 직접 뚜껑을 여는 수고를 해야만 했다. 그럼에도 불구하고 공선수뢰는 철로 만든 서양의 이양선도 침몰시킬 만큼 위력이 대단해서, 강화도에 실전 배치되기도 했다.

이렇듯 조선시대에도 뛰어난 과학기술을 담은 화약무기들이 전장을 주름잡았다. 많은 사람들은 조선이라는 국가를 늘 문약하고 한없이 전투력이 약한 나라로 기억하고 있다. 이는 일제 식민사관뿐만 아니라, 과거의 역사를 제대로 보여주는 대중매체가 부족했기 때문에 발생한 일일 것이다. 앞으로 좀더 전투적이고 과학적인 모습의 조선을 그려낸 작품들이 다양하게 나오길 희망한다.

# 조선의 배로 조선 바다는 지킨다

## 전함

인류가 육지를 벗어나 강이나 호수 그리고 바다라는 또 다른 공간으로 삶의 영역을 확대할 때 배는 가장 중요한 수단이었다. 고대 배의 기원을 살펴보면 지역에 따라 조금씩 다른데, 강가나 평야지대에서는 나무토막이나 갈대를 여러 겹 묶은 뗏목이 주로 만들어졌다. 반면 굵고 큰 나무가 자라는 지역에서는 통나무를 잘라 그 속을 파내어 만든 통나무배가 생겨났고, 사냥감이 많아 동물의 가죽을 많이 얻을 수 있는 곳에서는 나뭇가지나 동물의 뼈로 배의 틀을 만들고 가죽을 여러 겹으로 감싸 만든 가죽배가 만들어졌다.

배를 만들어 이용하면서 인류의 생활권은 바다까지 확장되었고, 이후 선박 제조기술의 발달과 함께 인류는 더 넓고 푸른 또 다른 세계로 떠날 수 있게 되었다. 배의 발전 과정을 보면 바다가 경제적 부의 창출공간으로 인식되면서 먼저 상업용 선박이 발전하고, 이를 보호하고 다른 세계를 정복하기 위해 전함(戰艦)이 탄생했다.

우리 역사에서는 고려시대에 선박 제조기술이 비약적으로 발달하여 이를 바탕으로 고려 말에 수군(水軍)이라는 병과가 새롭게 만들어졌다. 특히 한반도는 대부분 산악 지형이라서 지방에서 올라오는 곡물의 상당량이 배로 운반되었기에 안전하고 큰 운반형 대형 선박이 발달했는데, 이 과정에서 얻어진 경험과 기술은 우리만의 독특한 전함을 세상에 내놓을 수 있게 했다. 대표적으로 조선시대의 판옥선(板屋船)이나 거북선을 비롯한 전함들은 세계 어느 곳에서도 찾아볼 수 없는 독특한 구조와 기능을 자랑하고 있다. 임진왜란이라는 길고 긴 7년의 전쟁 속에서 굳건하게 조선의 바다를 지켰던 조선의 배를 들여다보면 거기에는 이 땅의 진한 역사가 배어 있다.

## 조선의 무적 전함, 판옥선

전통시대에 펼쳐진 수군의 해상전술은 크게 세 가지로 구분된다. 첫째, 전함의 뱃머리를 뾰족하게 만들어 적선(敵船)의 옆구리를 들이받아 구멍을 내서 침몰시키는 충파전술(衝破戰術)이다. 둘째, 적선에 근접 거리로 배를 붙이고 사다리나 갈고리로 도망가지 못하도록 붙잡아 놓고 각종 단병기로 무장한 병사들이 직접 적의 배에 난입하여 백병전을 치르는 백병전술(白兵戰術)이다. 셋째, 적선과 일정한 거리를 유지하고 활이나 총통을 쏘아 원거리에서 적선을 공격하는 장병전술(長兵戰術)이다. 충파전술이나 백병전술은 대부분 유럽을 중심으로 발달했는데 단병접전에 능했던 일본도 백병전술을 즐겨 구사했다.

그런데 우리 민족은 전통적으로 활을 잘 쏘았다. 그 때문에 주로 원거리에서 불화살로 공격했는데, 총통이라는 화약무기가 보편화된 조선시대에는 전함에서 직접 총통을 쏘는 장병전술이 대표적으로 쓰였다. 그런데 이 장병전술을 사용하기 위해서는 전함이 높고 반탄력(총통 발사 때의 반동)을 선체가 견딜 만큼 안정적이어야 하는데 조선의 판옥선은 바로 이것을 장점으로 삼은 최고의 전함이었다.

판옥선의 탄생 배경에는 조선 초기 시시때때로 조선의 연안

바다를 노략질했던 왜구들이 중심에 있다. 특히 1510년(중종 5)에 일어난 삼포왜란에서 대마도주가 이끄는 왜선 수백 척은 내륙까지 쳐들어와 익산 첨사를 살해하고 인근의 웅천성을 함락시키기도 했다. 당시 조선의 전함은 전투용 선박인 맹선(猛船, 조선 초기의 전함)이었지만 전투용으로만 쓰이지 않고 평시에는 쌀이나 콩을 운반하는 조운선으로 쓰였다. 이 때문에 맹선은 속도보다는 평시에 많은 짐을 실어 나르기 위해 개량되면서 해상 전투에서 전략상 많은 문제를 드러냈다. 해상에서의 전투 또한 빠른 속도를 바탕으로 적을 기습 공격한다거나 회전의 각도를 좁혀 섬세한 공격이 이뤄져야 하는데, 조운선으로 개량된 맹선은 이런 점에서 취약했다. 이후 사량왜변을 비롯해 1555년 을묘왜변을 거치면서 왜구들이 육지에 도달하기 전 아예 바다에서 섬멸하기 위해 화약무기 개발과 특수 전함의 건조가 절박해졌다. 특히 조선 수군은 왜구를 진압하는 데 있어서 덩치가 큰 배와 화기를 가지고 대처해왔는데, 을묘왜변 때부터는 상황이 역전되어 왜선이 조선의 전함보다 더 커지고 화포도 더 잘 쏘는 상황이 벌어졌다. 판옥선은 이를 극복하는 과정에서 탄생한 전함이었다.

　판옥선은 조선의 연안 바다를 고려해 탄생한, 조선화된 선박 제조기술의 집약체다. 조선의 남해안이나 서해안은 조수간만의 차가 심해서 물이 빠지는 썰물 때에는 배의 바닥이 갯벌에

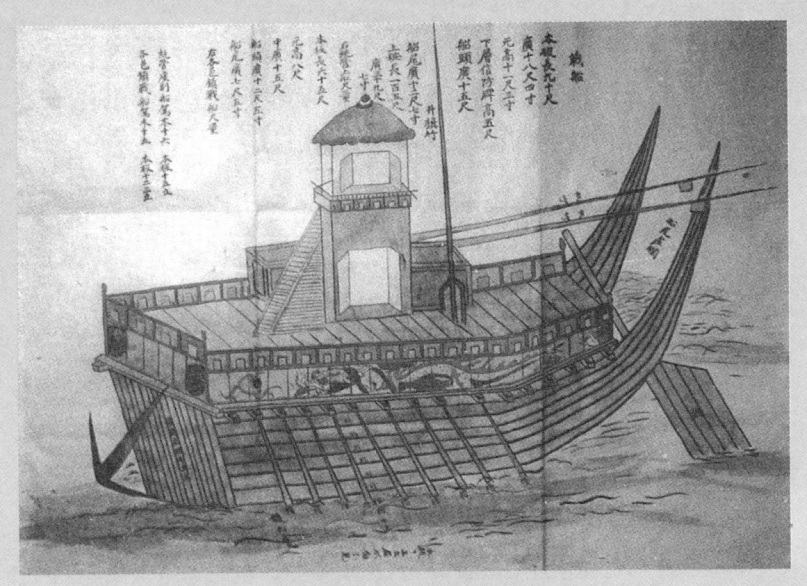

조선 후기 『각선도본(各船圖本)』에 실린 판옥선의 모습. 튼튼한 육송으로 만든 높은 몸체와 안정된 밑판 구조의 판옥선은 임진왜란 때 조선 바다를 지킨 일등 공신이다.

빠지는 상황이 벌어졌다. 이때 배가 좌우로 넘어지는 것을 방지하기 위해 판옥선은 밑면이 평평한 평저선(平底船)의 형태를 취했다. 또 당시에는 나무로 배를 만들었기에 정박해 있는 배는 하루 두 차례씩 마르고 젖으며 나무가 잘 썩었다. 이러한 한계를 극복하기 위해 목재와 목재를 잇는 곳에는 철로 만든 철정(鐵釘, 쇠못)이 아닌 나무로 만든 목정(木釘, 나무못)을 이용해 부식을 막았다. 물론 철정을 사용해 판옥선을 제작한 때도 있었으나 이내 목정으로 돌아올 수밖에 없었다. 이는 철정이 갖는 한계 때문인데, 만약 철정으로 배를 만들 경우 개삭(改槊)이라 해 배의 외판 중 흠집이 난 부분만 교체하는 일이 어려웠다. 또한 무거운 짐을 운반하는 조운용으로 사용되던 배들도 철정을 사용하면 충격력을 흡수하지 못해 배가 부서지는 일이 발생해 조선시대에는 대부분 목정을 이용해 배를 만들었다.

판옥선은 상장구조(上粧構造)라는 매우 특이한 외형을 가졌다. 상장구조란 건물의 2층을 올리듯 넓은 판자로 배 위에 높은 옥(屋, 지붕)을 만들고, 그 위에 전투병을 배치해 보다 높은 곳에서 아래를 내려다보며 공격할 수 있게 한 구조이다. 이런 독특한 구조를 가진 판옥선에는 하체의 너비보다 넓은 위 갑판이 있었기에 잘록하게 들어가는 하체와의 연결 부위에서 노를 내밀어 전투 시에 효과적인 동선을 확보할 수 있었다. 일반 배는 노를 젓는 격군(格軍)과 전투병들이 상판에 함께 올라와 있어 전투 시에 많은 혼란을 겪었다. 그러나 조선의 판옥선은 이 두 가지 병과를 완벽하게 분리하고 두터운 선체로 격군들을 안전하게 보호할 수 있어서 일석이조의 효과를 얻었다.

판옥선에는 보통 164~194명이 승선했는데, 이 중 격군은 100~120명으로 노 한 자루에 장 1명과 격군 4명(예비 병력 20명)이 배정되었다. 이렇게 전투병보다 격군이 많은 이유는 판옥선이 다른 배에 비해 느린 단점이 있었기 때문이다. 조선의 상황에 맞춰 새롭게 탄생한 판옥선 때문에 칼을 들고 적선에 뛰어올라 백병전을 구사했던 왜구들은 시련을 맞이하기 시작했다. 게다가 판옥선은 엄청난 높이와 크기를 감당할 수 있는 튼튼한 소나무로 제작되었기에 선체에 큰 무리 없이 화포를 자유롭게 발사할 수 있었다. 이런 장점에 힘입어 판옥선은 7년이라는 긴 시간 동안 치러진 임진왜란에서 조선의 바다를 지킬 수 있었다.

## 거북선, 해골선, 조선의 전함들

판옥선과 더불어 조선 최고의 배로 인정받는 것은 역시 거북선이다. 거북선은 그 특이한 외형 때문에 그 모습만으로도 왜 수군들의 기세를 꺾을 정도로 강력한 돌격 전함의 위용을 갖추고 있었다. 거북선의 외형과 구조에 관해서는 실물이 존재하지 않아 2층인지 3층인지 등 논의가 분분한 상태이다. 그러나 거북선이 조선 최고의 돌격선이었음을 부인하는 사람은 아무도 없다. 이순신이 사망한 지 약 200년이 지난 정조 때에 편찬된 『이충무공전서(李忠武公全書)』에는 거북선을 명장 이순신의 업적을 드높이는 존재로 그리고 있다. 이 책에서 설명한 거북선을 잠시 살펴보도록 하자.

> 공(이순신)이 전라 좌수사가 되어 왜가 쳐들어오려 함을 알고, 큰 배를 지혜롭게 만들되 배 위는 판자를 덮고, 판자 위에는 십자세로(十字細路)를 두어 사람이 겨우 다닐 만하게 하고, 모두 다 추도(錐刀, 뾰족한 송곳)를 깔았으며, 앞은 용머리, 뒤는 거북 꼬리이고, 총구멍은 전후좌우에 각각 6개씩으로 큰 탄환을 쏘며, 적을 만나면 거적으로 위를 덮어 칼송곳을 가리어 선봉이 되고, 적이 배에 오르려 하면 칼송곳에 부딪히며, 와서 덮치려 하면 일시에 총을 쏘아 가는 곳마다 휩쓸지 못하는 바가 없어, 크고 작은 싸움에 이것으로 공적을 거둔 것이 매우 많으며, 형상이 엎드려 있는 거북과 같으므로 귀선(龜船)이라 지었다.

또 임진왜란 당시 조정에 보고된 전황보고서인 「당포파왜병장(唐浦破倭兵狀)」의 장계(왕명으로 지방에 있는 신하가 중요한 일을 왕에

거북선은 특이한 외형으로 그 모습만 봐도 왜군의 기세를 꺾을 정도로 강력한 돌격 전함의 위용을 갖추고 있다.

게 보고하는 문서)에는 적의 전함 속으로 뚫고 들어가 각종 화포를 발사하며 종횡무진 전장을 누비던 거북선의 실제 화력과 위력을 한눈에 파악할 수 있도록 기록하고 있다. 거북선의 가장 큰 특징인 지붕의 뾰족한 송곳은 왜군의 절대 강점인 '도선(渡船) 후 백병전'을 완전히 차단할 수 있었다. 특히 앞의 설명처럼 전투 시작 전에 지붕의 뾰족한 방호장비를 감추기 위해 거적으로 덮고 돌격했기 때문에 왜군이 거북선에 올라와 덤벼들다가 칼송곳 끝에 찔려 죽을 수밖에 없었다. 또 왜군이 거북선을 에워싸고 습격하려고 해도 좌우전후에서 일시에 총을 쏴 응사했기에 거북선에 오르기가 쉽지 않았다. 이렇게 왜군이 제대로 공격을 못하고 당황하고 있을 때 거북선은 왜의 전함 사이를 유유히 헤집고 다니며 포를 쏴 전함의 옆구리에 커다란 구멍을 낼 수 있었다.

당시 거북선은 작은 판옥선을 개조해서 사용했기에 대략 125명이 승선해서 좌우의 노 12~14자루로 빠른 움직임을 보일 수 있었다. 특히 거북선의 머리 부분인 용두(龍頭)는 임진왜란 당시에는 포의 구멍으로 사용했는데, 이후 전술을 개발하면서 정조 때에는 유황과 염초를 태운 연기를 뿜어서 적의 호흡기와 눈을 공격하는 화학전까지 벌이기도 했다.

거북선과 더불어 조선의 바다를 지켰던 특수 전함 중에는 이름이 묘한 해골선(海鶻船)이라는 것이 있었다. 얼핏 한글로만 보면 해적선의 해골을 연상시키지만 한자를 풀어보면 '바다의 송골매'라는 뜻의 배다. 이 배는 영조 때에 전라 좌수사였던 전운상(田雲祥) 장군이 만든 특수 군선으로, 중국의 병서인 『무경총요(武經總要)』에 실린 것을 모방해서 만든 배였다. 해골선은 다수의 전투요원이 활동할 수 있도록 앞이 크고 낮으며 뒤가 작고 높은 모양새가 흡사 매(鶻)와 같았다. 이 배는 선체의 좌우현 쪽에 매의 두 날개처럼 부판(浮板)을 붙여 바람을 타지 않고도 빠르게 움직일 수 있어 일종의 쾌속 전투정으로 사용되었다. 특히 선장 1명, 사수 및 포수 20명, 격군 34명 등 전체 56명의 적은 인원이 승선했기에 거북선보다 더 빨리 움직일 수 있었다. 이 배는 또 거북선처럼 안에서는 밖을 볼 수 있지만 밖에서는 안을 들여다볼 수 없는 구조로 제작되었다.

이러한 해골선 이외에도 갑판 위에 방패판을 세우고 그 사이에 창검을 빈틈없이 꽂아 놓은 창선(槍船)과 일종의 둥근 물갈퀴를 배 앞쪽에 붙여 그것을 회전시켜 배를 추진하는 독특한 구조의 윤선(輪船) 등 지금 생각해봐도 놀라운 배들이 조선시대에는 전투용 배로 제작되어 사용되었다.

## 임진왜란 해전에서 승리한 이유

1592년 4월 13일, 부산 앞바다를 가득 메울 정도로 엄청난 수의 왜선들이 부산포로 접근했다. 이 중에는 전투선뿐만 아니라 물자 수송용 운반선까지 포함돼 있어 일본 전역의 배들이 거의 모두 동원되었다고 해도 과언이 아니다. 이런 대규모 작전으로 조선은 순식간에 수도인 한양을 빼앗기고 말았다. 한양에 입성한 왜군들은 쉼 없이 일어나는 각 지방의 의병들 때문에 부산에서 한양으로 이어지는 군용물자 보급로가 자주 끊어지는 문제에 봉착했다. 이에 왜군은 배로 먼바다가 아닌 부산에서 남해안을 가깝게 돌아 서해안을 이용해 곧장 한양으로 군수물자를 보급하려 했다. 그러나 초기 패배를 딛고 전열을 가다듬은 조선 수군은 남해 연안을 강력히 방어하여 왜군의 북진 동력을 적절하게 차단하였다. 앞서 살펴보았듯이, 강력한 화력을 지원하는 판옥선과 함께 거북선은 적의 해상 진을 이리저리 헤집고 다니며 가까운 거리에서 적의 함대를 파괴하면서 조선 바다를 안전하게 지켰다.

그런데 이런 왜 수군의 패배는 전략상의 패배일 뿐만 아니라, 전함의 패배라고도 볼 수 있다. 몇 가지 사료에서는 왜의 배가 조선의 배보다 빠르고 강력했다고 나오지만, 그 실제 모습

조선 후기에 그려진 〈귀선도(龜船圖)〉. 이 그림에는 거북선의 독특한 모습과 더불어 기묘한 배들이 그려져 있다. 특히 거북선 위에 판옥선의 누대와 같은 모습이 보여 전투용이라기보다 이후 변형된 거북선의 모습을 그린 듯하다.

을 살펴보면 그 한계를 명확하게 확인할 수 있다. 이는 일본 배의 최대 장점이라고 생각했던 빠른 속도와 관련되어 있기도 하다. 전함은 빠를수록 더 좋은 것이라 생각하기 쉽지만, 그 이면에는 장점보다 더 큰 치명적 단점이 숨어 있다. 당시 일본의 선박은 아주 넓고 얇은 통판을 외판으로 사용해 경쾌한 협선(狹船)의 형태를 취했기에 가벼우면서도 물살의 저항을 적게 받았다. 또 배의 밑면이 조선 배와는 달리 뾰족한 형태를 취해 빠른 방향 전환을 할 수 있었다. 배의 재질도 일본에서 주로 많이 자라는 삼나무와 전나무를 사용해 소나무로 만든 조선 배보다 가벼웠기 때문에 배가 물에 가라앉는 높이인 흘수선(吃水線, 선체가 물에 잠기는 한계선)이 높아 빠른 움직임을 보일 수 있었다.

그러나 이러한 일본 배의 장점은 임진왜란 때에는 오히려 치명적 단점으로 작용했다. 우선 일본 배는 밑면 구조가 뾰족했기에 조선 연안에서 전투를 치르는 중 썰물 때를 만나면 배 밑이 갯벌에 물려 움직이지 못하다가 결국에는 옆으로 좌초하는 일이 발생했다. 당시 조선 배는 밑면이 평평한 평저선이었기에 안정적인 전투를 할 수 있었다. 그리고 일본 배가 사용한 삼나무와 전나무는 가벼운 대신에 조선 배에 사용하는 육송(陸松)에 비해 턱없이 약해서 전함에서 화포를 사용할 때면 배가 반탄력을 이기지 못하고 부서지기 쉬웠다. 이 때문에 일본 배는 판옥선에 비해 화력 지원이 약할 수밖에 없었다. 또한 외판이 얇은 삼나무 배는 조선 함대에서 쏘는 대장군전을 비롯한 발사체를 맞으면 단방에 구멍이 나 배가 침몰하는 일도 자주 발생했다. 조선 초기의 인물로 병법에도 조예가 깊었던 신숙주는 일본 배의 한계를 이렇게 평가했다.

> 세종 때에 귀화한 일본인에게 벼슬을 주어 일본식 군선을 만들게 했으나 값이 두 배나 들고 판자가 얇아 깨지기 쉬우므로 필경 채택치 않고, 세조 때에도 유자광을 삼포에 파견해 일본 선장(船匠)으로 하여금 배를 만들게 한 바 있습니다. 그러나 일본 선은 판자를 매우 얇게 쓰고 철정을 쓰며 선형을 볼 때 선저가 좁고 갑판부가 넓으며 선수·선미가 첨예하므로 경쾌하고 속력은 빠르지만 동요하면 못 구멍이 넓어져서 물이 스며들어 판자가 부식하기도 쉬워 건실한 우리나라 군선만 못합니다.
> 
> ◆『성종실록(成宗實錄)』 권37, 성종 4년 12월 임오(壬午)

신숙주는 전대인 세조 시절에 병조판서를 지내며 조선 병선과 조운선 제작에 직접 관여했기에 일본 배의 한계를 명확하게 인식하고 있었던 것이다.

## 성난 바다는
## 누구도 피해갈 수 없다

조선시대에 먼바다로 나가는 것은 그 자체로 죽음의 위협을 느끼기에 충분했다. 만약 먼바다에 나갔다가 풍랑을 만나거나 해류에 휩쓸려 배가 좌초될 경우에는 꼼짝없이 물고기 밥이 될 수밖에 없었다. 그런데 조선 통신사들은 대한해협을 건너 일본까지 가야 했기에 길을 나서는 순간부터 죽음의 공포를 느껴야 했다. 당시 조선 통신사들이 길을 떠나면 바다를 건너 일본에 갔다 오기까지 짧게는 8개월에서 길게는 2년이 넘는 여정이 걸렸다. 『동사일록』에 나와 있는 통신사의 일원으로 일본에 가야 했던 한 하급관리의 기록을 보면 그 당시 먼바다에 나가는 것이 얼마나 두려운 일이었는지 쉽게 이해할 수 있다.

해는 또 저물어가고, 우인(郵人, 역군)은 길을 재촉한다. 들어가 사당에 참배하고 이어서 어머니께 떠날 것을 고했다. 어머니께서는 오직 눈물을 머금고 차마 말을 하지 못한다. 나도 역시 눈물이 흘러 목이 메는 것을 깨닫지 못하였다. 아이들을 돌아보니 경아(慶兒)는 이미 강 머리에 나갔고, 그 밖의 여러 아이들은 숨어서 슬피 우느라고 불러도 와보지 않는다. 이것은 떨어지기를 싫어하는 마음 때문이었다.

이처럼 가족 중의 누군가를 먼 바다로 보내는 것은 마치 전쟁터로 자식이나 아비를 보내는 것과 같아서 온 가족은 눈물로 작별인사를 나누었다. 당시의 바다여행은 이렇게 두려운 것이었기에 일본으로 떠나는 통신사들은 반드시 동래에서 안전하게 바다를 건너길 기원하는 해신제(海神祭)를 지내고 이후 국왕의 국서를 받아 먼바다를 향해 길을 떠났다. 이렇게 먼바다로 나간 배들은 좋은 날씨로 별 어려움 없이 바다를 건너기도 했지만, 간혹 엄청난 폭풍에 휘말려 배를 움직이던 병사들은 물론 통신사들과 함께 수장되는 경우도 허다했다.

> 경인년 봄에 상사 황윤길(黃允吉), 서장관 허성(許筬)과 함께 하직하고 서울을 떠나 4월에 배가 출발하였다. 이미 큰 바다에 당도하자 구풍(颶風)이 크게 일어나서 닻줄이 끊어지고 돛대가 꺾여 전복할 위험이 잠깐 사이에 있었다. 배 안에 있던 사람들이 모두 소리치며 울부짖었고, 바다에 익숙한 사공도 또한 발을 구르며 어찌할 바를 몰라 하였다.
>
> ◆ 『해사록 5』, 행장

위와 같이 전통시대에는 죽을 고비를 넘고 수없이 뱃멀미를 해야만 비로소 자신들이 원했던 땅을 향해 갈 수 있었다. 요즘같이 최첨단 장치를 자랑하는 수백, 수천 톤 급의 배도 폭풍을 만나면 흔적 없이 바다 속으로 침몰하는 일이 종종 생기는데 그 당시에는 얼마나 많은 사람들이 바다에서 희생되었을지 쉽게 이해할 수 있을 것이다.

온몸을 던져 조선의 바다를 지켜냈던 조선 수군들은 판옥선과 거북선을 비롯한 다양한 전함들과 함께 영혼이 되어 아직도 우리 바다를 지키고 있는지 모른다. 수많은 섬으로 이어진 다도해의 남해나 갯벌에서 조개 줍기에 바쁜 서해를 비롯한 우리의 바다에는 수많은 선현의 눈물과 땀이 파도 치고 있다. 들려오는 파도소리를 그저 자연의 소리로만 들을 것이 아니라 역사 속의 이야기를 읊는다고 생각한다면 역사는 한층 우리에게 가깝게 다가설 것이다.

## 參考文獻

◆ 사료

『경국대전(經國大典)』
『경세유표(經世遺表)』
『계곡선생집(谿谷先生集)』
『계산기정(薊山紀程)』
『계축진설(癸丑陣設)』
『고려도경(高麗圖經)』
『고려사(高麗史)』
『고려사절요(高麗史節要)』
『국조보감(國朝寶鑑)』
『근세조선정감(近世朝鮮政鑑)』
『난중잡록(亂中雜錄)』
『능허관만고(凌虛關漫稿)』
『다산시문집(茶山詩文集)』
『담헌서(湛軒書)』
『대동야승(大東野乘)』
『대전회통(大典會通)』
『동사강목(東史綱目)』
『마경언해(馬經諺解)』
『마경초집언해(馬經抄集諺解)』
『만기요람(萬機要覽)』
『목민심서(牧民心書)』
『무경총요(武經總要)』
『무예도보통지(武藝圖譜通志)』
『무예제보(武藝諸譜)』
『병학지남연의(兵學指南演義)』
『병학통(兵學通)』
『봉사일본시문견록(奉使日本時聞見錄)』
『비변사등록(備邊司謄錄)』
『산림경제(山林經濟)』
『삼국사기(三國史記)』
『상촌집(象村集)』
『서애집(西厓集)』

『성호사설(星湖僿說)』
『속대전(續大典)』
『신편집성마의방(新編集成馬醫方)』
『여암전집(旅菴全書)』
『여지도서(輿地圖書)』
『연려실기술(燃藜室記述)』
『연병실기(練兵實紀)』
『오주연문장전산고(五洲衍文長箋散稿)』
『용재총화(慵齋叢話)』
『융원필비(戎垣必備)』
『을사전문록(乙巳傳聞錄)』
『이위공문대(李衛公問對)』
『이충무공전서(李忠武公全書)』
『일성록(日省錄)』
『입연기(入燕記)』
『장용영고사(壯勇營故事)』
『장용영대절목(壯勇營大節目)』
『조선왕조실록(朝鮮王朝實錄)』
『존현각일기(尊賢閣日記)』
『증보문헌비고(增補文獻備考)』
『증정교린지(增正交隣志)』
『진법(陣法)』
『징비록(懲毖錄)』
『청장관전서(靑莊館全書)』
『청파극담(靑坡劇談)』
『표해록(漂海錄)』
『학봉집(鶴峯集)』
『해사록(海槎錄)』
『향약집성방(鄕藥集成方)』
『홍재전서(弘齋全書)』
『화성성역의궤(華城城役儀軌)』
『화성일기(華城日記)』
『훈국신조기계도설(訓國新造器械圖說)』

◆ 단행본 · 논문

김재근, 『우리 배의 역사』, 서울대학교 출판부, 1989.
나영일 외 3인, 『조선 중기 무예서 연구』, 서울대학교 출판부, 2006.
나영일, 「『무예도보통지』의 무예」, 『진단학보』 91호, 2001.
남도영, 『한국마정사』, 한국마사회 마사박물관, 1996.
노영구, 「조선후기 단병 전술의 추이와 『무예도보통지』의 성격」, 『진단학보』 91호, 2001.
노영구, 『조선후기 병서와 전법의 연구』, 서울대학교 박사학위 논문, 2002.
레이황, 『만력 15년 아무 일도 없었던 해』, 새물결, 2004,
루쉰, 이욱연 옮김, 『아침꽃을 저녁에 줍다』, 예문, 2003.
민승기, 『조선의 무기와 갑옷』, 가람기획, 2004.
박가영, 『조선시대의 갑주』, 서울대학교 박사학위 논문, 2003.
배우성, 「정조시대 군사정책과 『무예도보통지』 편찬의 배경」, 『진단학보』 91호, 2001.
송승철, 『조선통신사, 일본과 통하다』, 동아시아, 2006.
심승구, 「조선시대의 무예사 연구-모구를 중심으로-」, 『군사』 38호, 1999.
오상학, 『옛 삶터의 모습 고지도』, 국립중앙박물관 명품선집, 2005.
이영, 『잊혀진 전쟁 왜구』, 에피스테메, 2007.
임미선 외 4인, 『정조대의 예술과 과학』, 문헌과해석사, 2000.
정민, 『18세기 조선 지식인의 발견』, 휴머니스트, 2007.
정석종, 『조선후기 사회변동연구』, 일조각, 1983.
정해은, 「임진왜란기 조선이 접한 단병기와 『무예제보』의 간행」, 『군사』 51호, 2004.
조중화, 『다시 쓰는 임진왜란사』, 학민사, 1996.
차문섭, 『조선시대군제연구』, 단국대학교 출판부, 1973.
최형국, 「조선후기 군사 신호체계 연구」, 『학예지 15』, 육군사관학교 육군박물관, 2008
최형국, 「조선후기 왜검교전 변화 연구」, 『역사민속학 25』, 한국역사민속학회, 2007.
최형국, 『친절한 조선사』, 미루나무, 2007.

## 조선무사

ⓒ 최형국, 2009

초판 1쇄 2009년 4월 1일 찍음
초판 3쇄 2015년 1월 16일 펴냄

지은이 | 최형국
펴낸이 | 강준우
기획 · 편집 | 박상문, 안재영, 박지석, 김환표
디자인 | 이은혜, 최진영
마케팅 | 이태준, 박상철
인쇄 · 제본 | 제일프린테크

펴낸곳 | 인물과사상사
출판등록 | 제17-204호 1998년 3월 11일

주소 | (121-839) 서울시 마포구 서교동 392-4 삼양E&R빌딩 2층
전화 | 02-325-6364
팩스 | 02-474-1413
www.inmul.co.kr | insa@inmul.co.kr

ISBN 978-89-5906-108-2 03900
값 12,000원

이 저작물의 내용을 쓰고자 할 때는 저작자와 인물과사상사의 허락을 받아야 합니다.
파손된 책은 바꾸어 드립니다.